品牌策划与推广

微|课|版

林萌菲◎主编

罗丝 杨晶◎副主编

林海◎主审

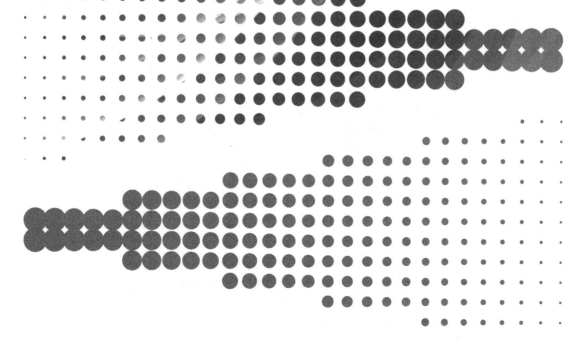

人民邮电出版社

北京

图书在版编目（CIP）数据

品牌策划与推广：微课版 / 林萌菲主编. -- 北京：
人民邮电出版社，2024. -- （数智化营销新形态系列教
材）. -- ISBN 978-7-115-64759-7

Ⅰ. F273.2

中国国家版本馆 CIP 数据核字第 20249ZH271 号

内 容 提 要

本书采用"项目导向、任务驱动"的编写方式，以品牌策划与推广的工作过程为逻辑，构建"战
略驱动 审时度势""策划推动 顺势而为""推广运用 借势发力"三大学习模块，设计市场洞察、定位
分析、战略规划、形象策划、活动策划、活动实施、精准推送、数字营销 8 个项目，每个项目下包括
3～4 个任务。本书以"案例导入—任务分析—知识储备—知识考核—AI 辅助实操"为编写体例，突
出实训特色；以掌握品牌经典理论为基础，侧重中国品牌本土化实践案例分析；以提升品牌策划和推
广综合应用技能为目的，强化数智化营销赋能品牌建设的最新行业前沿，培养读者能规划、善策划、
懂推广的职业技能。

本书可作为职业院校市场营销、电子商务、网络营销与直播电商专业品牌策划与推广相关课程的
教材，也可作为从事品牌策划与推广相关工作人员的参考书。

◆ 主　 编　林萌菲
　　副 主 编　罗　丝　杨　晶
　　主　 审　林　海
　　责任编辑　白　雨
　　责任印制　王　郁　彭志环
◆ 人民邮电出版社出版发行　　　北京市丰台区成寿寺路 11 号
　　邮编　100164　电子邮件　315@ptpress.com.cn
　　网址　https://www.ptpress.com.cn
　　山东华立印务有限公司印刷
◆ 开本：787×1092　1/16
　　印张：13.25　　　　　　　　　2024 年 11 月第 1 版
　　字数：330 千字　　　　　　　 2025 年 6 月山东第 3 次印刷

定价：49.80 元

读者服务热线：(010)81055256　印装质量热线：(010)81055316
反盗版热线：(010)81055315

前言

党的二十大报告指出，加快构建新发展格局，着力推动高质量发展。2023 年中共中央、国务院印发的《质量强国建设纲要》中明确提出："推动中国制造向中国创造转变、中国速度向中国质量转变、中国产品向中国品牌转变，坚定不移推进质量强国建设。"2024 年《政府工作报告》中提到："加强标准引领和质量支撑，打造更多有国际影响力的'中国制造'品牌。"可见，品牌建设对于推动高质量发展、满足消费升级需求、提升产业国际竞争力具有重要意义。

基于品牌建设在推动高质量发展和高品质生活中的重要战略地位，为引导读者了解品牌策划与推广的核心技能，编写团队紧跟品牌策划数字化创新趋势，服务职业教育专业升级，培育讲好中国品牌故事的践行者，精心编写了《品牌策划与推广（微课版）》一书，本书具有如下鲜明特色。

1. 价值教育浸润，设计"宏观—中观—微观"3 个层面的载体栏目

结合职业院校的教育教学需求，编写团队以国家战略、数智素养、创意策划作为筛选素材的重要标尺，从宏观、中观、微观 3 个层面设置 6 个特色栏目，使本书既有"可读性"又有"可教性"。从宏观层面考虑，本书设计了"品牌强国""文化自信"栏目，引导读者认识品牌战略是满足人民美好生活需要的重要途径，寻求优秀传统文化和品牌的结合点；从中观层面考虑，本书设计了"AIGC 赋能""营销伦理"栏目，帮助读者学习如何运用人工智能技术赋能品牌高质量发展，培育法治意识，增强社会责任感；从微观层面考虑，本书设计了"创意推广""协作探究"栏目，全面提升读者的创新思维和职业综合素养。

2. 工作过程导向，构建"战略驱动—策划推动—推广运用"的知识技能体系

本书以工作过程为导向，遵循读者的认知规律，精心设计了以市场洞察、定位分析和战略规划为核心的品牌战略相关内容，以品牌识别、品牌创意和品牌增长为主体的品牌活动策划，以精准推送和数字营销为载体的品牌营销推广，并将度势、顺势、借势融入策划思维的底层逻辑，从而形成了"战略驱动 审时度势""策划推动 顺势而为""推广运用 借势发力"三大学习模块。

模块一"战略驱动 审时度势"包括"市场洞察 寻找品牌机会""定位分析 凸显品牌价值""战略规划 描绘品牌蓝图"3 个项目，回答品牌策划推广中方向性、价值性的战略问题；模块二"策划推动 顺势而为"包括"形象策划 打造品牌识别""活动策划 发挥品牌创意""活动实施 实现品牌增长"3个项目，解决策划实践中品牌创意产生、创意实施问题；模块三"推广运用 借势发力"包括"精准推送 链接品牌用户""数字营销 助推品牌传播"两个项目，紧密结合数字化推广趋势，探索如何应用新技术实现品效合一的战术问题。

3. 紧跟时代步伐，将"AIGC 赋能""AI 辅助实操"栏目嵌入数字资源

随着人工智能技术的迅猛发展，AIGC 技术应运而生，并持续影响着品牌策划、推广策略和消费者体验，本书紧跟品牌数字化时代的要求，设置"AIGC 赋能"栏目，介绍企业利用 AIGC 技术深入洞察市场、改善消费体验、提升品牌竞争力的前沿案例；同时，在每个项目的最后，通过"AI 辅助实操"板块设计，引导读者利用常见的 AIGC 平台，辅助实训操作，对所学内容进行巩固提升。依托在线平台的数字资源，综合利用文字、图片、声音、动画、视频等不同方式呈现本书内容，并配套建设资源丰富的在线开放课程，满足读者数字化学习需求，辅助教师实现线上线下混合式教学、翻转课堂等教学实践。读者可登录人邮教育社区（www.ryjiaoyu.com），下载相关配套资源。

4. 校企共建，组建"双师+双元"编写团队

本书编写团队聚集了4所高职院校财经商贸类专业的"双师型"骨干教师和来自行业企业的知名专家，本书采用校企"双元"共建模式，由林萌菲担任主编，罗丝、杨晶担任副主编，王川、郑玲珠、李巧丹、黄秋端、冯希、黄劲、黎斌参与编写。全书共分为 8 个项目，项目一由珠海城市职业技术学院林萌菲、罗丝、王川编写，项目二由珠海城市职业技术学院王川、郑玲珠编写，项目三由中山火炬职业技术学院李巧丹编写，项目四由珠海城市职业技术学院林萌菲、杨晶编写，项目五由广东工程职业技术学院黄秋端编写，项目六由珠海城市职业技术学院冯希、杨晶编写，项目七由珠海城市职业技术学院罗丝编写，项目八由湛江幼儿师范专科学校黄劲、珠海城市职业技术学院黎斌编写。本书编写大纲、编写理念、栏目设计，以及定稿总纂由林萌菲完成。澳门新大陆全球购跨境电商有限公司、北京新大陆时代科技有限公司提供部分企业案例，罗丝、杨晶负责全书校对统稿。本书由广东南华工商职业学院党委书记、校长林海教授担任主审，在此特别致谢。

由于编写团队水平有限，加之品牌策划与推广实践应用日新月异，书中难免存在疏漏和不足之处，敬请广大读者批评指正。

编　者

2024 年 10 月

目录

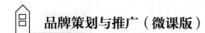

模块一

战略驱动　审时度势

项目一

市场洞察　寻找品牌机会

学习目标

● 知识目标

1. 了解品牌传播环境的市场、竞争者、传播渠道等环境因素
2. 掌握需求洞察方法以及用户需求趋势
3. 理解寻找品牌机会的优势资源
4. 熟悉品牌机会分析工具的使用

● 能力目标

1. 能够分析宏观环境、微观环境对品牌传播的影响
2. 能够利用需求洞察方法分析用户需求趋势
3. 能够分析品牌发展的内部和外部优势资源
4. 能够使用分析工具进行品牌机会的挖掘

思维导图

● 素养目标

1. 培养对品牌传播环境的敏感性和洞察力，能够及时地发现和应对环境变化
2. 培养创新思维和问题解决能力，能够在复杂的品牌传播环境中找到品牌发展机会
3. 培养团队合作和沟通能力，能够与他人合作进行品牌传播环境的分析和评估
4. 培养职业道德和社会责任感，能够在品牌传播过程中遵守法律法规和道德规范

岗课赛证

【数字营销技术应用】（中级）

工作领域	工作任务	职业技能要求
搜索竞价营销	品牌营销推广	能根据企业经营现状，结合品牌定位相关知识，分析品牌份额、品牌竞争与品牌发展等指标，完成品牌的精准定位

案例导入

"美酒+咖啡"，品牌对年轻人的情绪洞察

2023年9月4日，瑞幸咖啡联名贵州茅台以"美酒加咖啡，就爱这一杯"为口号推出了"酱香拿铁"。一时间，"酱香拿铁"联名产品引发了全网关注和探讨，上线一天后便刷新单品纪录，其单品首日销量突破542万杯，单品销售额突破1亿元。产品上线4天后，瑞幸发布了《酱香拿铁断货及补货通知》，并表示"酱香拿铁"是瑞幸咖啡和贵州茅台共同推出的战略级长线单品，将长期售卖以满足消费需求，如图1-1所示。

图1-1　瑞幸宣传海报

配套视频

"酱香拿铁"宣传片

近年来，各大咖啡品牌不断开发出"茶咖""果咖"等细分品类，以迎合消费者的口味需求，"酒咖"品类也成了咖啡文化的新鲜洞察。例如，星巴克推出了威士忌桶酿冷萃，Manner联合JIM BEAM推出了威士忌风味"嗨棒美式"特调酒咖，永璞咖啡联名五粮液推出了白酒风味"红脸颊海滩"，如图1-2所示。

图 1-2 各咖啡品牌的新品海报

数据显示，2023 年我国酒类消费者中 18～30 岁的消费群体占比 39.13%，消费主体呈现出年轻化趋势。在传统咖啡市场中，针对我国消费者独特的口味需求进行产品创新是关键。瑞幸咖啡成功地抓住了年轻消费者的习惯和喜好，以"酱香拿铁"作为切入点，将咖啡与中式口味巧妙结合，既满足了消费者通过咖啡提神醒脑的需求，又满足了他们渴望在忙碌生活中获得"微醺"的情绪快感。这种持续的产品创新使得瑞幸咖啡在年轻人市场中保持了竞争优势。

案例启示： 近年来，瑞幸咖啡密切关注消费趋势，尤其是年轻人市场的消费趋势。瑞幸通过市场调研和分析，了解消费者对于咖啡的需求、口味偏好及消费习惯等，从而为产品的研发和营销提供数据支持。瑞幸一次又一次成功地洞察了年轻人的消费习惯，获得了品牌机会。在竞争激烈的市场中，瑞幸咖啡通过精准的市场洞察和持续的创新，赢得年轻消费者的青睐。

任务一　品牌传播环境分析

📖 任务分析

品牌传播环境分析是指从品牌自身、市场、竞争者、渠道等角度对品牌传播环境进行分析，发现品牌机会，从而帮助品牌更好地了解市场、竞争者、消费者及政治、经济、文化和技术等因素，同时提出品牌定位、品牌形象、营销策略等，并制定更加有效的品牌战略和营销策略，使品牌更好地与消费者沟通。

本任务的主要内容如下。

（1）市场发展现状分析：了解品牌所在市场的发展趋势和行业动态，包括市场规模、市场占有率、流通渠道等。

（2）竞争格局分析：对品牌的竞争对手进行全面的分析，包括分析自身产品的竞争优势，分析竞争对手的市场表现、战略和战术、财务状况、创新能力等。

（3）传播渠道分析：研究品牌的传统媒体渠道、数字营销渠道、户外广告渠道、品牌合作渠道、口碑营销渠道等，并分析这些策略的有效性和优劣。

知识储备

一、品牌相关政策出台

品牌是企业乃至国家竞争力的综合体现，代表着供给侧和需求侧的升级方向。近十年我国不断出台提质量、强品牌等相关系列政策，为中国品牌发展找路子、定方向。

1. 从"三个转变"到"中国品牌日"

"推动中国制造向中国创造转变、中国速度向中国质量转变、中国产品向中国品牌转变。"我国是全世界唯一拥有全部工业门类的国家，但传统制造业"大而不强""全而不精"问题较为突出，"三个转变"为推动我国产业结构转型升级、打造中国品牌指明了方向。

2016年6月，国务院办公厅印发《关于发挥品牌引领作用　推动供需结构升级的意见》。文件指出，发挥品牌引领作用，推动供给结构和需求结构升级，是深入贯彻落实创新、协调、绿色、开放、共享发展理念的必然要求，是今后一段时期加快经济发展方式由外延扩张型向内涵集约型转变、由规模速度型向质量效率型转变的重要举措。该文件中也首次出现了"中国品牌日"的身影。

2017年4月24日，国务院正式批准将每年的5月10日设立为"中国品牌日"，要求大力宣传知名自主品牌，讲好中国品牌故事，提高自主品牌影响力和认知度。

由此可以看出，"三个转变"重要论述是建设品牌体系的重大机遇和努力方向，更是新时期品牌工作明确具体的行动纲领。

2. 从"推进品牌建设"到"质量强国建设"

"加快建设一批产品卓越、品牌卓著、创新领先、治理现代的世界一流企业，在全面建设社会主义现代化国家、实现第二个百年奋斗目标进程中实现更大发展、发挥更大作用。"2022年8月，国家发展改革委等七部门联合印发了《关于新时代推进品牌建设的指导意见》。

品牌强国

国家发展改革委等部门关于新时代推进品牌建设的指导意见

2022年，国家发展改革委等部门发布《关于新时代推进品牌建设的指导意见》，指出到2025年，品牌建设初具成效，基本形成层次分明、优势互补、影响力创新力显著增强的品牌体系；到2035年，品牌建设成效显著，中国品牌成为推动高质量发展和创造高品质生活的有力支撑，形成一批质量卓越、优势明显、拥有自主知识产权的企业品牌、产业品牌、区域品牌，布局合理、竞争力强、充满活力的品牌体系全面形成，中国品牌综合实力进入品牌强国前列。

拓展阅读

《意见》详情

资料来源：国家发展改革委等部门关于新时代推进品牌建设的指导意见　发改产业〔2022〕1183号

案例启示：随着全球化的深入发展，品牌已经成为国家竞争力的重要体现。一个强大的品牌不仅能够提高企业的市场地位，还能够增强国家的软实力。因此，推进品牌建设不仅是企业发展的内在需求，还是国家发展的战略需要。

2023 年 2 月，中共中央、国务院印发《质量强国建设纲要》，完善品牌价值评价标准，推动品牌价值评价和结果应用，掀开新时代建设质量强国新篇章。

由此可以看出，关于品牌建设的政策体系不断深入细化，全社会重视品牌、尊重品牌、关爱品牌的氛围愈发浓厚，中国品牌的知名度、美誉度、影响力显著提升。

二、市场发展现状分析

对于品牌策划管理人员而言，了解品牌发展的市场环境非常重要，它可以帮助企业更好地了解市场需求和趋势，以便制定更加有效的品牌战略和营销策略。品牌进入市场后，分析市场发展现状可以从以下 3 个方面进行。

1. 市场规模

分析品牌进入的市场规模需要从多个角度出发。以奶茶品牌为例，品牌进入市场后，需要通过以下步骤了解品牌的市场规模。

首先，明确目标市场。目标市场可以是具体的地理位置、年龄段、性别、收入水平等。例如，该奶茶品牌可能将目标市场定位为年轻人、学生和上班族，这些人群对奶茶有较高的消费需求。

其次，收集相关的市场数据。例如了解奶茶行业的整体规模、增长率、消费者需求。

再次，分析市场规模。通过计算市场规模、增长率等指标，奶茶品牌可以了解市场的整体情况和潜在增长空间。

然后，评估市场趋势。通过对市场趋势的分析，奶茶品牌可以了解未来市场的走向和发展趋势。例如，随着健康意识的提高，低糖、低脂的奶茶可能会成为新的消费趋势。因此，奶茶品牌需要关注市场动态，及时调整产品策略以适应市场需求的变化。

最后，制定市场策略。基于对市场规模的分析和市场趋势的评估，奶茶品牌可以制定相应的市场策略。例如，针对目标市场的特点，制定有针对性的产品策略、价格策略、渠道策略等。同时，加强品牌宣传和推广，提升品牌知名度和美誉度，以吸引更多的消费者。

总之，通过明确目标市场、收集相关的市场数据、分析市场规模、评估市场趋势和制定市场策略等步骤，奶茶品牌可以更好地了解市场情况，制定有针对性的市场策略，提升品牌的竞争力，增加市场份额。

 文化自信

霸王茶姬的国风茶饮品

"霸王茶姬"于 2017 年诞生于世界茶叶之乡——云南，一直以国风茶饮品作为市场定位，其 Logo（见图 1-3）主打的也是国风路线，从原叶鲜奶茶产品中的"伯牙绝弦""桂馥兰香"再到产品包装及门店形象无一不体现出国风文化，赢得了人们的好感。"霸王茶姬"迅速成为年轻人提神、消遣、尝鲜的必备之选。霸王茶姬招牌产品之"伯牙绝弦"平均每年卖出 8000 万杯。

配套视频

霸王茶姬的品牌
发展故事

图 1-3　霸王茶姬国风 Logo

"霸王茶姬"品牌故事出自《史记》，项羽自刎前曾言："籍与江东子弟八千人渡江而西，今无一人还，纵江东父兄怜而王我，我何面目见之？纵彼不言，籍独不愧于心乎？"项羽虽然兵败，但骄傲的西楚霸王对江东子弟的义气打动着世人。项羽虽能退守称王，但仍觉愧对本心，最终身赴黄泉的铮铮铁骨被后人称赞。虞姬与项羽两人都是为了内心中最珍贵的坚持而慷慨赴死。这种骨子里的骄傲与坚持也是"霸王茶姬"对中国茶文化的执念所在。

案例启示：在当下国潮兴起的时代，霸王茶姬以其独特的魅力和深厚的文化底蕴，成为茶饮品牌中的佼佼者。霸王茶姬以其卓越的品质和不断创新的精神，赢得了消费者的广泛认可和喜爱，为茶饮品牌的发展注入了强大的信心。

2. 市场占有率

市场占有率是指一家企业或品牌在特定市场中的销售额或销量占该市场总销售额或总销量的比例。它是衡量企业或品牌在市场中的竞争地位和影响力的重要指标，也是评估市场策略效果的关键数据。

首先，品牌需要明确研究的目标。例如，要了解哪些品牌的市场占有率较高，哪些品牌的市场份额在增长，以及哪些品牌的市场份额在下降。这些信息有助于企业了解市场格局，制定有针对性的市场策略。

其次，品牌可以通过市场调研、行业报告、公开数据等方式收集关于相关品牌的数据。这些数据包括各品牌的市场份额、用户数量、用户满意度等。

再次，对收集的这些数据进行整理和分析。例如，计算出各品牌的市场份额，分析市场份额的变化趋势，以及了解各品牌的市场份额在不同地区的表现。

最后，将自己的品牌与竞争对手的品牌进行对比分析，了解自己在市场中的地位和竞争力。根据分析结果，制定有针对性的市场策略。

3. 流通渠道

对市场流通渠道进行分析可以帮助企业了解产品是如何从生产者手中到达消费者手中的，以及在这个过程中所涉及的各个环节和因素。流通渠道的分析包括以下 6 个方面。

（1）确定流通渠道。首先需要确定品牌产品的流通渠道，包括直接渠道和间接渠道。直接渠道是指产品直接销售给消费者，如厂家直销、网络销售等；间接渠道是指产品通过中间商销售给消费者，如代理商、批发商、零售商等。

（2）分析流通渠道的优劣势。对选择的流通渠道进行优劣势分析，了解每个渠道的优点和不足。例如，直接渠道可以更好地控制销售过程和价格，但需要更多的销售资源和物流成本；间接渠道可以扩大销售范围和降低成本，但需要更多的管理和协调工作。

（3）分析消费者需求。对消费者的需求进行分析，了解消费者对产品的购买方式和偏好。例如，消费者是更倾向于在实体店购买高价值的产品，还是更倾向于在网上购买日常用品。

（4）分析竞争对手的流通渠道和销售策略。了解竞争对手的流通渠道和销售策略，可以帮助企业更好地了解市场和消费者需求，从而制定更加有效的竞争策略。

（5）确定销售策略。根据流通渠道的优劣势、消费者需求和竞争对手的情况，制定相应的销售策略。例如，可以选择与代理商或零售商合作，或者通过网络营销和社交媒体等渠道进行推广和销售。

（6）监控和调整流通策略。在实施销售策略的过程中，需要定期监控和分析销售数据和客户反馈，以便及时调整流通策略。例如，如果发现某个渠道的销售效果不佳，可以考虑调整销售策略或寻找新的渠道。

三、竞争格局分析

在当今激烈的市场竞争中，企业要想脱颖而出，建立竞争优势就成了至关重要的一环。科学地分析产品的竞争优势及竞争对手，是企业制定有效的营销策略及预测市场趋势的重要依据。

1. 产品的竞争优势分析

产品的竞争优势是指企业在产品设计、功能、性能、品牌形象、市场定位等方面相较于竞争对手所拥有的显著优势。这些优势可以使企业在市场中获得更大的份额，增加利润，建立竞争优势。

例如，假设企业要为一款新的智能手机进行竞争优势分析。首先，企业可以从产品性能的角度出发，分析该手机是否具有防水、超长待机时间等独特的功能。其次，企业可以从价格角度考虑，分析该手机的售价是否比竞争对手的产品更有优势。最后，企业还可以从品质和服务两个方面分析该手机的质量是否更优、售后服务是否更完善等。除了以上这些传统的产品竞争要素，企业还可以从其他方面寻找产品的竞争优势。例如，如果该手机是一款环保手机，那么它的环保特性就可能成为一个重要的竞争优势。

2. 竞争对手分析

竞争对手分析是指企业对竞争对手进行系统、客观、全面的研究和分析，以了解竞争对手的优劣势、战略和战术，以及竞争对手的市场份额和影响力等。通过对竞争对手的分析，企业可以更好地了解市场竞争情况，制定更加精准的市场策略，提高自身的市场地位。

竞争对手分析包括以下 5 个方面。

（1）确定竞争对手。首先需要确定企业的竞争对手，包括直接竞争对手、间接竞争对手和潜在竞争对手等。

（2）分析竞争对手的市场表现。分析竞争对手的市场份额、销售额、客户群体、品牌影响力等，以了解竞争对手的市场表现和竞争力。

（3）分析竞争对手的战略和战术。分析竞争对手的战略规划、市场定位、产品特点、渠道策略等，以了解竞争对手的优劣势和市场策略。

（4）分析竞争对手的财务状况。分析竞争对手的财务报表、盈利能力、现金流等，以了解竞争对手的财务状况和经营状况。

（5）分析竞争对手的创新能力。分析竞争对手在新产品开发、市场营销、客户服务等方面的创新能力，以了解竞争对手的创新能力和市场适应能力。

 **创意推广**

乐若，用做香水的思路，把沐浴露玩出花

配套视频

乐若产品宣传片

沐浴用品，我们几乎每天都在使用，大家这般习以为常的东西有无可能或有无必要做出新花样呢？乐若积极探索，并给出了一个肯定的答案。

乐若，创新型个护体验品牌。在该品牌的自我介绍中有这么一段话："通过对形态、非常规剂型、味道、交互体验等多元维度的持续探索，旨在为个护体验带来一个个乐我时刻。"由此可见，品牌有两个关键信息点：产品层面的"非常规"；品牌理念层面的"乐我"。这也回答了开篇的问题：有可能玩出花，通过对产品样态、功效等的全方位创新；有必要，愉悦体验是共同的需求。

基于这样的判断与定位，乐若一边在产品的色、香、触感等围绕实物产品特性展开的方面下功夫（见图 1-4），一边由"乐我时刻"延伸，开启品牌精神的探究和更深层次的沟通，两者相辅相成，共同服务于乐若的差异化主线。

图 1-4　乐若的产品类型

乐若的核心理念为"乐我时刻"，鼓励人们适当地从快节奏中抽离，看见本心，重视自我，探索自我。在理念输出上，乐若的做法也让人耳目一新，它将产品本身打造成了代言人和文化使者。

案例启示：品牌可以强化不同系列产品的共性，让消费者形成对品牌的基础认知。这些认知会转化成品牌标识，作为一张"社交名片"传播，吸引消费者，对品牌初期的形象塑造和消费者积累起到了重要作用。

四、传播渠道分析

传播渠道分析是品牌策略的重要组成部分，它可以帮助品牌将信息更有效地传达给目标受众，提升品牌知名度和影响力。传播渠道主要有以下 5 种。

1. 传统媒体渠道

传统媒体渠道是指电视、广播、报纸等传统媒体平台，它们是品牌推广的主要渠道之一。企业通过在这些平台上发布广告、新闻报道等形式的宣传，可以将品牌信息和产品信息传递给更多的潜在消费者。传统媒体受众广泛，且可以针对不同的受众群体进行定向推广，但成

本较高，效果也难以精准评估。

2. 数字营销渠道

数字营销渠道是指通过互联网和数字媒体平台进行品牌推广，如搜索引擎营销、社交媒体营销、电子邮件营销、内容营销等。数字营销的优势在于成本相对较低，且可以实现精准定位和个性化推广，同时也具有较好的数据反馈和评估能力。但数字营销需要具备一定的技术和专业知识，否则容易出现低效甚至误导消费者的情况。

3. 户外广告渠道

户外广告渠道是指在公共场所展示品牌信息和产品信息，如道路、地铁、商场、车站等公共场所的广告牌、海报、LED屏幕等形式的宣传。户外广告的优势在于能够直接面对消费者，且具有强烈的视觉冲击力，能够在短时间内引起消费者的注意。但户外广告需要考虑消费者的活动轨迹和场所，同时也需要注意广告的设计和内容与环境的协调性。

4. 品牌合作渠道

品牌合作渠道是指与其他品牌或机构进行合作，通过合作来实现品牌互相宣传和推广的方式。品牌合作的优势在于可以借助合作伙伴的品牌效应和受众群体，提升品牌的认知度和美誉度，同时也可以让合作方共同承担一部分推广成本。但品牌合作需要考虑合作方的信誉和形象，同时也需要协调双方的宣传策略和资源分配。

5. 口碑营销渠道

口碑营销渠道是指通过消费者口耳相传的方式来传递品牌信息和产品信息，包括口碑营销平台、社交媒体、论坛等。口碑营销的优势在于能够直接借助消费者的信任和口碑效应，形成良好的品牌形象和口碑，同时也能够实现个性化推荐和社交传播。但口碑营销要建立良好的品牌口碑，需要长时间的积累和维护，同时也需要注意消费者的反馈及其处理方式。

品牌传播渠道多种多样，企业需要根据自身的需求和情况，选择适合自己的品牌传播渠道，并且在实践中不断优化和调整，才能实现品牌传播推广的最佳效果。

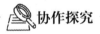 **协作探究**

谭木匠，手工造

重庆谭木匠工艺品有限公司始于 1993 年成立的三峡工艺品有限公司，1997 年正式创立"谭木匠"。其秉承我国传统手工艺精华，致力于天然、手工、富有民族传统文化韵味和时尚现代风格的高品质木制品的研发、制造及销售。主要产品为木梳、木镜、手珠、车饰等小木工艺制品。2000 年初，谭木匠专卖店已星罗棋布地开了接近 100 家。每家店面的设计都体现了以我国传统文化为基调，融入时代符号，设计古朴、典雅，充满个性和传统文化气息，充分展示了"谭木匠，手工造"的悠久文化韵味，大大提升了谭木匠梳子的企业文化和品牌形象。同时，高价位的木梳因文化含量的烘托，也让消费者更加认可它的价值。

配套视频

谭木匠

协作任务：请以小组为单位，查找资料了解谭木匠品牌故事，从市场发展现状、竞争格局及传播渠道3个方面分析谭木匠品牌的传播环境，并提出有效的品牌传播推广策略。

任务二　用户需求的洞察

知识储备

一、用户需求分类

1. 用户需求

　　用户需求是指用户对产品或服务所期望达到的功能和性能。这些需求通常来自用户对现有产品或服务的痛点，或者是对未来产品或服务的期望。用户购买任何产品，都是基于需求引发购买行为，所以需求是产品畅销市场的根本动力。因此，理解和洞察用户不同层次的需求是企业品牌定位和传播策略制定的重要依据。

2. 用户需求分类方法

　　当涉及用户需求分类时，通常可以使用以下7种分类方法。

　　（1）功能性需求。这些是用户对产品或服务的基本要求，如能够完成特定的任务或解决特定的问题。功能性需求通常与产品的核心功能和特点相关，是产品存在的基础。

　　（2）性能需求。这些是关于产品或服务的性能指标的需求。例如，用户可能需要一个搜索引擎能够快速返回准确的结果，或者需要电子邮件服务能够发送和接收大容量的附件。

　　（3）可用性需求。这些是与用户如何与产品或服务交互相关的需求。用户可能需要一个网站有易于使用的界面，或者需要一个移动应用程序有直观的控制和导航。

　　（4）可访问性需求。这些是关于产品或服务对所有用户的可访问性的需求。例如，用户可能需要一个网站具有足够的对比度和可读性，或者需要一个移动应用程序支持不同的语言和字符集。

（5）安全性和隐私性需求。这些是关于产品或服务如何保护用户数据和隐私的需求。用户可能需要一个网站使用安全的链接，或者需要一个移动应用程序能够加密存储和传输的数据。

（6）美学和设计需求。这些是与产品或服务的外观和感觉相关的需求。用户可能需要一个网站具有吸引人的设计和布局，或者需要一个移动应用程序具有一致的颜色和品牌形象。

（7）可维护性和可扩展性需求。这些是关于产品或服务的可维护性和可扩展性的需求。用户可能需要一个网站能够轻松地进行更新和维护，或者需要一个移动应用程序能够适应不同的设备和操作系统。

 营销伦理

滴滴出行全民拼车日，传递低碳环保理念

近年来，品牌造节成为营销标配，各个品牌都希望建立一个属于自己的节日IP，并且玩法在快速迭代，新概念层出不穷。滴滴出行精准地洞察到大众的出行需求，打造了"全民拼车日"节日IP。2023年滴滴出行全民拼车日第四季，滴滴出行将目光聚焦于年轻群体的需求，从新上线拼友头像、定制MBTI盲盒，围绕"低碳拼，就是CO_2OL"创意主题传播，让低碳环保理念融入年轻人的生活场景中。

1. 以头像为抓手，搭建年轻人的沟通窗口

头像作为我们向外界展示的名片，无论是在聊天会话，还是在朋友圈，常常被第一时间注意到。围绕着年轻人的性格特质，滴滴出行通过对App进行焕新升级，上线滴滴出行"拼友头像"新功能，带来集潮流文化、虚实交互于一体的全新拼车玩法，为年轻消费者打造一种潮流生活沟通方式。

2. 品牌人格化，定制盲盒"撩拨"用户内心

基于性格测试这一传播引爆点的设置，滴滴出行进行一种契合年轻人的玩法，利用当下热门的MBTI人格打造一套彰显不同人格拼友的拼车版MBTI盲盒（见图1-5），让人不知不觉地沉浸其中，增强了事件的热度和传播的穿透力。

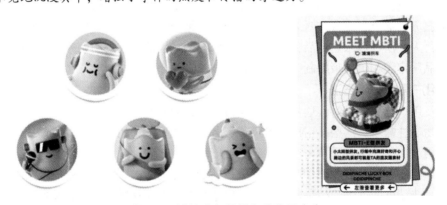

图1-5 滴滴出行的拼友头像及盲盒

3. 线上话题营造＋线下打卡，增强环保意识

线上：滴滴出行联名闲鱼App发起话题互动，充分挖掘私域流量的价值。一方面，依托社交链条的分享和奖品发放的福利机制，持续刺激用户的分享欲和探索心，在短期内实现了裂变传播，促进了后期的营销转化闭环。另一方面，通过"小绿袋"辅助年轻人从微

小改变出发，践行绿色低碳生活方式。

线下：滴滴出行联名万达广场保持曝光度。万达广场向来是人流量极高的潮流聚集地，滴滴出行在此举办活动，能有效地保障活动现场的人气及活动在线上的二次曝光，并在热门消费地反差性地打造出一片绿色环保场域。现场展出的碳元气气球就是对线上互动的承接与延续。

案例启示：通过创新营销手段、强化用户教育和履行社会责任，滴滴出行不仅提高了拼车服务的使用率，还成功地将绿色出行理念传递给广大用户，为改善城市环境和推动可持续发展做出了积极贡献。

二、需求洞察方法

需求洞察方法是一种系统性的方法，用于收集、分析和理解用户需求，以指导产品或服务的设计和开发。

1. 常见的需求洞察方法

以下是6种常见的需求洞察方法。

（1）用户访谈。通过与用户进行面对面的交流和访谈，了解用户对产品或服务的需求和期望。访谈可以采用问卷调查、开放式对话、焦点小组讨论等方式进行。

（2）用户观察。通过观察用户的行为和习惯，了解用户在使用产品或服务时的问题和痛点，从而激发用户对产品或服务的需求和期望。

（3）问卷调查。通过设计调查问卷，向用户收集关于产品或服务的反馈和意见，了解用户的需求和期望。问卷调查可以采用线上或线下的方式进行。

（4）数据分析。通过分析用户在使用产品或服务时产生的数据，了解用户的需求和行为习惯，从而指导产品或服务的设计和开发。

（5）竞争分析。通过对竞争对手的产品或服务进行分析，了解竞争对手的产品或服务的特点和优劣，从而激发用户对产品或服务的需求和期望。

（6）用户日志。通过让用户在使用产品或服务时记录日志，了解用户的使用情况和反馈，从而指导产品或服务的设计和开发。

需要注意的是，需求洞察方法需要结合实际情况进行选择和使用。不同的产品或服务类型有不同的目标用户群体，需要采用不同的方法来收集和分析用户需求。同时，需求洞察方法需要与产品设计、开发、测试等环节紧密结合，以确保产品或服务的设计和开发能够真正满足用户的需求和期望。因此根据搜集的用户信息，品牌企业还需要定义用户需求。

对品牌而言，用户需求是后续成交的基础，因此品牌策划管理人员必须在深入研究用户需求的基础上，具备"爆品"思维，通过不断推出阶段性的策略性"爆品"，吸引用户，从而建立长久的客户关系。

2. 定义用户需求的步骤

在定义用户需求时，通常需要了解用户的基本信息，包括他们的年龄、性别、职业、收入等，以更好地理解他们的需求和期望。

定义用户需求的过程包括以下步骤。

（1）收集用户反馈。通过调查问卷、访谈、观察等方式收集用户对现有产品或服务的反馈，了解他们的痛点和需求。

（2）分析用户行为。了解用户在使用产品或服务时的行为和习惯，以更好地理解他们的需求和痛点。

（3）确定用户需求。根据收集到的用户反馈和分析结果，确定用户的需求和期望，并对其进行分类和整理。

（4）优先级排序。根据用户需求的重要性和紧急性，对需求进行优先级排序，以便在产品或服务开发时优先处理重要且紧急的需求。

（5）与用户确认。在确定用户需求后，与用户进行确认，以确保所定义的需求与用户的期望一致。

定义用户需求是品牌在产品或服务开发过程中非常重要的一步，它有助于品牌企业确保产品或服务的功能和性能符合用户的需求和期望，从而提升用户满意度和使用体验。

AIGC 赋能

妙鸭相机 AIGC：智能写真新纪元

拓展阅读

向 AI 而行，共筑新生产力——行业大模型调研报告

妙鸭相机，国内首款突破行业界限的人工智能生成内容（Artificial Intelligence Generated Content，AIGC）产品，自 2023 年 7 月正式上线以来，妙鸭相机凭借其"9 块 9"一键拍高清 AI 写真的特色功能，迅速在 C 端市场"破圈"，引起用户广泛关注。此外，妙鸭相机还与携程旅行、杭州亚运会官方合作伙伴"阿里云"等合作，推出了一系列紧跟热点的联名写真模板，满足了年轻用户对个性化、新鲜感的追求。

妙鸭相机能火速"出圈"，主要得益于独特的技术创新、精准的市场定位、优秀的用户体验、社交媒体的推广及优酷的品牌效应。

独特的技术创新：妙鸭相机利用 AIGC 技术，为用户提供了一种全新的自拍体验。通过上传少量照片，用户就能获得高质量的个性化写真，这种技术上的创新吸引了大量用户的关注。

精准的市场定位：妙鸭相机精准地把握了现代人对于个性化、高质量图片的需求。在社交媒体普及、人们追求自我表达的今天，传统的自拍方式已经难以满足用户的需求。妙鸭相机正是针对这一痛点，提供了更为多样化、个性化的写真制作服务，从而赢得了市场的青睐。

优秀的用户体验：通过不断收集用户的反馈和意见，妙鸭相机对算法进行了迭代和优化，提高了照片处理的精度和速度。同时，还提供了多种模板和风格供用户选择，让用户能够轻松制作出符合自己风格和喜好的写真作品。

社交媒体的推广：妙鸭相机通过微博、微信等平台的宣传，让更多的人了解并使用了这款应用。同时，用户将自己制作的写真分享到社交媒体上，进一步扩大了妙鸭相机的知名度和影响力。

优酷的品牌效应：作为优酷内部创业项目，妙鸭相机也受益于优酷的品牌效应。优酷作为阿里大文娱旗下的重要平台，拥有庞大的用户基础和良好的口碑，这为妙鸭相机的推广提供了有力的支持。

妙鸭相机的功能介绍如图 1-6 所示。

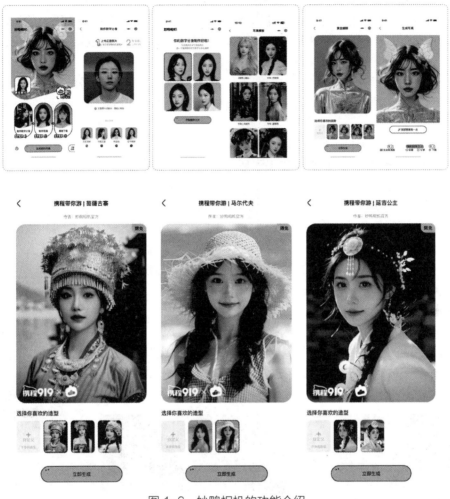

图 1-6 妙鸭相机的功能介绍

案例启示：妙鸭相机通过深度整合 AIGC 技术，成功地将人工智能与摄影艺术相结合，为用户带来了前所未有的自拍体验。这一创新不仅展示了技术的力量，还体现了对用户个性化需求的深刻理解。在未来，随着技术的持续演进和市场的多元化发展，企业会不断推出微创新，满足用户日益增长的审美和表达需求，为用户带来更多更加智能化、个性化的产品。

三、用户需求趋势

用户需求趋势是指用户对产品或服务的需求和期望随着时间和社会变化而发生的变化。以下是几种常见的用户需求趋势。

（1）移动化。随着移动互联网的普及和智能手机的发展，用户对产品或服务的需求和期望逐渐向移动化转移。用户更希望通过手机等移动设备来实现各种需求，如购物、社交、娱乐等。

（2）个性化。随着个性化需求的增长，用户对产品或服务的需求和期望逐渐向个性化转移。用户更希望得到定制化的产品或服务，以满足其独特的个性化需求。

（3）社交化。随着社交媒体的普及和社交网络的发展，用户对产品或服务的需求和期望逐渐向社交化转移。用户更希望通过社交媒体和社交网络来分享自己的生活和经验，同时也希望通过社交化的产品或服务来拓展自己的社交圈。

（4）智能化。随着人工智能技术的发展和普及，用户对产品或服务的需求和期望逐渐向智能化转移。用户更希望通过智能化的技术来实现各种智能化功能，如语音识别、图像识别、智能推荐等。

（5）绿色环保。随着环保意识的提高和绿色消费的兴起，用户对产品或服务的需求和期望逐渐向绿色环保转移。用户更希望得到环保、节能、可持续的产品或服务，以减少对环境的影响和保护地球资源。

用户需求趋势是随着时间和社会变化而不断变化的，不同的用户群体和不同的产品或服务类型可能有不同的需求趋势。因此，在了解用户需求趋势时，需要结合实际情况进行分析和研究。理解并满足用户需求是品牌企业进行产品开发和管理的重要环节，需要对用户需求进行深入的分析和研究，以便更好地满足用户的需求并提高产品或服务的质量。

 **创意推广**

新茶饮的"国潮养生风"

2023年3月，"奈雪的茶"联名老字号"东阿阿胶"推出了一系列养生新品：阿胶奶茶、阿胶黑芝麻红枣糕、桃花姬阿胶糕等（见图1-7）。

配套视频

产品宣传片

图1-7　"奈雪的茶"养生新品

新品首发当日，相关话题即冲上微博热搜，累计获得2.1亿次的阅读量，主推产品"阿胶宝藏茶"一度成为门店单品销量冠军。有网友感叹道："'Z世代'年轻人又打开了新的养生思路。"

新华网2022年发布的《"Z世代"营养消费趋势报告》显示，我国健康养生市场规模已超万亿元，其中18～35岁的年轻人群在消费者中占比高达83.7%，其中超过半数人每月在健康养生方面消费500元以上。"惜命"的"Z世代"年轻人对健康格外关注，成为当仁不让的养生消费主力军。

在如何为健康买单这个问题上，"Z世代"年轻人有着自己的"消费气质"，并不满足于以药品、保健品为主的传统功能性滋补方式。在年轻群体心中，养生产品的价值不只取决于功能属性，他们看重更愉悦的消费体验，具有话题性、"网红"属性的产品更受青睐。

案例启示："奈雪的茶"与"东阿阿胶"的联名合作为我们展示了品牌跨界合作的新思路和创新产品的可能性。在未来的市场竞争中，企业应积极探索新的合作模式和创新方式，以应对市场的变化和挑战。

任务三　优势资源的分析

任务分析

随着市场竞争的加剧，品牌之间的竞争越来越激烈。为了更好地提升品牌竞争力，企业需要对品牌的优势资源进行分析和梳理。本任务旨在全面深入地分析品牌的内部和外部优势资源，为品牌的战略规划和营销策略提供决策支持。

本任务的主要内容如下。

（1）分析品牌的内部优势资源：分析品牌资产、创新能力、渠道资源、人才资源等内部优势资源。

（2）分析品牌的外部优势资源：分析市场机遇、政策支持、合作伙伴、消费者需求等外部优势资源。

知识储备

一、内部优势资源

品牌的内部优势资源主要包括以下4个方面。

1. 品牌资产

品牌资产是与品牌、品牌名称和标志相联系的，能够增加或减少企业所销售产品或服务的价值的一系列资产与负债。戴维·阿克在《管理品牌资产》中提出了品牌资产五星模型，即品牌资产由品牌知名度、品牌认知度、品牌联想度、品牌忠诚度和其他品牌专有资产5个部分组成，如图1-8所示。

图1-8　戴维·阿克的品牌资产五星模型

（1）品牌知名度。品牌知名度是品牌为消费者所知晓的程度，也称为品牌知晓度。

（2）品牌认知度。品牌认知是指消费者对产品或服务的质量或优越性的感知。品牌认知度可以来自消费者的使用体验，也可以来自品牌的口碑和评价。

（3）品牌联想度。品牌联想是指消费者在看到品牌时所联想到的所有形象、属性、价值观等。品牌联想度可以来自消费者的使用体验、广告宣传、口碑评价等各个方面。

（4）品牌忠诚度。品牌忠诚度是消费者对品牌的信任和依赖程度，也是消费者对品牌的重复购买率和推荐率。

（5）其他品牌专有资产。其他品牌专有资产包括专利、商标、渠道关系等。这些都是品牌的专有资产，可以增加品牌的价值。例如，专利可以保护品牌的核心技术和创新成果，商标可以保护品牌的形象和品牌价值，渠道关系可以帮助品牌拓展销售渠道和增加市场覆盖范围。

2. 创新能力

创新能力是指品牌在产品研发、设计、生产等方面的创新能力，以及在营销策略、渠道拓展等方面的创新思维。例如，2022 年 7 月 2 日华为推出了自研的 XMAGE 技术，这是华为在手机摄影领域的最新成果，可以提供更为出色的成像质量和拍摄体验。通过 XMAGE 技术，华为进一步巩固了其在手机摄影市场的领先地位。

 **AIGC 赋能**

Stitch Fix 的服装盲盒＋AI 搭配

Stitch Fix 成立于 2011 年，是一家创新的在线时尚零售商，通过独特的方式利用 AI 技术来分析用户的风格偏好，提供个性化的服装搭配建议，通过订阅模式将精心挑选的服装送到用户手中。其商业模式颠覆了传统的购物方式，使时尚变得更加个性化和便捷。

Stitch Fix 只用了两年时间就实现正现金流，在 2015 年实现盈利。2017 年 11 月，Stitch Fix 在纳斯达克成功上市，目前市值已达 35 亿美元。

Stitch Fix 对于 AI 技术的运用主要体现在以下 3 个方面。

配套视频

Stitch Fix 中 AI 搭配

用户风格偏好分析：用户在 Stitch Fix 的官方网站上注册账户后，需要填写一份详细的风格偏好问卷。这份问卷涵盖了用户的身材信息、喜欢的服装风格、颜色偏好、价格范围等多个方面。Stitch Fix 利用 AI 技术对问卷数据进行分析，深入了解用户的风格偏好。

个性化服装搭配建议：基于用户风格偏好数据，Stitch Fix 的算法会为用户生成个性化的服装搭配建议。这些建议不仅符合用户的喜好，还考虑到用户的身材特点和穿着场合。同时，专业的造型师会对算法生成的搭配建议进行人工审核和调整，确保每一次推送都能给用户带来惊喜。

实时数据分析与优化：Stitch Fix 通过实时数据分析来跟踪用户的购买行为和反馈。AI 技术可以帮助公司识别用户的喜好变化和市场趋势，从而不断优化算法和产品策略。此外，Stitch Fix 还利用社交媒体等渠道收集用户反馈，以便更好地满足用户需求。

Stitch Fix 通过运用 AI 技术来分析用户的风格偏好并提供个性化的服装搭配建议，成功地为用户带来了更加便捷和个性化的购物体验。公司的独特商业模式、强大的 AI 技术支持、优秀的用户体验和精准的市场定位使其在市场上取得了显著的成功。

案例启示：Stitch Fix 利用 AI 技术深入市场洞察，精准捕捉用户的风格偏好，为品牌创造了独特的机遇。利用 AI 技术不仅能提升市场分析的准确性，还能迅速把握流行趋势，为用户提供个性化的服务。这种智能化的市场洞察方式，让 Stitch Fix 在激烈的竞争中脱颖而出，为品牌发展注入了新的活力。

3. 渠道资源

渠道资源是指品牌在市场中的销售渠道和网络，以及与经销商、零售商等合作伙伴的关系。

渠道资源主要包括以下 5 种。

（1）销售渠道资源。销售渠道是品牌发展的重要资源之一，可以帮助品牌将产品或服务推向更广泛的市场。品牌的销售渠道包括线上渠道和线下渠道，如电商平台、实体店、代理商等。

（2）媒体资源。媒体资源是品牌传播的重要渠道之一，可以帮助品牌提高知名度和美誉度。品牌的媒体资源包括电视、广播、报纸、杂志、互联网等各类媒体平台。

（3）社交媒体资源。社交媒体已成为现代品牌传播的重要渠道之一。通过在社交媒体平台上发布内容、互动、关注等方式，品牌可以吸引更多的潜在客户，提升品牌知名度和美誉度。

（4）客户关系管理资源。客户关系管理是品牌发展的重要保障之一，可以帮助品牌建立稳定的客户关系，提高客户满意度和忠诚度。品牌的客户关系管理资源包括客户信息管理系统、客户服务团队等。

（5）其他资源。除了上述几种常见的渠道资源，品牌还可以根据自身特点和市场需求，开发其他资源。例如，品牌可以与金融机构合作，推出信用卡分期付款等金融服务，提高客户的购买力；可以与物流公司合作，提供快捷的配送服务，提升客户的购买体验等。

4. 人才资源

人才资源是指品牌拥有的人才队伍，包括研发团队、管理团队、营销团队等，以及人才的专业能力和经验。品牌的人才资源对于建立品牌忠诚度和客户信任具有重要作用。优秀的人才能够通过专业的服务能力和良好的沟通技巧，为客户提供优质的服务和体验，增强客户对品牌的信任感。

二、外部优势资源

品牌的外部优势资源对于品牌的成功和发展具有重要意义。品牌需要不断关注外部环境的变化，了解市场需求和竞争态势，利用外部优势资源，提高市场占有率。品牌的外部优势资源则主要包括以下 4 个方面。

1. 市场机遇

市场机遇是指品牌所处市场的增长和发展趋势，以及品牌在市场中的机会和竞争优势。品牌的市场机遇包括消费升级、新兴市场、技术创新、绿色环保、数字化转型和国际化发展等方面。品牌需要不断关注市场动态和消费者需求，抓住市场机遇，提高品牌的市场占有率。

 创意推广

察"痒点"，洞察消费者潜在需求

"痒点"是指品牌洞察某种消费趋势或需求变化，创新商业模式或开发新功能，帮助消费者在某个生活场景中变得更好。

"痒点"一般不谈性价比，而是谈商业模式，谈功能重构，谈对生活的改变。Costco发现一批新中产不愿意浪费时间在沃尔玛、家乐福挑挑拣拣，以付费会员的模式提供精选产品和服务，从传统零售中"杀"出个未来。lululemon（露露乐蒙）的创始人 Wilson 看到瑜伽班人数一个月内从 6 人增到 30 人时，就意识到瑜伽将会成为一股新的运动社交风潮。盒马生鲜打破了零售场所"极致新鲜"这一生活的束缚，以"日日鲜"切入生鲜领域。叮当快药找到年轻人宅家生活中"随时快速用药"这一任务，并以"28分钟送药上门"承接其需求。还有在早餐场景麦片里加水果加酸奶的好麦多，从在家吃火锅到预制菜赛道的锅圈食汇，帮助消费者变得更好。

案例启示："痒点"反映的是这个时代消费需求的变化，是基于功能重构的场景经济范式。本质上，"痒点"并没有创造新需求，只不过从原有的新需求上分出一块蛋糕，或者做大了原有的蛋糕。

2. 政策支持

政策支持是指政府或其他相关政策对品牌的支持和鼓励，以及品牌享受的政策优惠和扶持。政策支持主要包括以下 4 个方面。

（1）税收优惠。政府为鼓励品牌发展，可能会提供税收优惠政策，如减免企业所得税、增值税等，以降低品牌的运营成本，提升其竞争力。

（2）资金支持。政府可能会为品牌提供资金支持，如提供贷款、补贴、奖励等，以帮助品牌扩大规模、提高技术水平、加强品牌推广等。

（3）产业政策支持。政府可能会出台产业政策，鼓励某些行业的发展，如支持高新技术产业、文化创意产业等。在这些行业中，品牌可以获得更多的政策支持和资源倾斜，从而更容易获得成功。

（4）法律法规保护。政府可能会制定相关的法律法规，保护品牌的知识产权、商标等，防止恶意竞争和侵权行为。这些保护措施有助于品牌维护自身利益，保持竞争优势。

3. 合作伙伴

合作伙伴是指与品牌相关的合作伙伴，如供应商、销售渠道伙伴、战略合作伙伴、金融机构等，以及与他们的合作关系。

（1）供应商。品牌的供应商是为品牌提供原材料、零部件等生产资料的企业。与优秀的供应商建立长期稳定的合作关系，可以保证品牌产品的质量和交货期，降低采购成本，提高生产效率。

（2）销售渠道伙伴。品牌的销售渠道伙伴是为品牌的产品或服务提供销售和推广支持的企业或机构。与销售渠道伙伴合作可以让品牌的产品或服务更广泛地进入市场，从而提高销售额和市场份额。

（3）战略合作伙伴。品牌的战略合作伙伴是与品牌在多个领域开展深度合作的企业或机

构。战略合作伙伴可以为品牌提供技术支持、市场调研、品牌推广等方面的支持，帮助品牌提升竞争力。

（4）金融机构。品牌的金融机构是为品牌提供融资支持的企业或机构。与金融机构合作可以让品牌获得更多的资金支持，以便品牌扩大规模、提高技术水平、加强推广等。

 **品牌强国**

小鹏汽车与大众汽车达成战略合作

配套视频

小鹏汽车的品牌历程

2023 年 7 月 27 日，国内领先的智能电动汽车制造商小鹏汽车与世界汽车行业中最具实力的跨国公司之一大众汽车集团共同宣布，双方就战略技术合作签订框架协议。

在战略技术合作方面，小鹏汽车和大众汽车集团将基于各自的核心竞争力和小鹏汽车的 G9 车型平台、智能座舱以及高阶辅助驾驶系统软件，共同开发两款 B 级电动汽车车型，以大众汽车品牌在我国市场销售。相关车型预计将于 2026 年开始投产。此前，小鹏 G9 推送了 OTA 升级，新一代高速 NGP 上线。新一代高速 NGP 通过集成丰富的城市场景辅助驾驶经验练就的百般武艺，在综合效率、功能连续性、安全感、舒适度层面得到全面提升，可实现不降级、不接管、不骚扰、不磨蹭，以零接管意愿为设计目标，为用户提供接近 L4 级的智能驾驶体验。

作为国内首个量产落地的城市场景高等级智能辅助驾驶功能，小鹏的城市 NGP 自 2022 年 10 月上线以来不断优化迭代，凭借小鹏汽车部署的自动驾驶智算中心、自主研发的全闭环自成长的 AI 与数据体系，城市 NGP 能力持续演进迭代、"驾龄"持续升级。

案例启示：在新能源汽车领域，技术的快速迭代和市场的不断变化使得任何一家企业都难以独自应对所有的挑战。因此，寻求与其他企业的合作，共享资源、技术和市场经验，成为企业持续发展的重要策略。小鹏汽车与大众汽车的合作正是这种策略的成功实践。

4. 消费者需求

消费者需求是品牌发展的动力。只有深入了解并精准把握消费者的需求，品牌才能获得消费者的认可和信任，并有可能在激烈的市场竞争中生存下来。随着经济的发展和社会的进步，消费者的需求也在不断变化。品牌需要不断创新和改进产品或服务，以满足消费者不断变化的需求。

 协作探究

郁美净，我国儿童霜领军品牌

拓展阅读

"GZ046 市场营销"赛项赛题——天津郁美净集团有限公司

天津郁美净集团有限公司是以生产品牌系列化妆品为主业，集彩色印刷、香精香料、设备制造等业务于一体的现代化企业集团，被列为天津市高新技术企业。集团研发中心拥有一支引领化妆品时尚的高级人才队伍，具备国内先进的研发水平，自主研发制造了全套全自动生产线。集团旗下有郁美净、汉草香妍、郁婴坊三大品牌、十二个系列、二百多种单品。集团具有不断创新的科研开发能力、规模强大的生产制造能力、覆盖全国的市场营销网络、强有力的产品质量监督保

证系统及信息反馈和售后服务系统。

协作任务： 请以小组为单位，针对郁美净品牌的内部和外部环境优势进行分析，提出针对品牌的优势资源利用和发挥的建议，形成品牌优势资源分析报告，包括品牌内部和外部优势资源的分析结果和建议方案。

任务四　品牌机会分析工具

**任务分析**

为了适应新的品牌营销环境，利用合适的品牌分析模型和工具来分析企业和品牌所在的环境，更好地构建品牌资产，并且结合品牌人群的线上消费行为，评估品牌人群资产，为数字营销环境下的品牌策划和推广制定更清晰的路径。

本任务的主要内容如下。

（1）分析品牌资产要素：运用 CBBE 模型，从品牌显著性、品牌绩效、品牌形象、品牌评价、品牌感觉、品牌共鸣 6 个维度分析品牌资产要素。

（2）分析品牌人群的消费行为：运用 AIPL 模型，从认知、兴趣、购买、忠诚的链路分析品牌人群的消费行为。

**知识储备**

一、CBBE 模型

美国学者凯文·莱恩·凯勒（Kevin Lane Keller）于 1993 年提出 CBBE（Customer-Based Brand Equity）模型，即基于消费者的品牌资产模型，为自主品牌建设提供了关键途径。相比无品牌或虚拟品牌，当某个品牌被消费者识别出来并且消费者更偏爱这个品牌的产品时，该品牌就拥有了正向的品牌资产，消费者对品牌溢价和品牌广告的敏感度也会降低。

1. 品牌资产的 4 个层面

按照 CBBE 模型，品牌资产由 4 个层面构成，并且这 4 个层面具有逻辑和时间顺序的先后关系。

（1）品牌识别（Brand Identity）：你是什么品牌？

（2）品牌内涵（Brand Meaning）：你对我有什么用途？

（3）品牌反应（Brand Responses）：你给我的感受是什么样的？

（4）品牌关系（Brand Relationships）：你和我的关系是怎么样的？

2. CBBE 模型的 6 个维度

在 CBBE 模型中，品牌资产的 4 个层面依赖于构建品牌的 6 个维度：品牌显著性、品牌绩效、品牌形象、品牌评价、品牌感觉、品牌共鸣。CBBE 金字塔模型如图 1-9 所示。

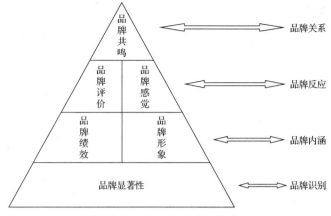

图 1-9　CBBE 金字塔模型

品牌显著性对应品牌识别；品牌绩效与品牌形象对应品牌内涵；品牌评价和品牌感觉对应品牌反应；品牌共鸣对应品牌关系。CBBE 金字塔模型的左侧倾向于建立品牌的"理性路径"，右侧倾向于建立品牌的"感性路径"，绝大多数品牌是双管齐下的。

（1）品牌显著性。品牌显著性是指品牌认知的广度和深度。例如，只要口渴就能想起农夫山泉，只在别无选择的情况下，才可能想起其他品牌，那农夫山泉的品牌认知广度就比其他品牌高。深度则是指当出现一点线索就能联想起某品牌。

（2）品牌绩效。品牌绩效主要指品牌产品的主要成分和次要特色，包括产品的可靠性、耐用性及服务便利性，服务的水平、效率和同理心，以及产品的风格、设计和价格。

（3）品牌形象。品牌形象包含了品牌的目标受众形象、购买和使用场景、品牌个性和价值、品牌历史、传承和体验。

（4）品牌评价。品牌评价包含：品牌质量，如感知质量、满意度等；品牌信誉，如品牌的专业性、可信度和吸引力；品牌考虑，如品牌和消费者自身的相关性；品牌优势，如品牌的独特性。

（5）品牌感觉。品牌感觉指品牌用移情广告激发的消费者情感。品牌感觉有 6 种类型：温暖、乐趣、兴奋、安全、社会认同、自尊。

（6）品牌共鸣。品牌共鸣包含了行为忠诚、态度依恋、社群归属、主动融入。

二、AIPL 模型

2017 年，阿里巴巴推出了品牌数据银行，通过数据化的方式运营品牌人群资产，其核心是 AIPL 模型，如图 1-10 所示。AIPL 模型是将品牌在阿里系的人群资产量化运营的模型，这也是支撑它全域营销概念落地的关键一环。AIPL 模型可以帮助企业了解品牌人群资产总量，以及各链路人群的多少，从而实现品牌人群资产量化、链路化运营。

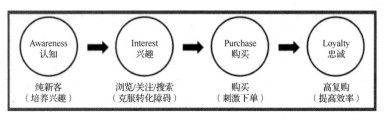

图 1-10　AIPL 模型

1. AIPL 模型的作用

在传统的线下交易中，要获取一个品牌的购买人群、复购、忠诚度等数据不难，只要统计成交数据即可。但衡量人群的认知及兴趣是很难的，因为从品牌营销活动到最终成交的中间过程无法用数据量化。在全链路在线交易的环境下，所有用户的行为都以数据的形式在平台留痕，使得企业能够衡量品牌人群的认知（Awareness）、兴趣（Interest）、购买（Purchase）及忠诚（Loyalty），从而使有的放矢地开展精准营销活动成为可能。

基于电商平台的全链路在线交易，阿里巴巴提出的 AIPL 模型及品牌数据银行，对品牌人群实现了量化的管理与营销。AIPL 模型本质上是将电商平台各类的用户行为数据进行一系列清洗，来建立一个综合数据模型。这个模型通过计算品牌商品的曝光、点击、浏览，以及用户的搜索、成交、加购、分享等数据，来判断每个品牌有多少认知用户、多少兴趣用户、多少购买用户、多少忠诚用户，把这 4 类用户加起来，就是该品牌现有的人群资产。

2. 品牌人群资产的 AIPL 分类

AIPL 模型结合品牌人群的消费行为流程，把用户从对品牌陌生到忠诚的过程进行了分类。

（1）A（Awareness）：品牌认知人群。这类用户对品牌刚刚建立认知，在相对被动的情况下与品牌建立接触。在此阶段，品牌需要通过广告、宣传等手段来提升品牌的知名度。

（2）I（Interest）：品牌兴趣人群。这类用户对品牌有一定的兴趣，存在一定的购买想法，主动与品牌建立接触。在此阶段，用户开始对产品或品牌产生兴趣，并开始关注产品或品牌的特性、功能、品质等。

（3）P（Purchase）：品牌购买人群。这类用户已经购买过该品牌的产品或服务，使用过了该品牌的产品或服务。在此阶段，用户会考虑购买产品或服务，品牌需要通过提供优惠券、促销活动等激励措施来吸引用户进行购买。

（4）L（Loyalty）：品牌忠诚人群。这类用户对该品牌非常认同，愿意多次购买该品牌的产品或服务，或者愿意将该品牌推荐给自己的亲朋好友。在此阶段，品牌需要提供优质的产品或服务，以提升用户的满意度和忠诚度，从而促进用户再次购买或推荐给其他人购买。

通过 AIPL 模型，品牌可以更好地了解用户的需求和行为，从而制定更加精准的营销策略，提高营销转化效率。同时，AIPL 模型也可以帮助品牌更好地管理用户数据，实现数据化营销。

 **创意推广**

建立"国潮"语境，讲好中国故事

2021 年，百雀羚再次荣获"全球最有价值的 50 个化妆品和个人护理品牌"，成为唯一跻身 Top15 的中国品牌。为了增加品牌影响力，传递国货品牌国际崛起的信息，百雀羚找到了一个非常巧妙的切入点，把国货品牌、国家、国人相结合，建立新的"国潮"语境，与消费者进行更有效的交流。

品牌从过去与现在的消费者肖像照对比中，发现我国人民眼神越来越笃定，笑容越来越舒展，越来越自信。这样的改变不仅得益于护肤美妆产品的加持，更重要的是源自国家崛起，民族自信向上提升。因此品牌抓住这一"向上"的变化，通过一连串超"燃"的新媒体营销策划活动，来歌颂祖国的向上、中国品牌的向上、中国人民的向上，传播"百雀羚跻身全球最有价值化妆品和个人护理品牌 Top15"事件与品牌价值。

首先，百雀羚精心打造出"向上的我们"高速定帧主题短片，从百雀羚品牌创始之初

的 1931 年至今，定格 90 年的风云岁月，用 90 张相片记录我国人民状态的持续演变，并联合百雀羚品牌代言人，在各平台广为传播。

其次，在抖音以#向上的我们#为话题发布抖音挑战赛，邀请全民参与，拍摄从羞涩到自信向上的变装，再向上传递"国牌"的视频，引爆大众的民族自豪感，海量用户参与，引发广泛关注，约 1.2 万多名用户参加抖音挑战赛接力。

再次，多平台持续制造话题与声量。品牌联合不同圈层关键意见领袖（KOL）与关键意见消费者（KOC），在微博、微信与哔哩哔哩等多平台多维传播，让话题"延烧"，并以下沉用户所喜爱的平台和视频风格二次触及目标人群。

最后，各大媒体深度解读，引发情感共鸣。话题的发酵引起了大量媒体的关注，各大媒体深度解读 90 年间我国人民的向上转变，引发情感共鸣。

四套组合拳下来的效果是，全平台多维传播，话题破圈发酵，引爆大众的民族自豪感，共同完成向上接力挑战，在社交网络掀起"向上"风潮。话题曝光 259 亿次，《向上的我们》视频播放 2600 万次，话题互动 270 万次，8 大核心媒体共同发声，天猫官方旗舰店会员页 UV 达到 8 万多。百雀羚活动达到了良好的"品效双赢"的传播效果，如图 1-11 所示。

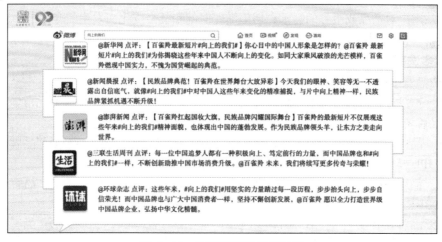

图 1-11 百雀羚活动传播效果

案例启示：百雀羚品牌以传统与现代交织，讲述生动的中国故事。它启示我们，在全球化浪潮中，坚持文化自信，融合传统与创新，是品牌发展的必由之路。百雀羚的成功不仅在于产品的卓越品质，更在于其深刻理解和传扬了中华文化精髓。

知识考核

一、单选题

1. 以下选项中最能描述市场占有率概念的是（　　　）。
   A. 某企业某一产品的销量在市场同类产品中所占的比重
   B. 某企业某一产品的总量在市场同类产品中所占的比重
   C. 某企业某一产品的售价在市场同类产品中所占的比重
   D. 某企业某一产品的利润在市场同类产品中所占的比重

2. 以下选项中不属于企业竞争对手分析目的的是（　　　　）。
　A. 了解竞争对手的优劣势、战略和战术　　B. 确定自己的市场定位和目标客户群
　C. 了解竞争对手的市场份额和影响力　　　D. 提高企业的生产效率和降低成本

3. 用户需求是指（　　　　）。
　A. 用户对产品或服务所期望的外观和颜色
　B. 用户对产品或服务所支付的价格和费用
　C. 用户对产品或服务所期望的功能和性能
　D. 用户对产品或服务所期望获得的赠品和优惠

4. 品牌绩效主要指品牌产品的主要成分和次要特色，下列选项中不属于品牌绩效的是（　　　　）。
　A. 产品的可靠性、耐用性及服务便利性　　B. 服务的水平、效率和同理心
　C. 产品的风格、设计和价格　　　　　　　D. 产品的功能多样性及市场占有率

5. 用户需求趋势是指（　　　　）。
　A. 用户对产品或服务的当前需求和期望
　B. 用户对产品或服务在某一时间点的具体需求
　C. 用户对产品或服务的需求和期望随着时间和社会变化而发生的变化
　D. 用户对产品或服务未来可能的需求和期望的预测

二、多选题

1. 产品竞争优势的来源是（　　　　）。
　A. 产品设计　　　　B. 品牌形象　　　　C. 产品功能　　　　D. 市场定位

2. 品牌资产不包括（　　　　）。
　A. 品牌形象　　　　B. 品牌认知度　　　C. 品牌知名度　　　D. 品牌传播度

3. AIPL 模型把用户分为（　　　　）。
　A. 品牌认知人群　　B. 品牌兴趣人群　　C. 品牌购买人群　　D. 品牌忠诚人群

4. CBBE 模型的维度不包括（　　　　）。
　A. 品牌显著性　　　B. 品牌反应　　　　C. 品牌形象　　　　D. 品牌内涵

5. 品牌内部优势不包括（　　　　）。
　A. 品牌资方　　　　B. 渠道能力　　　　C. 市场机遇　　　　D. 政策支持

三、判断题

1. 只有了解市场环境，才能及时发现和应对这些机遇和挑战，从而为企业的市场发展提供更好的机会。（　　　）

2. 竞争对手分析是指企业对竞争对手进行系统、客观、全面的研究和分析，以了解竞争对手的优劣势、战略和战术，以及竞争对手的市场份额和影响力等。（　　　）

3. 口碑营销渠道是指通过消费者口耳相传的方式来传递品牌信息和产品信息。（　　　）

4. 用户需求通常是稳定的，不会随着时间的推移而发生变化。（　　　）

5. 品牌显著性是指品牌认知的广度和深度。（　　　）

四、案例分析

大学生小丽是"00后"，但她已然是个"养生老手"。进入大学后，小丽白天功课繁忙，夜里则常常为了娱乐放松而"报复性熬夜"。即食花胶甜品、黑芝麻丸、五红养颜糕……总之，各大 KOL 推广的养生产品几乎被她尝了个遍。一向被认为与美味、时尚无关的传统滋

补品已经延伸到年轻人的消费场景中。与可乐并称为两大"快乐水"的奶茶，加入温补养生的阿胶、枸杞后，被越来越多的年轻人认可和接受。

请分析养生奶茶的出圈反映了消费者怎样的心理变化。

 **AI 辅助实操**

为冠生园品牌寻找新的市场机会

实训背景

冠生园创建于 1915 年，是我国民族工业的名牌老字号企业。冠生园总部位于上海市静安区，生产基地主要集中于上海奉贤星火开发区和青浦工业园区内。冠生园在全国各大省市建立了 20 多个销售中心，形成了 2000 余个销售网点；与 100 多家国外经销商建立了长期业务往来关系，并在 50 多个国家和地区注册了商标。冠生园的科研机构为市级技术中心，并通过了国家实验室认可，同时拥有多项技术发明专利。

公司拥有"冠生园""大白兔""佛手""华佗"等品牌，目前主要生产和经营糖果、蜂制品、保健酒、面制品和调味品五大类产品，其中明星产品大白兔糖果和冠生园蜂蜜分别在全国和上海的市场占有率长期位居领先地位。

经营理念：绿色、无边界、永续经营。

企业精神：品争冠、业求生、人兴园。

品牌 Logo 如图 1-12 所示。

图 1-12　品牌 Logo

实训目标

1. 结合品牌背景资料，综合运用本项目涉及的品牌机会分析方法和工具，分析品牌传播环境、洞察品牌用户需求。

2. 分析品牌现有的优势资源，帮助品牌寻找新的市场机会。

实训操作

借用常见的 AIGC 平台（如讯飞星火、通义千问等），辅助实训操作完成以下要求。

1. 运用品牌传播环境分析方法，分析品牌的相关政策、市场发展现状、竞争格局和传播渠道。

2. 对品牌用户进行需求洞察，并结合 AIPL 模型，对品牌用户进行分类。

3. 结合 CBBE 模型，对品牌内部和外部的优势资源进行分析，并结合上述分析结论，基于用户视角构建 CBBE 品牌资产。

实训成果

1. 品牌机会分析思维导图。

2. 品牌用户分层表。

3. 品牌资产分析表。

项目二 定位分析 凸显品牌价值

● 知识目标

1. 理解品牌愿景和使命的作用
2. 理解品牌差异化分析的内容和方法
3. 掌握品牌定位的内涵和方法
4. 熟悉品牌个性度量体系和品牌人格模型

● 能力目标

1. 能够确定品牌愿景并撰写品牌使命
2. 能够从产品、服务和形象方面进行品牌差异化分析
3. 能够根据品牌的特性选择合适的品牌定位方法
4. 能够根据市场分析和消费者洞察，制定有效的品牌定位策略
5. 能够运用品牌个性度量体系，制定品牌人格化策略

思维导图

● 素养目标

1. 增强对民族品牌的文化认同感及对民族特色品牌的文化自信
2. 提高对民族品牌形象的分析能力，加深对民族品牌文化内涵的理解
3. 培养在品牌定位策略中寻求新颖、独特元素的能力
4. 培养快速适应市场变化和消费者需求变化的能力
5. 培养对品牌定位和市场营销工作的责任感和使命感

岗课赛证

【数字营销技术应用】（中级）

工作领域	工作任务	职业技能要求
搜索竞价 营销	品牌营销 推广	能根据企业经营现状，结合品牌定位相关知识，分析品牌份额、品牌竞争与品牌发展等指标，完成品牌的精准定位

案例导入

观夏，专注于"东方香"的品牌定位

观夏成立于 2018 年，是一个专注于香氛领域的品牌，其定位独特且明确，主要以"东方香"为切入口，围绕东方传统美学，打造自身的产品特色，追溯其中的人文艺术，寻找与"香味"相关的故事进行创作和表达。观夏通过其产品和服务，传递一种内观、深思与追求精神富足的生活方式。

配套视频

观夏"游龙则灵"宣传片

其产品线包括晶石情绪香薰、四季情绪香薰、失重香插、香薰蜡烛、乳木果香膏及"纯粹时代"百分百植萃香水等六大系列。观夏的每一款产品都试图挖掘传统文化精髓，通过香料的应用、香味的创作及产品的包装设计，将东方美学与现代审美相结合，为消费者带来全新的感官体验。图 2-1 所示为观夏产品系列及包装。

图 2-1 观夏产品系列及包装

在营销层面，观夏主要依赖私域流量进行销售，其销售渠道主要包括微信小程序和小红书旗舰店。在小红书平台上，观夏能够完成从公域"种草"到私域转化的全过程，通过内容"种草"、事件营销等方式为品牌造势，实现快速"引爆"。

观夏还注重线下体验。观夏开设了线下体验店，位于国子监街区的四合院店能够为消费者提供直观的产品体验。店铺设计尽显传统元素和风格，与品牌定位高度契合，消费者在购物的同时也能感受到浓厚的文化氛围。

案例启示：品牌在建设过程中应注重挖掘和传承本土文化元素，将产品品质、消费者体验、创新和差异化及有效的营销策略等，通过现代化的方式呈现给消费者，从而赋予品牌更深厚的文化内涵和更高的附加值。

任务一　品牌的愿景和使命

📖 任务分析

品牌的愿景是品牌希望达成的未来的景象，是对"我们希望自己成为什么样的企业？"这一问题的回答。品牌的使命则是品牌存在的理由，是品牌为什么存在、它能如何改善世界，以及它期望实现什么等问题的答案。品牌的使命应该独特、清晰、富有吸引力和影响力，并且要尽可能地适应其所有利益相关方的需求和价值观。

本任务的主要内容如下。

（1）确定品牌的愿景：在确定品牌愿景的基础上，为品牌制订长远规划。

（2）撰写品牌的使命：在明确品牌核心理念及目标消费者的基础上，撰写清晰、简洁、有吸引力的品牌使命。

🕊 知识储备

品牌的愿景和使命是品牌战略的核心要素，它们为品牌的发展提供了清晰的方向和目标。在竞争激烈的市场环境中，明确的愿景和使命对于品牌的成功至关重要。品牌的愿景和使命对品牌的发展具有深远的影响。它们不仅为品牌的发展提供了指引方向，还在品牌传播、企业文化建设和品牌竞争中发挥着重要作用。因此，企业在制定品牌战略时，应当充分考虑品牌的愿景和使命，确保它们与企业的核心价值观和发展目标一致。只有这样，企业才能在激烈的市场竞争中立于不败之地，实现品牌的长期发展。

一、品牌的愿景

品牌的愿景是品牌的长远规划，是对未来目标的设定和追求，它为品牌的存在提供根本的理由和驱动力。品牌的愿景不仅仅是企业内部的共同愿景，更是对品牌的所有显在和潜在目标消费者使用这类品牌的终极欲望的表达和描述。

1. 品牌愿景的特点

（1）清晰明确：品牌的愿景必须清晰明确，能够让人们理解和记忆。它应该简洁明了地表达出品牌的未来方向和目标。

（2）激励人心：品牌的愿景应该能够激励员工、消费者和其他利益相关者，让他们对品牌产生强烈的认同感和较高的忠诚度。它应该能够激发人们的热情和动力，使人们为实现品牌的目标而努力。

（3）可实现性：品牌的愿景应该是可实现的。它应该基于品牌的核心价值观和资源能力，制定切实可行的目标，并采取有效的措施来实现这些目标。

（4）适应性：品牌的愿景应该具有一定的灵活性和适应性，以应对市场环境的变化和挑战。它应该能够引领品牌不断创新和发展，适应消费者的需求变化。

2. 品牌愿景的作用

品牌的愿景对于品牌的成功至关重要。一个强大的品牌愿景可以激发人们的热情和创造力，推动品牌不断向前发展。而一个模糊或不够激励人心的品牌愿景则可能让人们对品牌失去信心或感到迷茫。因此，建立一个清晰明确、激励人心、可实现、适应性强的品牌愿景是品牌发展的重要步骤。

以星巴克为例，其愿景是"激发并滋养人类的心灵"，这愿景不仅为品牌提供了明确的发展方向，还帮助品牌与消费者建立深厚的情感联系。当消费者意识到品牌不仅关心他们的需求，还关心他们的人生价值时，他们更有可能成为品牌的忠实拥趸。

**品牌强国**

新大陆的愿景：持续提升品质服务，共创共享美好生活

新大陆科技集团（以下简称新大陆）于 1994 年创办于福州市，已经成立了 30 年，是一家长期从事科技创新和创新成果市场转化的高科技企业，拥有全球首颗二维码解码芯片、首颗数字公民安全解码芯片，在支付、识别技术领域居于世界领先的行业地位。

新大陆以助力人类实现更加高效、智能、可持续的数字化生活方式为使命，不断追求技术创新和产品创新，通过提供高品质、高可靠性的物联网设备和技术，帮助客户实现数字化转型，提高业务效率。

作为支付行业全产业链较多环节的重要参与者，新大陆在数字人民币领域也积极探索，从场景建设与设备提供商的角色出发，推动数字人民币的研究与落地实现。同时，新大陆还在电力工程和新能源等领域提供全面的解决方案和服务，不断满足客户的多样化需求。

新大陆积极参与国家重大战略项目，致力于推动我国数字经济的发展。作为数字中国建设的参与者，新大陆聚焦发力数字治理主航道，重点把握"数字身份"与"数字人民币"两大领域的发展机遇，用数字技术的创新赋能政务、社会和民众。通过深度参与数字治理和数字人民币场景应用建设，新大陆不仅提升了自身的品牌影响力，也为我国数字经济的发展注入了新的动力。

新大陆的愿景充分体现了新大陆人对人类未来的高度责任感和使命感。新大陆也将通过科技创新和实践经验积累，提供全方位的数字化解决方案和服务，帮助客户更好地应对数字化时代的发展挑战，实现可持续发展。

案例启示：要想在激烈的市场竞争中脱颖而出，企业必须不断追求技术创新，保持技术领先地位，以满足市场的不断变化和客户的多样化需求；在积极拥抱数字化转型、参与国家重大战略项目、深化应用场景建设以及履行社会责任等方面，发挥自身的优势和特长，为产业发展做出贡献。更好地应对数字化时代的发展挑战，实现可持续发展。

二、品牌的使命

1. 品牌使命的作用

品牌的使命是指品牌存在的理由和价值，即品牌的核心目标和价值观。它通常包括以下

4 个方面的作用。

（1）满足消费者需求：品牌的使命应该是满足消费者的需求和期望，为消费者提供优质的产品或服务，提升消费者的满意度和忠诚度。

（2）创造社会价值：品牌的使命应该包括创造社会价值，即品牌通过自身的经营和活动，为社会带来正面的影响和贡献。

（3）实现商业目标：品牌的使命应该与商业目标一致，即实现企业的长期价值和可持续发展。

（4）传达品牌的价值观：品牌的使命应该传达出品牌的价值观和理念，即品牌的核心精神和文化内涵，帮助消费者更好地理解和认识品牌。

2. 品牌使命的内容

一个好的品牌使命应该清晰、简洁、有吸引力，能够激发企业员工的归属感和自豪感，同时也能够吸引和留住消费者。品牌的使命是品牌在满足消费者需求的同时所承担的责任和追求的目标。它反映了品牌的价值观和理念，是品牌存在的根本原因。品牌的使命通常包括提供特定产品或服务，满足消费者特定的需求和期望，并不断创新和改进，以实现品牌的长期目标和愿景。

品牌的使命是一种精神内核，它并不局限于产品和服务本身，还包括了品牌所倡导的价值观和生活方式。品牌的使命是品牌与消费者之间建立情感联系的重要桥梁，能够激发消费者的共鸣。

营销伦理

腾讯的"用户为本"

腾讯的品牌使命是"用户为本，科技向善"（见图 2-2）。这个愿景强调了腾讯对于用户的重视和对于科技应用的积极态度。腾讯作为一家互联网企业，深知用户的重要性，始终坚持以用户为中心，不断提升用户体验，满足用户需求。同时，腾讯也意识到科技的力量，希望通过科技的力量来推动社会进步，实现更美好的未来。

"用户为本"强调了腾讯始终以用户需求和体验为核心，致力于提供优质的产品和服务。这种以用户为中心的理念是腾讯在过去 20 多年中取得成功的重要因素，也是其未来发展的基础。

图 2-2　腾讯的品牌使命

"科技向善"则表明了腾讯对于科技发展的思考和选择，致力于将科技的力量用于积极、有益的领域，为人类社会的进步做出贡献。这种理念体现了腾讯作为一家企业的社会责任感，也是其作为我国领先的互联网企业应有的担当。

具体来说，腾讯的品牌使命包括以下 4 个方面。

（1）用户至上：腾讯始终坚持以用户为中心，以满足用户需求为首要任务，不断优化产品和服务，提升用户体验。

（2）科技创新：腾讯注重科技研发和应用，通过技术手段不断创新和突破，推动互联网行业的发展，为用户提供更加便捷、高效、安全的服务。

（3）社会责任：腾讯积极参与社会公益事业，关注环境保护、教育、助农等领域，推动社会进步和发展。

（4）合作共赢：腾讯倡导开放、协作、共赢的精神，与合作伙伴共同成长，实现互利共赢。

通过践行这些愿景，腾讯希望能够成为一个受人尊敬、值得信任的品牌，为用户和社会创造更多价值。

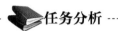

任务二 品牌的差异化分析

任务分析

品牌差异化指的是企业通过在品牌产品或服务中赋予独特的特色和价值，使其与竞争对手形成明显的差异，从而提升市场竞争力。在当今竞争激烈的市场环境中，同质化的产品和服务已经无法满足消费者的需求，而品牌差异化可以帮助企业在同质化市场中脱颖而出，打造独特的品牌形象。

本任务的主要内容如下。

（1）产品差异化分析：发掘产品的特性，制定产品差异化策略。

（2）服务差异化分析：深入研究客户需求，制定服务差异化策略。

（3）形象差异化分析：发掘与众不同的品牌形象，制定形象差异化策略。

知识储备

品牌差异化分析具体包括产品差异化分析、服务差异化分析和品牌形象差异化分析3个方面。

一、产品差异化分析

1. 产品差异化分析的内容

产品差异化分析指的是对企业所提供的产品进行独特性和差异性的研究，以找出与竞争对手的区别，从而形成自身的竞争优势。具体来说，产品差异化分析是对产品在性能、质量、外观、包装、服务等方面的独特性进行的深入研究。例如，有些品牌可能强调其产品的耐用性、创新性或环保性等特性，以此来区别于其他品牌。

例如，华为手机十分注重技术研发和创新，通过引进、消化、吸收和再创新的方式，发展自主的专利技术体系。这种技术研发创新使得华为手机在硬件和软件方面都具有差异化优势，华为手机搭载的麒麟芯片、EMUI 系统等都是华为自主研发的创新成果。同时，华为手机在设计上也追求差异化。HUAWEI Mate 系列的商务风格、P 系列的时尚风格等都体现了华为手机在设计上的差异化思路。另外，华为手机还注重品质和耐用性，通过严格的质量控制和材料选择，确保用户在使用过程中的良好体验。

2. 产品差异化的策略

在当今高度竞争的市场环境中，产品差异化分析对于企业形成竞争优势至关重要。通过确定目标市场、竞品分析、产品差异化定位、功能与设计创新、提升客户体验、优化成本与定价以及持续改进与优化产品，企业能够实现产品差异化，进而在市场中脱颖而出。

（1）确定目标市场。在产品差异化分析的初始阶段，首要任务是明确目标市场。了解潜在客户的需求、行为和期望是至关重要的。这需要对市场进行深入研究，识别不同客户群体，并了解他们当前和未来的需求。通过这样的市场研究，企业可以更好地理解其目标市场，为产品差异化奠定基础。

（2）竞品分析。竞品分析是产品差异化分析的重要环节。对市场上的竞争对手进行深入研究，了解其产品或服务的优势和劣势，以及其满足客户需求的方式。通过对比分析，可以发现竞争对手的空白点或不足之处，从而找到产品差异化的机会。

（3）产品差异化定位。在完成竞品分析后，接下来是确定产品的差异化定位。这需要结合市场需求和竞品分析结果，找出独特的产品卖点。差异化定位应突出产品的独特性，满足特定客户群体的需求。

（4）功能与设计创新。为了实现产品差异化，创新的功能和设计是关键。这可能涉及技术研发、材料选择、生产工艺等方面的创新。通过创新，企业可以提供独特的产品特性，满足客户的特殊需求，从而在市场上脱颖而出。

（5）提升客户体验。客户体验是产品差异化的另一个重要方面。提供卓越的客户体验可以增强客户对产品的忠诚度，并促进口碑传播。企业应关注客户在使用产品过程中的感受，优化产品设计和服务流程，提升客户满意度。

（6）优化成本与定价。成本和定价也是产品差异化分析中不可忽视的因素。企业需要在确保产品质量和提供良好客户体验的同时控制成本并制定合理的定价策略。定价时需考虑市场需求、竞争态势及目标利润等因素。通过有效的成本控制和合理的定价，企业可以在市场上取得竞争优势。

（7）持续改进与优化产品。持续改进与优化产品是维持产品差异化的关键。随着市场环境和客户需求的变化，企业需要不断地对产品进行迭代和优化，以保持其竞争优势。通过收集客户反馈、关注行业动态和市场趋势，以及定期进行内部评估和改进，企业可以确保其产品始终与市场需求保持一致，从而实现长期的差异化竞争。

二、服务差异化分析

服务差异化分析是指企业在服务内容、服务渠道和服务形象等方面采取有别于竞争对手而又突出自己特征的做法，以战胜竞争对手，在服务市场立住脚跟。

1. 服务差异化分析的内容

服务差异化的内容包括以下 3 个方面。

（1）服务内容差异化：企业提供不同于竞争对手的服务产品或服务流程，例如，在产品定制、服务流程设计等方面进行创新，以满足客户独特的需求。

（2）服务渠道差异化：企业通过不同的渠道提供服务，如线上平台、实体门店、社交媒体等，以满足不同客户群体的需求。

（3）服务形象差异化：企业通过塑造独特的品牌形象和服务形象，以区别于其他竞争对手。例如，企业的标志设计、店面装修风格、员工形象等都可以成为企业独特的服务形象。

服务差异化分析的目的是突出企业的优势和特点，与竞争对手相区别，从而在市场上获得更大的竞争优势。通过这种策略，企业可以更好地满足客户需求，提升客户满意度和忠诚度，从而提升企业的竞争力和盈利能力。

2. 服务差异化的分析方法

在当今市场竞争激烈的环境下，服务差异化分析是企业获取竞争优势的关键。企业可以从以下 7 个方面有效地进行服务差异化分析，从而在市场中脱颖而出。

（1）客户需求研究。深入了解客户需求是企业进行服务差异化分析的基础。企业应通过市场调研、客户访谈等方式收集客户需求信息，对数据进行整理和分析，挖掘客户的需求痛点和期望。同时，企业应关注市场趋势和竞争对手的服务策略，以便更好地制定满足客户需求的差异化服务策略。

（2）服务内容差异化。企业应根据客户需求和行业特点，提供独特的服务内容。例如，针对不同客户群体提供定制化的服务方案、推出创新的服务产品、优化服务流程等。同时，企业应关注客户需求的变化，不断更新和升级服务内容，保持与市场趋势和客户需求的同步。

（3）服务质量监控。服务质量监控是确保服务差异化的关键环节。企业应建立完善的服务质量监控体系，对服务过程进行全面跟踪和评估。通过收集客户反馈、定期进行服务质量检查、对员工进行绩效考核等方式，企业可以及时发现服务中的问题和不足，采取改进措施，提高服务质量。

（4）员工培训与文化。员工是服务的主体，他们的专业素养和服务意识直接影响客户体验和服务质量。企业应注重员工的培训和教育，提高员工的专业技能和服务意识。同时，企业应建立积极向上的企业文化，激发员工的工作热情和创造力，增强员工的归属感和忠诚度。通过员工培训与文化的强化，企业可以提高整体服务水平，形成竞争优势。

（5）技术创新。技术创新是推动服务差异化的重要手段。企业应关注新兴技术，将其应用于服务领域，以提高服务效率和质量。例如，利用人工智能技术提供智能客服、利用大数据分析技术优化客户体验等。通过技术创新，企业可以不断推出新的服务模式和产品，满足客户日益增长的需求。

（6）品牌形象与服务体验。品牌形象与服务体验是影响客户选择的重要因素。企业应注重品牌形象的塑造，通过统一的视觉识别系统、广告宣传等方式提升品牌知名度。同时，企业应关注服务体验的优化，从客户角度出发，提供舒适、便捷、个性化的服务体验。通过品牌形象与服务体验的提升，企业可以树立良好的口碑和形象，增强市场竞争力。

（7）价格策略与服务成本。制定合理的价格策略和控制服务成本是进行服务差异化分析的重要环节。企业应根据市场定位、客户需求和竞争对手情况制定具有竞争力的价格策略。同时，企业应优化服务流程和资源配置，控制服务成本，保持盈利能力。在定价时，企业应平衡客户价值和成本之间的关系，以实现可持续发展。

通过有效的服务差异化分析，企业可以获得更大竞争优势，从而在激烈的市场竞争中立于不败之地。

✏ **AIGC 赋能**

But Lab："苦命甜心"的技术创新和情感连接

But Lab 是一个创意青年文化品牌，以其独特的创意和深入洞察年轻消费者内心世界的能力而备受关注。该品牌推出的"苦命甜心"系列是对现代年轻人生活压力的一种自嘲和抚慰，其通过独特的创意和文案，引发了广泛的共鸣和讨论。

配套视频

"苦命甜心"油报集

"苦命甜心"定位不局限于产品本身，而是基于 AIGC 技术的创新应用。在 AIGC 的维度下，"苦命甜心"成功地将情感、艺术与技术结合，创造出一个既有深度又有温度的品牌形象。

在快节奏的现代生活中，年轻人常常面临着各种压力和挑战，他们自嘲，称自己为"苦命甜心"，以表达内心的苦涩与坚持。创意青年文化品牌 But Lab 敏锐地捕捉到了这一社会现象，并以此为灵感，推出了"苦命甜心"主题创意海报（见图 2-3）及系列产品。

图 2-3 "苦命甜心"主题创意海报

"苦命甜心"的创意来源于年轻人常挂在嘴边的"咖啡哪有命苦"，用"比咖啡还苦的命"进行自嘲。同时，"甜心"与"苦命"形成对比，寓意着即便自嘲也有着强大的内心世界，在遇到苦难时不断自我安慰。这种独特的创意不仅引起了年轻人的共鸣，还展现了 But Lab 对当代年轻人内心世界的深入洞察和理解。

在 AIGC 技术的支持下，But Lab 通过智能算法分析消费者需求，实现了"苦命甜心"产品的个性化定制和精准营销。这种技术的运用不仅提升了消费者的购物体验，还进一步凸显了品牌的创新力和竞争力。

除了技术和创新，But Lab 还非常注重与消费者的情感连接。通过一系列富有创意和情感的文案和产品设计，该品牌成功地与年轻消费者建立了深厚的情感联系。这种情感连接不仅增强了消费者对品牌的忠诚度和认同感，还为品牌的长远发展奠定了坚实的基础。

案例启示：深入洞察消费者内心、进行创意与情感结合、利用 AIGC 技术提升竞争力、建立情感连接及持续创新是品牌建设的重要方向。

三、品牌形象差异化分析

通过品牌形象差异化分析，品牌可以找到自己的独特定位，并通过有效传播，在竞争激烈的市场中获得竞争优势。品牌形象差异化分析可以帮助品牌找到自己的独特性，塑造出与众不同的品牌形象，从而在激烈的市场竞争中脱颖而出。

1. 品牌形象差异化分析方法

（1）明确品牌的核心价值和定位。品牌的核心价值是品牌的灵魂，是品牌与消费者建立长期关系的基石。深入挖掘品牌的核心价值和定位，找到品牌的独特性，并以此为基础塑造品牌的形象。

（2）了解目标消费者。这是塑造品牌形象的重要步骤。深入了解目标消费者的需求、偏好和行为模式，有助于品牌更好地把握消费者的心理，创造出更符合消费者需求的品牌形象。同时，根据目标消费者的特点，品牌可以找到自己的目标市场和竞争优势，从而更好地塑造独特的品牌形象。

（3）研究竞争对手。这是品牌形象差异化分析的重要环节。通过对竞争对手的品牌形象和市场策略进行分析，品牌可以发现自己的差异化和竞争优势，从而更好地塑造独特的品牌形象。

（4）利用创新性和独特性的元素。这是塑造独特品牌形象的重要手段。通过创造独特的视觉识别系统、品牌故事、传播活动等，品牌可以在消费者心中留下深刻的印象，从而建立起独特的品牌形象。

例如宝洁集团旗下的品牌海飞丝，其品牌定位强调去头皮屑效果，同时采用知名模特代言，传递出专业、高品质的品牌形象，进一步巩固了海飞丝在去头皮屑洗发水市场的领先地位。

2. 品牌形象差异化分析策略

（1）品牌视觉系统差异化：这涉及基础元素和应用元素的差异化设计。基础元素如标志、字体、颜色等，应用元素如名片、海报、网站等，都需要与品牌的独特形象和价值观一致。

（2）品牌社会形象差异化：这涉及品牌在各种社会力量心中的形象。品牌的社会形象不仅包括它的商业行为，还包括它如何对待员工、客户、社区和环境等。

（3）品牌个性差异化：每个品牌都应该有自己的个性，这种个性可以吸引和连接特定的消费者群体。品牌的个性差异化可以使消费者更容易地与品牌建立情感联系，增强品牌的忠诚度。

（4）品牌价值差异化：这涉及品牌的价值观和理念。品牌的价值观和理念应该与消费者的价值观和理念契合，这样消费者才能真正认同品牌，并与品牌建立长期的联系。

（5）品牌体验差异化：这涉及消费者在使用产品或服务的过程中的体验。好的品牌体验可以使消费者对品牌产生好感，甚至形成口碑传播，吸引更多的消费者。

任务三　品牌的定位方法

任务分析

　　学习和明确品牌的定位方法，有助于企业在竞争激烈的市场中找到自己的独特位置。通过对目标市场的深入研究和理解，企业可以确定自己与竞争对手的差异，并据此制定有针对性的市场策略。这种差异化不仅可以帮助企业吸引和留住消费者，还可以建立品牌忠诚度，形成竞争优势。

　　本任务的主要内容如下。

　　（1）领导者定位法：树立品牌领先地位，聚焦品牌核心价值，建立品牌形象并持续优化。

　　（2）细分定位法：从使用者、使用场合和时间、消费者购买目的和消费者生活方式等多个角度进行细分定位。

　　（3）价格竞争定位法：通过市场研究、成本分析、确定定价目标、选择定价方法、制定价格策略来实施价格竞争定位法。

　　（4）关联定位法：运用借势关联、品类关联、品牌关联、地域关联等方法进行关联定位。

知识储备

　　品牌定位是企业在综合分析目标市场与竞争情况的前提下，建立一个符合原始产品的独特品牌形象，并对品牌的整体形象进行设计、传播，从而在目标消费者心中占据一个独具价值的地位的过程或行动。

　　品牌定位的目的在于塑造独特的品牌形象，创造个性鲜明的品牌。由于品牌定位是一个动态的过程，因此，品牌定位的方式有很多种，没有一个固定、统一的模式。下面介绍一些常见的品牌定位方法。

一、领导者定位法

1. 领导者定位法的内容

　　领导者定位法是指企业在市场竞争中采取的策略旨在树立领先地位并成为某个产品或服务品类的代名词。领导者定位法的核心在于强调企业作为行业领导者的身份，并始终保持自己在用户心智阶梯中的第一位。为了实现这一目标，企业需要聚焦于自身的品牌，让自身品牌成为某个品类或特性的代名词。

　　领导者定位就是追求成为行业或某一方面"第一"的市场定位，即通过强调品牌在同行业或同类产品中的领导、专业地位，达到强化品牌认知和定位的目的。

2. 领导者定位法的实施方法

　　（1）树立领先地位：在营销中强调企业的行业领导者和创新者的身份，让品牌始终处于消费者心智阶梯中的第一位。

（2）聚焦品牌核心价值：将品牌聚焦于某个特定的品类或特性，让自身品牌成为该品类或该特性的代名词，提升品牌的知名度和美誉度。

（3）创新能力：不断推出新产品，改进服务和创新营销策略，以保持品牌的竞争优势和领导地位。

（4）建立品牌形象：通过品牌形象和声誉的建设，提升消费者对品牌的认知度和忠诚度。

（5）营销和传播策略：制定有效的营销和传播策略，将品牌的差异化价值传达给目标消费者，提升品牌的知名度和影响力。

（6）持续优化：根据市场反馈和消费者需求，持续优化产品和服务，保持品牌的竞争优势。

领导者定位法是企业在市场竞争中建立品牌优势的重要手段之一。通过实施领导者定位法，企业可以在消费者心智中树立领导者的形象，提升品牌的知名度和美誉度，从而获得更大的市场份额和竞争优势。

二、细分定位法

1. 细分定位法的内容

细分定位法是将整体市场划分为若干个子市场或细分市场，并针对每个子市场或细分市场制定独特的品牌定位策略。这种方法是基于消费者对产品或服务的不同需求和偏好，通过细分市场来寻找品牌的差异化点和竞争优势。

2. 细分定位法的实施方法

（1）从使用者角度定位。从使用者角度定位是把产品和一位使用者或一类使用者联系起来，直接表达出品牌产品的目标消费群体，并排除其他消费群体。例如："吉列牌（Gillette）——男士们所能得到的最好的"，定位于使用高质量剃须刀的男士；雕牌洗衣粉定位于中低收入者，用下岗工人来展示消费者形象。事实上，从使用者角度定位是十分普遍的定位点开发来源，在表意性品牌中更为普遍。例如斯沃琪（Swatch）、欧米茄（OMEGA）等手表品牌通常选用使用者作为形象代言人，展现品牌定位。

（2）从使用场合和时间角度定位。例如，红牛（RedBull）饮料是这一策略最典型的代表，其定位是"累了困了喝红牛"，强调其功能是迅速补充能量，消除疲劳。又如，8 点以后马克力薄饼声称是"适合 8 点以后吃的甜点"，米开威（Milky Way）则自称为"可在两餐之间吃的甜点"等，它们在使用场合和时间上建立了区分。8 点以后想吃甜点的消费者会自然而然地想到"8 点以后"这个品牌，而在两餐之间的时间，首先会想到"米开威"。

（3）从消费者购买目的角度定位。在世界各地，尤其在我国，请客送礼是一种普遍的现象。但在送礼的方式上，中外有个区别：在国外，送礼的人把礼物送给对方后，会鼓励对方打开看看，而在我国，送的礼品往往是包起来的，主人当场不予打开，送礼之人也不鼓励当场打开，也不说为什么送礼。于是就有了一种新的品牌定位开发点，即"让礼品的品牌开口代送礼人说话"。例如，心源素代表子女说"爸爸，我爱你"等。

（4）从消费者生活方式角度定位。当前，消费者的生活方式、生活态度、心理特性和价值观念变得越来越重要，已成为市场细分的重要变量。因此，从消费者生活方式角度寻找品牌的定位点，成为越来越多企业的选择，如针对现代社会消费者追求个性、展现自我的需要，品牌可以通过定位赋予产品相应的意义，让消费者在选购和享用的过程中表达个性、展现自我。

三、价格竞争定位法

1. 价格竞争定位法的内容

价格竞争定位法是一种基于价格差异化的竞争策略，企业根据市场需求、产品定位和成本等因素来确定产品的价格。这种方法通常适用于企业需要快速占领市场份额或提高市场占有率的情况。

采用价格竞争定位法时，企业可以通过低价策略、高价策略或市场平均价格策略来设定价格。低价策略通常适用于市场规模大、需求量大、产品同质化程度高的市场，企业通过低价来吸引消费者并提高市场占有率；高价策略适用于产品品质、品牌形象、服务等方面具有明显优势的企业，这些企业可以设定高价来获得更高的利润；市场平均价格策略则是将价格设定为市场中同类产品的平均水平，以保持竞争力和市场份额的稳定。

2. 价格竞争定位法的实施方法

（1）市场研究：进行深入的市场研究，了解目标市场的消费者需求、购买行为和价格敏感度。同时，分析竞争对手的产品定价策略，了解其价格水平、促销活动等。

（2）成本分析：对企业的产品成本，包括固定成本、变动成本、边际成本等进行详细分析，确保定价策略能够覆盖成本并实现盈利。

（3）确定定价目标：根据市场研究和成本分析，确定定价目标。定价目标包括追求市场份额、实现特定的利润率、保持价格优势等。

（4）选择定价方法：根据定价目标，选择适当的定价方法。常见的定价方法包括成本加成定价、市场导向定价、竞争导向定价等。确保所选方法能够实现定价目标并满足市场需求。

（5）制定价格策略：根据所选定价方法，制定具体的价格策略。这可能包括基础价格、折扣策略、促销活动等。确保价格策略能够吸引目标消费者并促进销售。

四、关联定位法

1. 关联定位法的内容

关联定位法是一种品牌定位策略。当一个品类里的最好位置已经被先行者占领时，作为后来者的企业能做的就是努力与品类领导者产生关联，让消费者在选择品牌时联想到自己，成为"第二选择"。

2. 关联定位法的实施方法

（1）借势关联。企业利用不同方法，与品类中的"第一"产生关联，借助其势头进入消费者心智。例如，蒙牛在冰激凌的包装上打出了"为民族工业争气，向伊利学习"的字样，借助伊利的知名度，将蒙牛的品牌关联起来，提升了品牌的知名度。不仅如此，蒙牛因为这种谦逊的态度，让人尊敬、信赖，获得了良好的口碑。

（2）品类关联。例如，东阿阿胶是一种传统的滋补品，近年来，该品牌采用了关联定位法，将自己与《本草纲目》这一经典中医药典籍关联起来。其广告宣传中强调李时珍在《本草纲目》中提到"中药有三宝：人参、鹿茸、阿胶"，阿胶是中药三宝之一，从而将东阿阿胶与名贵的滋补药材关联起来，拉高势能，提升了品牌形象和知名度。

（3）品牌关联。企业将自身品牌与消费者心中已有的品牌或概念关联起来，提升了品牌的势能和知名度。例如可口可乐和雅诗兰黛的合作、GoPro 和红牛的合作。这些看似无关的品牌通过合作成功地推出了新产品，显示了联合品牌合作的巨大潜力。

（4）地域关联。例如，伊利告诉消费者自己是来自内蒙古的奶牛产的好牛奶，从而借助了内蒙古大草原的认知势能。

五、升维定位法

1. 升维定位法的内容

升维定位法旨在通过提升品牌维度来提升消费者对品牌的认知，进而提升品牌的竞争力。首先需要找到竞争对手尚未满足的消费者需求，这可以通过市场调研和竞品分析来实现。这些未满足的需求可能是消费者的痛点、潜在需求或消费者对现有产品的改进期望。根据找到的消费者需求，确定品牌需要升维的方向。企业要采用升维定位法，就必须对以下 3 个问题有足够的把握。

（1）新产品在技术上是可行的。

（2）新产品的价格水平在经济上是可行的。

（3）市场上有足够的消费者。

2. 升维定位法的实施方法

（1）理解升维定位的核心思想。升维定位法是一种跳出传统竞争框架的策略，它不追求与竞争对手在同一维度上的差异化，而是升级到更高的维度，创造新的需求或启发新的需求。这种策略的目的是让用户觉得产品会带来一种全新的、更高维度的体验，从而使产品成为新品类的代表者。

（2）进行市场和消费者研究。了解当前市场的趋势、消费者的需求和痛点，以及竞争对手的优劣势，通过深入研究，发现市场中尚未被满足的需求或潜在机会。

（3）确定升维方向。基于市场和消费者研究的结果，确定升维的方向。这可能涉及技术创新、产品创新、服务创新等多个方面。关键是要找到一个能够引领行业发展、满足消费者深层次需求的方向。

（4）制订实施计划。根据确定的升维方向，制订具体的实施计划。实施计划包括产品研发、市场推广、品牌建设等多个方面。确保计划具有可行性和可执行性，同时要有明确的时间表和里程碑。

 文化自信

来自故宫的礼物

故宫文创是近年来兴起的一股文化潮流，通过将传统文化与现代设计相结合，打造出了一系列具有极高文化价值和审美价值的文创产品。

故宫文创具有深厚的文化定位。故宫文创依托故宫这一具有丰富历史文化内涵的载体，深入挖掘故宫的文化资源，打造出具有独特魅力和文化底蕴的文创产品。这些产品不仅满足了消费者对美的追求，还在无形中传递了中华文化的精髓和价值。

配套视频

"上新了故宫"产品宣传片

"来自故宫的礼物"这一定位不仅凸显了故宫文创与故宫文化的紧密联系，还赋予了了品牌独特的情感价值。作为"来自故宫"的礼物，故宫文创产品（见图 2-4）成为传递祝福和心意的载体，让消费者在享受产品的同时，也能感受到品牌的温暖和关怀。

图 2-4　故宫文创产品

故宫文创还注重产品定位的高端化、精致化和文化底蕴的深厚化。它通过将故宫文创产品定位为高品质的文化艺术品，提升品牌形象和文化价值，吸引目标消费者的关注。故宫文创产品以故宫为设计灵感，涵盖了纪念品、家居用品、服装饰品等多个领域，旨在满足人们对于故宫文化的向往和热爱。

故宫文创的成功之处在于它充分挖掘了中华优秀传统文化的内涵和价值，将其转化为符合现代人审美需求的文创产品，并通过市场营销手段实现了文化传承和推广。

案例启示：在文创产品的开发过程中，应广泛吸纳民间创作灵感，依托藏品资源进行设计转化，结合传统元素与现代设计，并注重文化自信的培养和传播。这些做法不仅有助于提升文创产品的市场竞争力，还能为传统文化的传承和发展注入新的活力。

任务四　品牌人格化

任务分析

随着市场竞争的日益激烈，品牌与消费者之间的情感连接变得越来越重要。品牌人格化能够赋予品牌人的特质和情感，使品牌更加亲近消费者，增强品牌的吸引力。因此，品牌人格化成了品牌建设和发展的重要手段之一。通过深入分析品牌人格化的方法和步骤，企业可以理解并掌握如何赋予品牌人的特质和情感，从而与消费者建立更加紧密的情感联系，提升品牌的认知度和美誉度。

本任务的主要内容如下。

（1）品牌个性度量体系：明确品牌个性的概念，理解和运用品牌个性度量体系。

（2）品牌人格模型：根据品牌人格特质，制定具体的品牌人格化策略。

知识储备

品牌个性（Brand Personality）是指与品牌特定使用者相关联的人类特性的集合。产品的相关属性是为了向消费者提供产品的使用功能，而品牌个性倾向提供品牌的象征性或自我表达功能，满足了消费者精神、情感性需求。

对于品牌个性，可以从 3 个层次进行解读。第一，从人口特征层面来理解，品牌个性等同于消费者的个性特征，即其消费者群体的人口统计学特征，如性别、职业、年龄等。第二，从产品拟人化层面来理解，随着心理学研究的深入，人格研究丰富了品牌个性的解读，提出从产品或企业等物质属性出发，进行品牌的人格化，用拟人化的词语暗示品牌具有自身独特的个性特征，品牌个性来自消费者对品牌的联想，包括使用者形象、代言人形象、产品名称、包装设计等。第三，从品牌象征性层面来理解，即品牌个性既具有自身个性，又是消费者个性的投射与表达。

一、品牌个性度量体系

品牌个性是指通过营销组合对品牌名称、品牌标志、产品属性、品牌文化、使用者形象、产品本身等品牌要素进行提炼，使品牌具有人格化魅力。对品牌个性维度的研究直接关系到如何将品牌个性理论应用于品牌管理的实践中。品牌个性起源于人格，下面主要介绍 Aaker 的品牌个性五维度和我国品牌个性五维度。

1. Aaker 的品牌个性五维度

美国著名学者珍妮弗·阿克尔（Jennifer Aaker）借鉴个性心理学中的"大五"人格理论模型，构建了一个系统科学的品牌个性维度量表，包含纯真、刺激、称职、教养和强壮 5 个主维度以及 5 个维度的 15 个次维度，总的包括 42 个特征词，如表 2-1 所示。

表 2-1　Aaker 的品牌个性五维度

品牌个性维度	次维度	特征词
纯真	淳朴	家庭为重的 / 小镇气质的 / 淳朴的
	诚实	真实的 / 诚挚的 / 诚实的
	有益	原生的 / 有益的
	愉悦	感性的 / 友好的 / 愉悦的
刺激	大胆	时髦的 / 刺激的 / 大胆的
	有朝气	酷 / 年轻的 / 有朝气的
	富有想象力	独特的 / 富于想象的
	时尚	独立的 / 现代的 / 时尚的
称职	可靠	勤奋的 / 安全的 / 可靠的
	聪明	技术的 / 团队协作的 / 聪明的
	成功	领导的 / 自信的 / 成功的
教养	上层阶级	魅力的 / 好看的 / 上层阶级的
	迷人	女性的 / 温柔的 / 迷人的
强壮	户外	男子气概的 / 西部的 / 户外的
	强硬	粗犷的 / 强硬的

在珍妮弗·阿克尔品牌个性五维度基础上，有学者通过以下维度来对照比较不同产品类别中品牌的感知特性。

（1）保守的、有意的、传统的。

（2）令人惊讶的、活泼的、亲近的。

（3）认真的、聪明的、有效率的。

（4）富有魅力的、浪漫的、性感的。

（5）粗糙的、户外的、坚韧的、运动的。

2. 中国品牌个性五维度

我国学者在 Aaker 的品牌个性五维度的基础上进行了本土化实证研究，通过实证建构了中国品牌个性的 5 个维度，即仁、智、勇、乐、雅。我国本土化品牌个性量表如表 2-2 所示。

表 2-2　我国本土化品牌个性量表

品牌个性维度	典型特征词
仁	平和的 / 环保的 / 和谐的 / 仁慈的 / 家庭的 / 温馨的 / 经济的 / 正直的 / 有义气的 / 忠实的 / 务实的 / 勤奋的
智	权威的 / 可信赖的 / 专家的 / 领导者 / 沉稳的 / 成熟的 / 负责任的 / 严谨的 / 创新的 / 有文化的 / 专业的
勇	勇敢的 / 威严的 / 果断的 / 动感的 / 奔放的 / 强壮的 / 新颖的
乐	欢乐的 / 吉祥的 / 乐观的 / 自信的 / 积极的 / 酷的 / 时尚的
雅	高雅的 / 浪漫的 / 体面的 / 有品位的 / 气派的 / 魅力的 / 美丽的

越鲜明的品牌个性，就越能在消费者脑海中留下自己的位置。品牌个性是品牌的灵魂，它可以动起来，和消费者主动地沟通。例如，海尔多年来一直宣传"真诚到永远"，形成了海尔品牌真诚的个性，它帮助海尔顺利地从电冰箱延伸到彩电、洗衣机、计算机等产品，其产品定位虽有改变，但品牌个性使这些定位都得以保存。品牌定位和品牌个性结合在一起，就构成了强势品牌的特征。

 **创意推广**

"立人设"时代，品牌该如何打造"人设"？

人设即人物设定，最早出现于日本动漫中，如今已被沿用到品牌形象、包装设计等各方面。品牌人设即将品牌赋予人格特征，使用户将品牌当作"人"来相处。例如：太二的"二"。适当地正负叠加，让品牌更加拟人化。

从用户关系角度来说，人设拉近了品牌与用户之间的距离，建立了用户与品牌的情感连接，从而提升用户对品牌的好感度与忠诚度；从感知价值角度来看，人设强化了品牌理念，增强了用户感知的社交与情感价值。这些都对拉新、复购起到直接的、可持续的、系统性的增长作用。

既然品牌立"人设"拥有这么强大的好处，那品牌该如何打造差异化的人设呢？打造品牌人设有两个关键环节：一是定人设，二是立人设。

1. 定人设

品牌定人设要基于品牌本身的价值定位，将人设作为品牌形象的个性延伸。提炼符合品牌的"性格标签"，打造一个"个性化、精准化"的品牌人设，这样有利于塑造和稳固品牌在用户心中的形象，让品牌走得更远。

例如：卫龙打造人设的核心就是"有趣"。光看笔记标题就有一种非常强烈的代入感，"他们加班？那是不可能加班的！""假如被老板批评时有返回键……"等。在卫龙品牌号上，没有束缚的条规，不遵循任何规律，没有成型的战略，就是把粉丝当朋友，做到好玩、玩精，一起玩。卫龙的广告口号如图2-5所示。

图 2-5　卫龙的广告口号

2．立人设

人设确定后，接下来就需要把人设给"立"起来，通过以下3个角度让品牌人设更加丰富和立体。

（1）品牌符号。品牌的视觉形象最能直观地体现人设特点，把抽象的人设形象化、具象化地呈现给用户。从 Logo、IP 吉祥物，甚至拟人化的品牌介绍上，要尽可能地把人设软化，让其具有"灵气"。例如：喜茶的品牌形象是一个喝喜茶的小孩，整体设计呈极简风格；旺旺的品牌形象是一个圆脸、圆眼睛的小男孩，自带喜感。

（2）品牌故事。打造品牌，从一个打动人心的故事开始，品牌故事的作用就是为品牌符号添上缤纷炫目的色彩和内涵，让用户认识并记忆品牌，引发情感共鸣，进一步拉近品牌与用户之间的距离，从而让品牌人设更加深入人心。例如：唐彬森连续创业，以"互联网的精神"打造元气森林，背后就有一种情感或情绪作为支撑。

（3）形象输出。品牌有了人设后，发布的内容文案要与人设统一，且不同的人设要匹配不同的沟通语境。例如：江小白的文艺型语录、洁柔的霸总语录都是品牌人设塑造和完善过程中的语言体系，而这些语言体系自然就形成了鲜活而又具有差异化的品牌人设。

总的来说，塑造品牌人设，要落实到每一个细节，从细节上展现人设特点，让用户在不知不觉中一起互动"玩梗"。

案例启示：新媒体时代，品牌是基于人格魅力带来的信任与爱。基于人格魅力的品牌，都是吸附力极强的发光体。品牌人设就是将用户对产品或服务等各种特性的理解、看法转化成有人性的特征，并将产品与人的个性特点互相联系。简单来说，就是把品牌当成一个活生生的人，让品牌以一个人的身份来运作。

二、品牌人格模型

1．品牌人格模型的内容

品牌人格模型是一种工具，可以用来理解品牌的内在特性和个性，从而帮助品牌在市场上进行定位。这个模型主要基于荣格的心理学模型，由美国学者玛格丽特·马克和卡罗尔·皮尔森提出，现在已成为国际咨询公司广泛使用的品牌人格分析模式。

2. 品牌人格模型的分类

品牌人格模型的核心理论是，一个成功的品牌人格可以通过品牌拉近与用户的情感距离，并在用户心智中刻画出鲜明难忘的品牌形象。它总结提炼出了一套系统的品牌原型工具，主要包括以下 7 种人格原型。

（1）纯真者：追求美好，信仰真善美，做着公主梦的迪士尼和咧着嘴大笑的麦当劳叔叔都是代表。

（2）探险家：对自我进行探险，追求自我发现和实现，例如雪花啤酒"勇闯天涯"所传达的精神内核。

（3）智者：传递知识、分享知识，鼓励人们探寻真理，例如知乎、果壳等品牌。

（4）平常人：例如，自在地做自己，坚持"再小的个体，也有自己的品牌"的微信，从本质上来说，其品牌人格就是平常人。

（5）情人：代表炙热激烈的情感和魅惑迷人的体验，例如 ROSEONLY 等品牌。

（6）娱乐者：好玩是这世上最紧要的事，他们讨厌正经、古板，喜欢尽情欢笑、享乐。

（7）英雄：靠勇敢坚定的行动来证明自己的价值。

品牌人格模型在提升品牌认知度、建立品牌忠诚度、提升品牌价值、塑造品牌形象以及驱动用户行为等方面具有重要作用。为了在激烈的市场竞争中获得优势，企业应充分认识并运用品牌人格模型，以塑造独特的品牌个性和形象，增强用户的情感共鸣和认同感，从而实现品牌的长期发展。

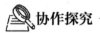 **协作探究**

国内品牌人格模型案例

品牌人格是指品牌在用户心中形成的独特个性和形象，以及用户与品牌之间的关系和情感连接。以下是国内知名品牌的品牌人格模型案例，涉及华为、阿里巴巴、海尔、京东、百度等品牌。

1. 华为

华为作为全球领先的通信技术解决方案提供商，其品牌人格表现为"创新、专业、可靠"。华为注重研发和技术创新，不断推出具有竞争力的产品和解决方案，同时其强大的技术实力和品质保证也赋予了其"可靠"的形象。

2. 阿里巴巴

阿里巴巴是一家综合性电子商务企业，其品牌人格表现为"创新、开放、多元"。阿里巴巴通过技术创新和商业模式创新，打造了一个开放、多元的电子商务生态系统，为用户和企业提供了丰富的选择和机会。

3. 海尔

海尔作为一家全球领先的家电品牌，其品牌人格表现为"品质、服务、环保"。海尔注重产品品质和用户体验，提供完善的售后服务，同时致力于环保和可持续发展。

4. 京东

京东作为我国领先的电子商务平台，其品牌人格表现为"专业、高效、贴心"。京东在电子商务领域深耕多年，拥有丰富的商品种类和高效的物流体系，同时注重用户体验和售后服务。

5. 百度

百度作为一家领先的搜索引擎和人工智能企业，其品牌人格表现为"智慧、科技、创新"。百度注重技术研发和创新，推出了多项人工智能技术和产品，为用户提供了更加智能化的搜索和信息服务。

协作任务：请以小组为单位进行讨论：是否所有的品牌都适合提炼品牌个性？如果不是，那么哪些品牌更适合提炼与传播品牌个性？哪些品牌不适合提炼与传播品牌个性？提炼品牌个性最关键的内容是什么？

知识考核

一、单选题

1. 品牌（　　　）的目的在于塑造独特的品牌形象，创造个性鲜明的品牌。

    A. 定位　　　　　　　B. 位置　　　　　　　C. 定住　　　　　　　D. 位移

2. （　　　）是现代市场竞争中的重要策略之一，可以帮助企业在同质化市场中脱颖而出。

    A. 品牌差异化　　　　B. 品牌定位　　　　　C. 品牌个性　　　　　D. 品牌形象

3. （　　　）可以帮助品牌找到自己的独特性，塑造出与众不同的品牌形象，从而在激烈的市场竞争中脱颖而出。

    A. 产品差异化分析　　　　　　　　　　　B. 价格差异化分析

    C. 服务差异化分析　　　　　　　　　　　D. 品牌形象差异化分析

4. 以下不属于细分定位法的是（　　　）。

    A. 从使用者角度定位

    B. 从消费档次角度定位

    C. 从使用场合和时间角度定位

    D. 从消费者生活方式角度定位

5. （　　　）是指通过营销组合对品牌名称、品牌标志、产品属性、品牌文化、使用者形象、产品本身等品牌要素进行提炼，使品牌具有人性化魅力。

    A. 品牌名称　　　　　B. 品牌个性　　　　　C. 品牌定位　　　　　D. 品牌形象

二、多选题

1. 品牌差异化分析具体包括（　　　）。

    A. 产品差异化分析　　　　　　　　　　　B. 服务差异化分析

    C. 品牌形象差异化分析　　　　　　　　　D. 品牌定位差异化分析

2. 服务差异化分析主要包含（　　　）。

    A. 服务价格差异化

    B. 服务内容差异化

    C. 服务渠道差异化

    D. 服务形象差异化

3. 采用价格竞争定位法时，企业可以通过（　　　）来设定价格。

    A. 低价策略　　　　　　　　　　　　　　B. 高价策略

    C. 市场平均价格策略　　　　　　　　　　D. 动态定价策略

4. 品牌人格模型在（　　　）以及驱动用户行为等方面具有重要作用。

   A. 提升品牌认知度　　　　　　　　　　B. 建立品牌忠诚度

   C. 提升品牌价值　　　　　　　　　　　D. 塑造品牌形象

5. 中国品牌个性五维度包括（　　　）。

   A. 仁　　　　　　　B. 智　　　　　　　C. 勇

   D. 乐　　　　　　　E. 雅

三、判断题

1. 一个强大的品牌愿景可以激发人们的热情和创造力，推动品牌不断向前发展。（　　　）

2. 品牌的使命是一种精神内核，它并不局限于产品和服务本身，还包括了品牌所倡导的价值观和生活方式。（　　　）

3. 品牌的定位是品牌的灵魂，是品牌与消费者建立长期关系的基石。（　　　）

4. 品牌个性起源于人格。（　　　）

5. 由于品牌定位是一个动态的过程，因此，品牌定位的方式有很多种，没有一个固定、统一的模式。（　　　）

四、案例分析

传音手机

"传音手机"是一个非常好的品牌精准定位的案例。很多人都没有听说过这个品牌，但实际上，传音是我国深圳的一家手机制造厂商，在世界多地设有分公司。2019 年，传音控股以非洲手机市场占有率第一、全球手机市场占有率第四、2018 年全年营收 226.46 亿元的成绩，成为"一带一路"倡议下出海企业的先驱标杆。

传音之所以可以"雄霸"非洲通信行业，得益于其对于目标市场和消费者深入的研究，无限接近消费者，精准定位品牌，走别人不走的路，开辟自己的"战场"。

（1）超大铃声。考虑到非洲人对音乐的热爱，传音旗下的手机开机的音乐铃声似乎永远不会结束，来电时的铃声特别大。

（2）双卡双待。帮助传音俘获非洲消费者的，还有一件利器——双卡双待。非洲消费者大多有两张以上的电话卡，但只有一部手机，且非洲不同运营商之间通话很贵。传音抓住这一机会，将国内司空见惯的双卡双待手机推向非洲市场，甚至推出四卡手机，深受非洲消费者欢迎。

（3）接地气的品牌传播。早期，为了接近非洲消费者，传音铺天盖地地做广告。无论是电视广告还是路边的"牛皮广告"，都有传音旗下 TECNO、itel、Infinix 等品牌的身影，传音甚至直接用油漆在墙上写广告。如今，传音仍沿用着这种"广告轰炸"的方式，让旗下品牌深入非洲消费者心中。

请分析传音手机是用什么方法进行品牌定位的。

 AI 辅助实操

为宁化府老陈醋找准品牌定位

实训背景

宁化府老陈醋是太原市宁化府益源庆醋业有限公司旗下产品。宁化府是国内久负盛名、享誉海外的老字号，其所酿山西老陈醋味道甜绵香酸、久存不变质。

宁化府有 80 余种产品，包括名醋、陈醋、老陈醋 3 种等级，以及休闲零食醋糕。其中，桌上瓶精酿老醋因物美价廉受到大众喜爱，而老陈醋酿造一年以上，综合了醋的酸、香、醇和甜的特点，品质尤为优秀。

宁化府和现代数字技术联手，于 2022 年 5 月 20 日面向全国发行我国食醋行业的第一款数字藏品"爱吃醋的小王爷"（见图 2-6），这也是宁化府的首款数字藏品，共计 5200 份。这款数字藏品，无论是以二次元形象打造全新 IP，还是小王爷的创作背景故事以及各种玩法、权益，都体现了品牌年轻化的属性。这次宁化府与数字藏品结合，进行数字化运营和创新发展，开创了中华醋文化艺术云端的新领地。

图 2-6　数字藏品"爱吃醋的小王爷"

实训目标

1. 搜集与宁化府品牌相关的资料，分析品牌的愿景和使命。

2. 采用品牌差异化分析方法，找出宁化府品牌在陈醋行业的差异点。

3. 选择 1～3 种品牌定位方法，确定宁化府的品牌个性与产品定位。

4. 结合品牌人格模型分析，提炼宁化府所确立的品牌人格。

实训操作

借用常见的 AIGC 平台（如文心一言、百度文库 AI 文档助手等），辅助实训操作完成以下任务。

1. 开展产品调研、市场分析，了解宁化府的目标受众，分析宁化府品牌的愿景和使命。

2. 分析宁化府品牌的差异化，完成以下分析项目不少于两项：产品差异化分析、服务差异化分析、品牌形象差异化分析。

3. 探讨宁化府品牌的定位方法，采用以下定位方法不少于两项：领导者定位法、细分定位法、价格竞争定位法、关联定位法、升维定位法。

4. 采用品牌个性五维度或品牌人格模型，描绘宁化府的品牌人格。

实训成果

1. 品牌差异化分析报告。

2. 品牌定位分析报告。

项目三　战略规划　描绘品牌蓝图

知识目标

1. 了解品牌蓝图的基本内容
2. 掌握品牌的总体成长路径
3. 理解产品及服务的创新规划
4. 熟悉市场拓展及销售规划
5. 掌握品牌传播发展规划

能力目标

1. 能够描绘品牌蓝图
2. 能够进行产品及服务的创新规划
3. 能够制订市场拓展及销售规划
4. 能够设计品牌蓝图发展路径
5. 能够制订品牌在不同发展时期的传播规划

思维导图

素养目标

1. 培养敏锐的观察力和洞察力，能够快速识别品牌
2. 培养批评性思维能力，能够不断推陈出新
3. 培养创新意识和创新素养，能够设计品牌传播路径
4. 培养科学素养，能够在品牌发展不同阶段采用科学的品牌传播方式

【数字营销技术应用】（高级）

工作领域	工作任务	职业技能要求
人群画像与分析	人群画像价值转化规划	1. 能根据目标消费者产品需求定位，结合产品开发流程，完成合理的现有产品更新迭代与新产品研发规划 2. 能遵守经营者价格行为规范，根据目标消费者特征与消费能力，细分目标市场和产品价格，完成差异化产品价格策略制定 3. 能根据目标消费者便利性需求，结合营销渠道特点，创造更多用户触点，完成个性化数字营销渠道规划 4. 能根据最新行业动态和社会流行趋势，结合产品与目标消费者特征，完成个性化数字营销活动策划

传承与创新中的沈大成品牌战略规划

　　沈大成点心店是一家拥有 140 余年历史的中华老字号企业，其创始人沈阿金集点心与风味小吃之大成，故取店名为"沈大成"。在长期的发展过程中，沈大成因注重选料、制作精细而闻名，深受广大消费者的喜爱。为了在传承中创新，使品牌与商业环境相融合，沈大成食品有限公司制订了品牌发展战略规划，明确发展路径，建设具备文化底蕴的优质品牌。图 3-1 所示为沈大成品牌 Logo。

图 3-1　沈大成品牌 Logo

　　在上海南京路上的"糕团大王"沈大成店里，青团是销售的主力军。青团因其软糯弹牙的口感、极具地方特色的情怀，成为百年老店里的"网红"产品。每逢清明前，沈大成的店铺外便大排长龙，即使高温、暴雨以及需要排队几个小时，也挡不住人们对青团的热情。

　　沈大成的品牌定位为提供高品质、具有地方特色的点心与小吃，在消费者心中树立起专业、可信赖的品牌形象，通过不断优化产品线，满足不同消费者的需求，积极探索新的口味和配方，为消费者带来独特的味觉体验。图 3-2 所示为沈大成青团品牌的新旧两种包装。

　　沈大成制定品牌蓝图，并明确发展目标、定位、核心价值观和关键要素，这将有助于企业在传承与创新中取得更好的发展。在未来，沈大成应继续保持对品质的追求和对消费者的关注，不断创新和完善自身品牌战略规划中的发展目标、定位、核心价值观和关键要素，提升品牌的竞争力和市场影响力。同时，沈大成应加强与其他产业的跨界合作与新业态的探索，以实现品牌的持续发展和长足进步。

图3-2 沈大成青团品牌的新旧两种包装

案例启示： 品牌蓝图（Brand Blueprint）是一种长期战略规划，旨在明确品牌的发展目标、定位、核心价值观和关键要素，以确保品牌在竞争激烈的市场中保持领先地位。品牌战略规划是品牌成功发展的关键蓝图，是为了实现自身长期发展目标，通过制定明确的战略方向和路线，规划资源配置和行动计划的过程。

任务一 品牌的总体成长路径

任务分析

品牌的成长是一个漫长的历程，从品牌名的确立、标志的设计，到第一次面对消费者、品牌营销，再到市场的认同和支持，从幼儿至青年、壮年，无时无刻不需要浇灌、培养。

本任务的主要内容如下。

（1）基于生命周期的品牌成长路径：分析品牌发展所经历的萌芽期、开拓期、深化期、成熟期等不同阶段的特点。

（2）基于区域市场的品牌成长路径：区分区域性品牌、全国性品牌、国际性品牌的不同成长策略。

（3）新消费品牌的成长路径：了解等量增长阶段、指数增长阶段、品牌拉力阶段和护城河阶段的不同特点及挑战。

知识储备

一、基于生命周期的品牌成长路径

随着数字技术的迅猛发展，数字经济已经成为全球经济增长和社会进步的重要引擎。它不仅改变了人们的生活方式、商业模式和产业格局，还促使企业更加敏锐地捕捉市场机遇，推动品牌快速成长。在数字经济时代，品牌创新发展呈现出以下3个显著特点。

（1）数字经济具备高度的信息化和智能化特征。互联网、大数据和人工智能等先进技术的应用极大地提高了信息获取、传输和处理的效率。在这个时代，人们可以通过网络实时获取丰富的信息，从而做出更加明智的决策和创新。这种信息化和智能化的趋势使得企业能够更好地洞察市场变化，快速响应消费者需求，为品牌创新提供了强大的支持。

（2）数字经济展现出强大的创新能力，推动新业态、新模式和新技术的不断涌现。随着数字经济的普及和数字技术的应用，企业能够深入地了解消费者需求，开发出更符合市场需求的产品和服务。例如，借助大数据分析，企业可以精确地分析消费者行为，优化产品设计和服务体验。这种创新能力的提升为企业赢得了竞争优势，推动了品牌的快速成长。

（3）数字经济具有高度的融合性和跨界性。随着互联网的普及和数字技术的发展，不同行业之间的边界逐渐模糊。传统产业可以借助数字技术实现产业链的优化和升级，实现多领域的融合发展。例如，传统制造业通过引入智能制造技术，提高了生产效率和产品质量；传统零售业通过融合电子商务，拓宽了销售渠道，提升了消费者体验。这种跨界融合的趋势为品牌创新提供了更多的可能性，推动了经济结构的升级和转型。

品牌生命周期理论认为，品牌的发展会经历萌芽期、开拓期、深化期、成熟期等阶段。在不同的生命周期阶段，品牌面临的挑战和机遇各不相同，需要采取不同的策略和措施来促进品牌的成长。

（1）品牌萌芽期。品牌刚刚创立，知名度较低，需要加强对品牌和产品的宣传和推广。在这个阶段，品牌的定位和差异化非常重要，需要明确品牌的核心价值和特色，以便在消费者心中树立起独特的形象。同时，需要加强对目标消费者的研究和分析，了解他们的需求和偏好，以便更好地满足他们的需求。

（2）品牌开拓期。在这个阶段，品牌已经获得了一定的知名度和美誉度，需要在更广泛的市场中拓展和提升品牌形象。这个阶段需要加强品牌的传播和推广，包括广告宣传、促销活动等，以增加品牌曝光率和认知度。同时，需要提高产品的品质和服务水平，增强消费者的忠诚度和信任度。

（3）品牌深化期。在这个阶段，品牌已经具备了一定的市场地位和影响力，需要进一步深化品牌形象和提升品牌价值。这个阶段需要加强对品牌的维护和管理，包括保护品牌知识产权、维护品牌形象等。同时，需要不断创新和升级产品和服务，提升消费者的满意度和忠诚度，增强品牌的核心竞争力。

（4）品牌成熟期。在这个阶段，品牌已经成为市场的领导者，需要保持品牌形象和价值的稳定并寻找新的增长点。这个阶段需要加强对市场的分析和研究，了解行业趋势和消费者需求的变化，以便及时调整品牌策略。同时，需要注重品牌的可持续发展，包括环保、社会责任等方面，以提升品牌的社会形象和影响力。

基于生命周期的品牌成长路径如图3-3所示。

二、基于区域市场的品牌成长路径

区域市场的特点和发展水平对于品牌的成长具有重要影响，品牌的成长需要适应区域市场的特点和需求，并采取相应的策略和措施来拓展市场。

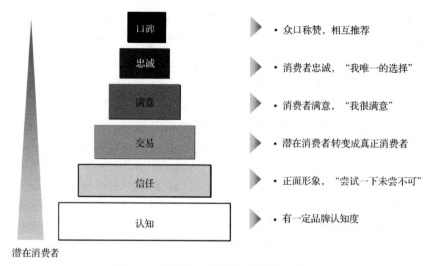

潜在消费者

图3-3 基于生命周期的品牌成长路径

1. 区域性品牌

区域性品牌主要在特定的区域内经营和发展。区域性品牌在成长过程中，需要对区域市场的特点进行深入的研究和分析，了解当地消费者的需求和偏好；需要加强与当地渠道商的合作，扩大销售渠道和提高市场覆盖率。在品牌传播方面，需要针对当地市场的特点进行精准的广告宣传和促销活动，提升品牌的知名度和美誉度。

2. 全国性品牌

全国性品牌是指那些在多个地区甚至全国范围内经营的品牌。全国性品牌的成长需要在多个区域市场中建立品牌形象和知名度。这需要制定全国性的品牌传播策略，加强广告宣传和促销活动，提高品牌的曝光率；需要建立完善的销售网络和渠道体系，提高产品的覆盖率和可获得性。此外，全国性品牌还需要根据不同区域市场的特点采取差异化的产品和服务策略，以满足不同市场的需求。

品牌强国

九阳：从质量品牌到技术品牌的华丽转身

九阳是一家以小家电为主打产品的企业，以其卓越的品质在市场上赢得了广泛的认可。九阳创立于1994年，是品质小家电领导品牌，也是我国载人航天"太空厨房"研制单位。九阳发明了世界上第一台豆浆机，让千家万户方便地喝上自制的熟豆浆，开创了一个品类，成就了一个行业。近年来，随着技术的不断创新和消费者需求的升级，九阳也逐渐完成了从质量品牌向技术品牌的转变。图3-4所示为九阳品牌的Logo。

图3-4 九阳品牌的Logo

配套视频

九阳品牌宣传片

1. 质量为王：奠定品牌基础

成立之初，九阳就坚持"质量为王"的理念，严格把控产品品质。通过引进先进的生产技术和严格的质量管理体系，九阳迅速在市场上树立了良好的口碑。凭借可靠的产品质量和不断的创新，九阳逐渐在小家电市场上占据了一席之地。

2. 技术驱动：引领市场潮流

随着科技的不断进步，消费者对小家电的需求也在升级。九阳敏锐地捕捉到了这一变化，开始加大研发投入，推动技术创新。例如，九阳豆浆机在保留传统豆浆制作功能的同时，加入了智能预约、破壁技术等功能，极大地提升了消费者体验。这些创新技术不仅赢得了消费者的喜爱，还进一步巩固了九阳在小家电市场的领先地位。

3. 品牌升级：实现华丽转身

通过持续的技术创新和品牌推广，九阳逐渐从质量品牌转型为技术品牌。这一转变不仅提升了品牌的形象和价值，还吸引了更多年轻、追求高科技的消费者。九阳开始与各大科技公司合作，共同研发更多具有创新性的小家电产品。同时，九阳还通过举办线上线下活动、加强与消费者的互动等方式，进一步提升品牌影响力。

九阳从质量品牌到技术品牌的转型，为其他企业提供了一个宝贵的经验。首先，企业要始终坚持"质量为王"的理念，这是品牌长久发展的基石。其次，要紧跟科技潮流，不断推动技术创新，以满足消费者日益升级的需求。最后，要重视品牌形象的塑造和推广，通过多元化的营销手段提升品牌知名度和美誉度。只有这样，企业才能在激烈的市场竞争中立于不败之地。

案例启示：伴随着消费者民族自信、文化认同的潮流日益高涨，以九阳为代表的国货品质小家电领导品牌正在迅速崛起，九阳始终坚持"质量为王"的理念，严格把控产品品质，通过持续的技术创新和品牌推广，举办线上线下活动、加强与消费者的互动等方式，进一步提升品牌影响力。

3. 国际性品牌

国际性品牌是指在全球范围内运营的品牌，其产品或服务在多个国家和地区销售。为了在国际市场上取得成功，品牌需要具备强大的全球营销和分销能力，以及高度的文化敏感性和适应性。国际性品牌通常是全球市场的领导者，并拥有广泛的国际声誉和影响力，需要制定国际性品牌的传播策略，加强广告宣传和促销活动，提高品牌的曝光率；同时需要建立全球性的销售网络和渠道体系，提高产品的覆盖率和可获得性。国际性品牌在成长过程中，还需要面对不同国家和地区的文化差异和市场需求，需要进行跨文化营销和本土化经营。此外，国际性品牌还需要注重品牌的全球一致性和本土灵活性，以保持品牌的统一形象和满足不同市场的需求。

创意推广

李宁：从"本土少年"到国际"国潮明星"

2018 年，李宁，这个在 2008 年"奥运热"之后再也未能吸引人们目光的民族品牌，参加了纽约和巴黎时装周，成为首个亮相的中国运动品牌。一时间，议论纷纷，那个在人们心目中沉默、朴实、内敛的"本土少年"是如何跃升为星光四溢、简约大气的"国际模特"的？实际上，这一切都不是偶然。图3-5所示李宁品牌宣传口号。

图 3-5　李宁品牌宣传口号

1. 品牌成立之根：民族自尊

1990 年，李宁创立了"李宁"体育用品品牌。他的第一次机遇就是在北京举行的第十一届亚运会，他以奥运冠军身穿外国品牌服装令人痛心为说辞，游说国家体育委员会相关人员，最终赞助亚运会圣火传递指定服装、中国代表队领奖服装和中外记者的指定服装。借此机会，李宁品牌一鸣惊人，成为运动服饰领域的民族品牌代表，为后期"国潮"时期的风靡打下了品牌文化基础。在 1993 年至 2001 年间，李宁虽有发展，但公众关注度都不高。

2. 2002—2008 年：品牌高速发展时期

2002 年以来，李宁确立品牌定位"李宁，一切皆有可能"，并通过确定企业使命、愿景、价值观及业务发展战略的方式，推动李宁品牌进入高速发展时期。2002 年李宁公司的营业总收入仅为 9.58 亿元，增长率为 30.35%，而到了 2008 年，李宁公司的营业总收入达到了 66.9 亿元，除 2006 年以外，增长率持续保持在 30% 以上。李宁品牌的拓展战略使得李宁一直保持国产运动品牌第一的地位，并且市场占有率超越阿迪达斯，在当年成为全国第二。

3. 2009—2013 年：品牌发展受阻时期

2008 年"奥运热"过后，运动鞋服市场规模增速下降，大环境下市场遇冷，祸不单行，与李宁有竞争关系的其他国产品牌特步、安踏等纷纷崛起。在这一时期，尽管李宁进行了签约各类运动员、五支"金牌梦之队"和中国男子篮球职业联赛（CBA）的品牌营销宣传，一定程度上扩大了品牌知名度，提升了品牌形象，但在品牌转型初期定位模糊，粗放营销，导致持续发展受阻，出现了连年亏损。

4. 2014 年至今：品牌转型新发展时期

2015 年 8 月，李宁通过重启口号"一切皆有可能"，将品牌定位从传统装备提供商转型为"互联网+运动生活服务提供商"，通过采取"单品牌，多品类"的营销战略，定位不同消费市场，以李宁作为主品牌，通过自创品牌、收购或获得特许经营权的方式，形成较为完善的多元品牌组合。

当品牌转型遇上"国潮"流行新风尚，以年轻人为目标人群的品牌活化战略助力李宁实现品牌蝶变。李宁抓住年轻消费群体日益增长的民族认同和个性展示的需求，选取经典中国元素与潮流相结合，迎合了"我买故我在"的年轻人的"国潮"消费热情，赢得了市场的广泛欢迎。图 3-6 所示为"国潮"李宁品牌门店形象。

配套视频

李宁，把苏绣穿在年轻人身上

图 3-6　"国潮"李宁品牌门店形象

　　李宁的重新崛起再次证明品牌定位与活化的重要性。品牌的"常青"需要时刻把握变化莫测的市场需求，只有通过系统的行业研究、科学严谨的消费者调研、深入细致的全方位分析，结合品牌实际的差异化与个性化战略，才能提高品牌附加值，形成品牌护城河，增加企业的无形资产和竞争优势，最终实现品牌和企业的良性循环与可持续发展。

　　案例启示： "国潮"品牌李宁在全球化发展过程中，采取以年轻人为目标人群的品牌活化战略，从而实现品牌蝶变。李宁抓住海内外年轻消费群体日益增长的民族认同和个性展示的需求，选取经典中国元素与潮流相结合，迎合了"我买故我在"的年轻人的"国潮"消费热情，赢得了海内外市场的广泛欢迎，实现了从"本土少年"到国际"国潮明星"的华丽转身。

三、新消费品牌的成长路径

　　分众传媒提出的新消费品牌的成长路径为等量增长阶段、指数增长阶段、品牌拉力阶段和护城河阶段。这 4 个阶段是新消费品牌在成长过程中所经历的不同发展阶段，每个阶段都有其特点和挑战。

1. 等量增长阶段

　　这一阶段是新消费品牌的初步发展阶段，主要关注的是围绕单点单品的高效转换和流量变销量。新消费品牌通常会选择一种具有市场潜力的产品或服务进行重点开发，并通过各种营销手段快速吸引消费者。在这个阶段，品牌的关注重点是扩大规模和提高市场份额，以实现等量增长。营销策略通常集中在搜索引擎优化、社交媒体广告和内容营销等方面，以增加流量和提升知名度。同时，提供优质的产品和服务以及建立良好的口碑也是这一阶段的关键任务。

2. 指数增长阶段

　　在指数增长阶段，新消费品牌开始进入快速扩张期。这一阶段的特点是扩展产品线、拓展渠道和深耕消费者心智。为了满足不同消费者的需求并提高市场份额，新消费品牌需要不断扩展产品线，推出更多种类的产品或服务，同时通过多渠道渗透策略，拓展线上和线下渠道，增加销售网络和覆盖面。此外，深耕消费者心智也是指数增长阶段的关键任务之一。新消费品牌通过与消费者的深度互动和沟通，建立品牌的认知度和忠诚度，从而促进口碑传播和推荐购买。

3. 品牌拉力阶段

随着品牌的不断发展壮大，新消费品牌进入品牌拉力阶段后，需要更多地依靠自身的品牌价值和影响力来吸引消费者。这一阶段的特点是跨界背书、破圈与留存。新消费品牌通过与其他知名品牌的合作、联合推广等方式获得更多的曝光，同时打破原有的消费者圈层，拓展更广泛的目标市场，并通过提供独特的产品和服务体验以及持续的消费者关怀来提高消费者留存率。在这个阶段，新消费品牌需要更加注重自身形象的塑造和维护，强化品牌的个性和差异化特点。

4. 护城河阶段

护城河阶段是品牌发展的高级阶段，重点关注供应链管理和品类渗透方面的工作。在这个阶段，新消费品牌需要建立强大的供应链管理能力，优化生产流程、降低成本并提高运营效率，同时加强对品类市场的渗透力度，通过不断创新和拓展市场渠道来巩固自身的竞争优势。此外，新消费品牌还需要加强与供应商的紧密合作以建立稳固的供应链体系，进行更精细化的市场分析以深入了解消费者需求，制定针对性的营销策略以强化品牌的差异化优势，以及持续投资于研发和创新以保持技术和产品的领先地位。在这个阶段，护城河的建立至关重要，能够为品牌提供强有力的保护并帮助品牌在激烈的市场竞争中保持领先地位。护城河的建立需要新消费品牌在多方面进行综合布局。

任务二　产品及服务的创新规划

**任务分析**

在产品及服务的创新规划中，开发流程和商业化设计是基础，通过对产品及服务的开发流程和商业化进行设计，形成明确、有效的战略规划。战略规划落实到具体的产品及服务上，需要导入符合企业自身发展的产品及服务创新规划，将其应用于产品及服务的开发流程和商业化设计中，不断创新产品及服务的内涵并进行科学规划。

本任务的主要内容如下。

（1）产品及服务的定义：区分产品的概念及层次、服务的概念及层次，并在此基础上研究产品及服务创新的互动策略、常见形式。

（2）产品及服务的开发流程：分析需求分析、设计实现、开发验证、制作发布、市场推广、售后服务的产品及服务开发完整周期，确保产品成功。

（3）产品及服务的商业化：了解如何通过新品试销、收集分析、调整优化、定价推广、监控评估、开发升级、客户服务、数据决策等环节落地全面商业化策略。

**知识储备**

一、产品及服务的定义

产品及服务的创新规划是一个系统性工程，需要全面考虑市场调研、技术研发、消费者体验、商业模式、品牌建设、销售渠道、供应链管理和售后服务等方面。通过创新的规划和实施，企业能够不断满足市场需求，提升竞争力，实现持续的发展和创新。

1. 产品的概念及层次

产品是指企业向市场提供的能满足消费者某一特定需求的任何有形物品或无形服务的总和。它包含核心层、形式层、附加层、期望层和潜在层 5 个层次。

核心层是产品的基础和核心，是满足消费者基本需求的核心功能和利益。

形式层是指产品的外观和形象，是消费者识别和选择产品的依据之一。

附加层是指与产品相关的服务和利益，可以提升产品的附加价值，增强差异化竞争优势。

期望层是指消费者在购买产品时希望得到的属性和条件，对于产品的满意度和忠诚度有重要影响。

潜在层是指消费者在未来发现的新用途或制造商提供的附加功能和利益，可以增加产品的竞争力和市场占有率。

2. 服务的概念及层次

服务是指一种以提供劳务和技术为重点的经济活动。它以无形的方式满足消费者的需要，例如咨询、教育、医疗保健、通信、运输等。服务与产品的主要区别在于，服务是无形的，而产品是有形的。服务通常包括核心服务、便利性服务和支持性服务 3 个层次。

核心服务：这是服务提供的主要利益，是消费者真正需要的服务。例如，航空公司的核心服务是安全、准时地运送乘客。

便利性服务：这些服务是为了方便核心服务的提供和消费而提供的。例如机票预订、行李托运等。

支持性服务：这些服务虽然不是核心服务的直接组成部分，但它们支持核心服务的提供和消费。例如机场的商店、餐厅等。

3. 产品及服务创新互动策略

以往产品创新主要体现在产品线扩展和产品升级方面，服务创新主要体现在服务内容的扩展及服务流程的优化方面。基于互联网，产品创新和服务创新均体现出相互依托和彼此嵌入的现象，产品与服务将不再孤立。企业对其产品和服务的视角已不再是单一的延伸，而是更立体化。产品和服务创新存在图 3-7 所示的矩阵式关系（P 代表产品，S 代表服务）。

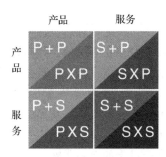

图 3-7　产品及服务创新矩阵

在传统思维下，产品创新属于 P+P 模式（即纯粹产品创新模式），企业采取多元化多产品战略，拓展市场空间；服务提供商采用 S+S 模式（即纯粹服务创新模式），开发新服务来满足市场需求。随着产品市场竞争日趋激烈、服务业经济地位日益提高，服务创新也越来越重要，部分企业开始在专注产品之外向市场提供服务来获得跨越式发展，即选择 P+S 模式（即产品附加服务创新模式）。同时，随着服务提供商积累资金、充分了解市场信息、拥有一定量客户群等核心资源后进入制造业，生产自有品牌产品成为服务提供商战略升级的常见路径。该模式为 S+P 模式（即服务附加产品创新模式）。

在延伸方式之外，创新过程中出现产品和服务相互依托和彼此嵌入的现象，即新产品或新服务并不是简单的数量增加，而是与旧产品或旧服务有逻辑关联，两者能产生 1+1 > 2 的协同效应。整个市场呈现出的是"服务产品化创新模式"与"产品服务融合创新模式"并存的情形，产品与服务不再孤立，企业成长不再是简单的规模扩张，企业之间不再是粗放的资源竞争，消费者享受到的是真正适合自己的、个性化的、一站式解决方案的消费体验。

明确产品及服务的定义是企业在市场竞争中取得优势的关键因素之一，同时产品和服务在商业世界中各自扮演着重要的角色。理解它们的定义及彼此间的关系有助于企业在市场竞争中制定更加有效的策略，更好地满足消费者的需求，从而实现商业成功。

4. 产品及服务创新的常见形式

（1）发掘用户需求。创新产品和服务的第一步是深入理解用户需求。企业可以通过市场调研、用户访谈、数据分析等方式，了解目标用户的需求，从而针对性地开发满足这些需求的产品和服务。

（2）研发新技术。科技是推动产品及服务创新的重要动力。企业通过研发新技术，创造前所未有的产品和服务，提高现有产品的性能，提升用户体验。

（3）创新设计思维。设计思维是一种以人为本的创新方法论，强调从用户的角度出发，理解他们的需求和挑战。企业通过创新设计思维，开发出更符合用户心理和行为习惯的产品和服务。

（4）优化产品功能。优化产品功能也是创新的重要方式。企业对现有产品进行功能升级和改进，提高产品的性能，从而增加用户黏性，提升市场竞争力。

（5）跨领域合作。跨领域合作可以带来全新的创新机会。企业通过与其他领域的企业、机构或个人合作，整合不同领域的资源和技术，开发出具有竞争力的创新产品和服务。

（6）引入 AI 技术。AI 技术为产品及服务创新提供了强大的支持。通过引入 AI 技术，企业可以实现产品和服务的自动化、智能化、个性化，从而提高效率，提升用户体验。

 **AIGC 赋能**

华为 AIGC 驱动的战略规划与供应链优化实践

在日益激烈的科技市场竞争中，华为一直以其前瞻性的战略规划和技术创新而著称。特别是在 AI 领域，华为借助 AIGC 技术，不仅提高了产品的智能化水平，还在战略规划上取得了显著成效。

精准市场定位与差异化竞争策略：

华为借助 AIGC 技术，对竞争对手的产品策略、市场表现及消费者反馈进行了深入分析；通过收集和分析大量数据，帮助洞察市场的变化趋势和消费者的真实需求。基于这些数据，华为能够更准确地把握市场脉搏，制定更加精准的市场定位和差异化竞争策略。例如，华为可以根据不同地区、

配套视频

华为：带你一站式
深度解析盘古大模型

不同消费群体的需求差异，推出定制化的产品和服务，以满足不同市场的需求。

优化供应链管理：除了精准的市场定位外，华为还借助 AIGC 技术优化了供应链管理。传统的供应链管理往往存在信息不对称、预测不准确等问题，导致库存积压、生产效率低下。而 AIGC 技术通过分析历史销售数据、消费者行为数据等，智能预测未来一段时间内的市场需求和库存状况，为华为提供了更加精准的供应链数据支持。基于预测数据，华为可以更加精准地制订生产计划、采购计划和物流计划，从而提高生产效率和物流速度，降低库存成本和运输成本。这种智能化的管理方式不仅增强了供应链的可靠性和稳定性，还降低了企业的运营风险。

案例启示：华为通过 AIGC 技术实现了精准战略规划和供应链优化。由此可见，企业需要重视技术创新和数据驱动决策，通过智能预测市场需求，优化生产计划和物流，降低成本和风险。企业只有持续学习和改进，才能保持竞争优势。企业需要注重人才培养，建立具备 AI 技术和业务知识的团队，加强与高校、研究机构合作，共同推动 AI 技术创新发展，这样才能创造更多价值。

二、产品及服务的开发流程

产品及服务的开发流程是一个系统的过程，涉及从需求分析到后期优化的多个阶段。这些阶段涵盖了从最初的概念设计到最终上线的完整周期，对于确保产品的成功至关重要。

1. 需求分析

在产品及服务的开发流程中，需求分析是至关重要的第一步。这一阶段的目标是深入理解市场需求，明确产品的功能要求和性能指标。需求分析通常包括市场调研、用户访谈、消费需求分析、竞品分析、品牌定位等活动。品牌核心价值及定位关系如图 3-8 所示。

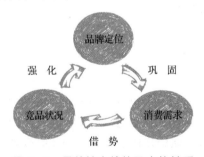

图 3-8　品牌核心价值及定位关系

2. 设计实现

在需求分析的基础上，进入产品及服务的设计实现阶段。这一阶段主要关注产品及服务的核心功能和整体架构。通过创造性的思维和初步的设计，将用户需求转化为可行的产品及服务概念，在此基础上进一步细化产品及服务的各个部分，包括界面设计、交互设计、功能模块划分等。设计阶段需注重创新性和实用性，设计师需要与开发团队密切合作，确保设计的可行性和可实现性，以提升产品及服务的用户体验。

3. 开发验证

在完成产品及服务的设计实现后，开发验证阶段将正式启动。开发验证阶段的任务是将产品及服务设计实现转化为实际的产品及服务。在此阶段，需要对产品及服务进行全面测试，包括功能测试、性能测试、安全测试等，通过测试发现潜在的问题和缺陷，并及时进行修复和改进。在开发验证过程中需遵循相关的技术标准和规范，发现并修复潜在的问题和缺陷，确保产品及服务的质量和性能。

4. 制作发布

产品及服务制作是将详细设计转化为实际可交互的模型的过程。在这个阶段，产品及服务团队可以使用各种工具（如 Axure、Sketch 等）制作出产品及服务的原型，同时与市场部门合作，进行产品及服务的宣传和推广，并收集用户的反馈意见。根据反馈意见，产品及服务团队将对产品进行最后的调整和完善。产品及服务制作是后续开发和测试的基础，经过制作阶段的验证和调整后，产品及服务将正式上市。在上市阶段，产品及服务团队将全力配合市场部门进行产品及服务的营销和推广活动，提高产品及服务的知名度和市场占有率，同时持续关注用户反馈和市场动态，以便及时调整产品策略。

5. 市场推广

市场推广是产品及服务开发流程的一个重要阶段，主要是指新的产品及服务从上市到被市场接受的过程。在这个阶段，企业需要进行广告宣传、活动促销、销售培训等方面的工作。市场推广活动可以促进用户对产品及服务的了解，增强其购买意愿，进而提高产品的销量和市场占有率。

6. 售后服务

产品及服务上市后，进入售后服务阶段。在这一阶段，产品及服务团队将负责产品的持续优化和更新，解决用户在使用过程中遇到的问题，同时收集用户的反馈意见和建议，为产品及服务的进一步改进和发展提供支持。持续的售后服务可以提高产品及服务的质量，提升用户的满意度。

三、产品及服务的商业化

产品及服务的商业化是实现企业盈利的关键环节，为了成功地将产品和服务推向市场，企业需要制定全面的商业化策略。

1. 新品试销

在产品及服务正式上市前，通常会进行新品试销。通过新品试销来了解市场对产品及服务的接受程度和反应，收集用户的反馈意见，以便及时调整产品及服务策略。新品试销阶段还需要关注竞争对手的动向和市场需求的变化，以便及时应对和调整。

2. 收集分析

新品试销阶段结束后，产品及服务团队需要收集和分析用户的反馈意见。反馈意见可以通过调查问卷、用户访谈、社交媒体分析等方式获取。通过对反馈意见的收集分析，了解用户对产品及服务的满意度、产品及服务的优缺点以及改进方向。

3. 调整优化

根据反馈意见的分析结果，产品及服务团队需要对产品及服务进行调整和优化。调整和优化的方向可能包括改进产品设计、优化功能、增加新功能等。调整和优化过程中需注重持续性和迭代性，以确保产品及服务始终与市场需求保持一致。

4. 定价推广

在产品及服务调整优化后，产品及服务团队需要根据市场需求、竞争情况等因素制定合理的产品及服务定价策略。同时，还需进行产品及服务的推广活动，提高产品及服务的市场占有率。推广方式包括线上广告、线下活动、合作伙伴推广等。

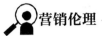 **营销伦理**

郁美净：一生关爱，值得信赖

郁美净是国内知名的护肤品牌，以其高品质的产品和服务赢得了消费者的信赖。1979年，郁美净集团的前身——天津市第二日用化学厂诞生。为了成功地将产品和服务推向市场，郁美净制定了一套全面的商业化策略，它不仅关注产品的品质，还注重在经营过程中对社会和消费者的责任与关爱。图3-9所示为郁美净品牌Logo及产品商标。

配套视频

郁美净：一生关爱，值得信赖！

图3-9 郁美净品牌Logo及产品商标

1. 产品品质："一生关爱"的基石

郁美净深知产品是品牌的灵魂。因此，郁美净坚持优质产品标准，主营的儿童系列、婴儿系列、成人系列每一款产品都经过严格的质量控制，以确保对消费者皮肤温和无刺激。这种对产品质量的坚守体现了郁美净对消费者的关爱与尊重。

2. 社会责任：值得信赖的体现

作为一个民族品牌，郁美净始终坚持振兴民族工业，走"人无我有，人有我优"的创业之路。这种对社会、对民族的责任与担当让消费者对郁美净产生了深深的信赖。

3. 销售策略：拓展市场的初心

为了将高品质的产品和服务推向更广泛的市场，郁美净采取了多元化的销售渠道策略。郁美净不仅在传统渠道如专柜和超市有所布局，而且积极开拓线上销售平台，如电商平台和社交媒体渠道。这种线上线下相结合的销售策略既满足了不同消费者的购物需求，又进一步提升了品牌的知名度和影响力。

郁美净凭借其优质的产品、对社会责任的坚守以及对市场的敏锐洞察，成功地塑造了一个深受消费者信赖的品牌形象。郁美净的成功经验表明，在市场竞争激烈的今天，一家企业要想获得长足的发展，除了注重产品品质和创新外，还需要有一颗关爱社会、关爱消费者的心。只有这样，企业才能真正赢得消费者的心，实现持续的发展和繁荣。

案例启示：产品是品牌的灵魂。以高品质的产品和服务赢得市场，坚持振兴民族工业，这种对社会、对民族的责任与担当，让消费者对企业品牌产生了深深的信赖。

5. 监控评估

在产品及服务上市后，产品及服务团队需持续关注市场动态和用户反馈，以便及时应对和调整产品及服务策略。同时，还需定期对产品及服务的商业表现进行评估，了解产品及服务的盈利状况和市场占有率，以便及时调整商业化策略。

6. 开发升级

基于市场监控与评估的结果，以及用户反馈的分析，产品及服务团队可能需要进行后续的开发与升级工作。这可能包括新功能的增加、现有功能的改进、用户体验的优化等。后续的开发与升级有助于保持产品及服务的竞争力，满足市场不断变化的需求。

7. 客户服务

上市后的产品及服务需要提供客户服务，以解决用户在使用过程中遇到的问题，提高用户的满意度。客户服务包括提供用户手册、在线帮助、电话支持等。良好的客户服务能够提升用户对产品及服务的信任度，进而促进产品及服务的长期发展。

8. 数据决策

在商业化过程中，数据扮演着重要的角色。对产品及服务的销售数据、用户行为数据等进行分析，可以洞察市场的趋势、产品及服务的表现，以及用户的喜好。基于数据分析的结果，产品及服务团队可以做出更明智的决策，如优化定价策略、改进产品及服务设计等，以提升产品及服务的商业表现。

产品及服务的商业化涉及多个方面，从产品定位到数据分析与优化都需要精心策划和执行。通过明确的产品定位、合适的商业模式和定价策略，结合多元化的销售渠道和宣传推广手段，企业可以成功地将产品和服务推向市场。同时，优质的售后服务和客户关系管理有助于提升客户满意度和维护良好的品牌形象。在整个商业化过程中，数据分析与优化是持续改进和创新的关键因素，能够使企业更好地适应市场需求变化，实现商业成功。

任务三　市场拓展及销售规划

任务分析

在市场拓展及销售规划中，客户渠道选择行为分析和渠道销售发展路径选择是基础，企业通过分析客户渠道选择行为、选择渠道销售发展路径，形成符合战略规划的品牌全渠道销售策略和品牌国际市场拓展策略。战略规划落实到具体的市场拓展及销售上，需要导入符合企业自身发展的市场拓展及销售规划，并将其应用于品牌全渠道销售策略和品牌国际市场拓展策略的规划设计中，使市场拓展及销售规划系统化、数据化、科学化。

本任务的主要内容如下。

（1）客户渠道选择行为分析：区分不同的渠道类型，了解选择渠道类型的考虑要素。

（2）渠道销售发展路径选择：了解路径选择的整体流程及各个环节的主要内容。

（3）品牌全渠道销售策略：分析多种有效开拓市场的渠道策略，包括建立统一的渠道管理框架、进行跨渠道信息的共享与整合、优化渠道流程与协同作业等具体方法。

（4）品牌国际市场拓展策略：分析全球化背景下开拓品牌国际市场的营销步骤和流程。

知识储备

市场拓展及销售规划是确保企业实现增长和成功的重要部分。从市场分析到团队建设与培训，每一步都对企业的成功至关重要。通过实施全面的销售规划，企业可以更好地理解市场需求，制定合适的产品和定价策略，选择有效的销售渠道和营销策略，并建立持久的客户关系。同时，不断改进和优化这些方面将有助于企业在激烈的市场竞争中取得成功。

一、客户渠道选择行为分析

客户渠道选择行为分析是了解客户如何选择接触、沟通和购买产品或服务的关键环节。客户在选择渠道时会对各种类型的渠道进行评估。企业应了解并评估不同的销售渠道，如实体店、电商平台、社交媒体等，以便为客户提供多样化的选择。同时，企业还应评估不同渠道的优缺点，以便更好地满足客户需求和提升客户满意度。

1. 渠道类型

在市场拓展及销售规划中，渠道选择是至关重要的。常见的渠道类型有以下5种。

（1）直接销售渠道：直接销售渠道是指企业通过自己的销售团队直接与终端用户进行交易。这种渠道类型适合于产品复杂、需要定制化服务或企业品牌价值较高的企业。

（2）代理商渠道：通过代理商销售产品是一种常见的渠道类型。代理商负责在特定区域内销售产品，为企业扩大市场覆盖范围。这种方式适用于企业初期进入市场、缺乏本地资源或需要快速扩大销售规模的情况。

（3）经销商渠道：经销商是以非排他性方式代理企业产品销售的中间商。经销商通常负责在特定区域内销售产品，但不负责产品推广和品牌建设。这种渠道类型适合产品种类多、需要广泛覆盖市场的企业。

（4）电商平台渠道：越来越多的企业选择通过电商平台进行销售。电商平台为企业提供了一个低成本、高效率的销售渠道，同时能够覆盖更广泛的消费群体。

（5）社交媒体渠道：社交媒体平台如微信、微博等为企业提供了一个与消费者直接互动的机会。通过社交媒体渠道，企业可以发布产品信息、进行品牌推广和营销活动，与消费者建立紧密的联系。

2. 选择渠道类型的考虑因素

客户渠道选择行为分析对于企业在竞争激烈的市场中取得成功至关重要。企业在选择销售渠道时，需要根据产品特性、市场规模与目标受众、竞争环境、渠道成本与投资回报率、企业资源和能力，以及长期发展策略等多方面因素进行综合考虑。同时，企业在选择渠道类型时也需要保持灵活性，根据市场变化和实际需求进行调整和优化。

（1）产品特性：产品的特性决定了销售渠道的类型。例如，高价值、需要定制化服务的产品更适合直接销售渠道，标准化、低成本的产品更适合通过电商平台销售。

（2）市场规模与目标消费群体：不同渠道覆盖的消费群体不同，企业需要了解目标消费群体的特点和需求，选择能够最有效地接触目标消费群体的渠道。

（3）竞争环境：了解竞争对手的销售渠道和市场覆盖情况，可以帮助企业制定更有针对性的销售策略。

（4）渠道成本与投资回报率：不同渠道的销售成本和投资回报率不同，企业需要权衡成本与收益，选择最能创造经济效益的渠道。

（5）企业资源和能力：企业的资源和能力决定了企业在不同渠道上的表现和竞争优势。例如，拥有强大销售团队的企业更适合采用直接销售渠道，而缺乏本地资源的企业更适合通过代理商或经销商开拓市场。

（6）长期发展策略：企业的长期发展策略对渠道选择具有重要影响。如果企业计划建立自己的品牌和占有市场份额，需要优先考虑直接销售渠道或电商平台渠道；如果企业更注重短期收益和市场覆盖率，代理商渠道或经销商渠道可能更为合适。

二、渠道销售发展路径选择

在选择了适合企业的渠道类型后，为了实现更好的市场拓展和销售效果，企业需要进一步制定渠道销售发展路径。

1. 制定明确的渠道政策

企业需要制定明确的渠道政策，明确各方的职责、权利和利益分配，确保各渠道合作伙伴能够协同工作，共同完成企业的销售目标。

2. 建立稳定的合作关系

与渠道合作伙伴建立稳定的合作关系是实现长期发展的关键。企业需要与渠道合作伙伴建立互信、共赢的关系，共同开拓市场、推广产品和提供服务。

3. 优化组合多种渠道

单一的渠道类型可能无法满足企业的全面需求。因此，企业可以考虑组合多种渠道来提高市场覆盖率。例如，结合直接销售渠道和代理商渠道，既能够建立与终端用户的紧密联系，又能够利用代理商的资源和网络来扩大市场覆盖范围。

4. 加强培训和赋能

为了提高各渠道合作伙伴的能力和业绩，企业需要定期开展培训和赋能活动，帮助他们提升专业技能、扩大知识储备和了解市场动态，从而提升各渠道的销售效果和市场表现。

5. 利用数字化工具提高效率

利用数字化工具如客户关系管理系统、数据分析等，可以提高各渠道的运营效率和客户管理能力。数字化工具能够帮助企业更好地管理客户数据、跟踪销售线索、分析市场趋势等，从而优化销售策略和提高业绩。

6. 不断创新和尝试新的渠道模式

随着市场的变化和技术的发展，新的销售渠道和模式不断涌现。企业需要保持开放和创新的态度，不断尝试新的渠道模式，以适应市场的新变化和抓住新的机遇。

7. 注重客户体验和服务质量

无论采用何种渠道类型和策略，最终目标是为客户提供优质的产品和服务体验。因此，企业需要注重客户体验和服务质量，确保客户能够获得满意的购买和使用体验，获得良好的口碑从而树立品牌形象。

8. 持续优化和改进

随着市场环境的变化和竞争的不断加剧，企业需要持续关注和分析各渠道的表现和效果，及时调整和优化渠道策略，以提高整体的销售业绩。

三、品牌全渠道销售策略

在当今的商业环境中，品牌全渠道销售策略是提升品牌影响力和增加销售额的关键。在选择了适合企业的渠道类型并制定了渠道销售发展路径后，企业需要深入考虑如何进行各种渠道的融合，以实现更高效的市场拓展和销售。

1. 建立统一的渠道管理框架

首先，企业需要建立一个统一的渠道管理框架，明确各渠道的定位、职责和协作方式。这有助于确保各个渠道在统一的目标和策略下运作，避免内部竞争和资源浪费。

2. 进行跨渠道信息的共享与整合

为了实现各渠道间的顺畅融合，企业需要建立跨渠道信息共享机制。这包括客户信息、销售数据、市场趋势等方面的信息共享，以便各渠道能够实时了解客户需求和市场动态，提供一致的客户服务。

 **创意推广**

品牌策略新动向：星巴克的品牌联名

联名赛道又出新选手，这一次是星巴克。点开星巴克App 和饿了么星巴克门店的页面，主页都是这个影响几代人的"齐天大圣"的身影：它对着星巴克的新款"时空流冻系列"吹了一口仙气，于是杯子里的咖啡流动了起来（见图 3-10）。这是"星巴克中国"饮品的首次联名（此前均为星巴克周边的联名），并选择了我国经典 IP——"超级英雄"孙悟空。

这与瑞幸等品牌追逐热点、制造营销事件的短平快式联名打法并不相同。瑞幸打出的口号是要让价格敏感的年轻人花最少的钱喝上茅台，这款联名咖啡与各自固有的品牌形象形成强烈反差，制造了很大的惊喜，品牌双方也得以实现用户群体的共享。星巴克则始终在打"安全牌"，选择了我国知名的内容 IP，全方位地深入合作，希望通过联名传递出一种专业理念，在产品价格上也决不让步，以巩固其中高端的市场定位。

图 3-10　星巴克和大闹天宫联名"流冻拿铁"

星巴克中国的运营也越来越接近本土品牌。品牌高调官宣了多项针对中国市场本土化运营的相关措施，如万店计划、下沉战略、追加多项投资提升供应链、建立数字化中心、加速产品上新等。星巴克在咖啡文化、第三空间的市场教育上深入人心，早已形成了一套固有的营销策略、品牌基因和营销打法。

如今的咖啡市场与星巴克刚进入我国时早已不同，瑞幸、喜茶、蜜雪冰城、霸王茶姬等多个品牌都圈住了不少年轻用户。它们在开店下沉速度、价格上都更有优势，节奏和打法都更符合如今的平价消费时代。

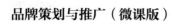

案例启示：企业在进行品牌跨渠道信息的共享与整合过程中，为了实现各渠道间的顺畅融合，需要建立跨渠道信息共享机制，通过联名传递出一种专业理念，以便各渠道能够实时了解客户需求和市场动态，提供一致的客户服务。

3. 优化渠道流程与协同作业

针对不同渠道的特点和需求，企业需要优化各渠道的流程和协同作业方式。例如，整合线上线下渠道，实现线上预订、线下体验的融合，或者协调直接销售与代理商渠道的关系，确保信息流通与资源共享。

4. 打造统一的品牌形象

为了提升品牌的一致性和认知度，企业需要打造统一的品牌形象。无论客户通过哪种渠道接触企业，他们都能感受到一致的品牌价值和服务体验。

5. 建立渠道合作激励机制

为了激发各渠道合作伙伴的积极性，企业需要建立合理的激励机制，如佣金制度、奖励计划等，以促进各渠道之间的合作与共赢。

6. 持续监控与评估

为了确保渠道融合的有效性，企业需要建立持续的监控与评估机制，定期评估各渠道的表现、分析渠道间的互动效果、跟踪客户满意度等，以便及时调整和优化渠道策略。

7. 创新与技术驱动

利用先进的技术和创新手段是推动渠道融合的关键。企业可以借助大数据分析、人工智能、云计算等技术，实现各渠道的智能化管理、精准营销和个性化服务。

8. 培养跨渠道团队意识

培养员工的跨渠道团队意识至关重要，因此企业需要加强内部培训和团队建设，使员工具备跨渠道工作的能力和意识，确保各渠道之间的顺畅沟通和协作。通过以上措施，企业可以实现各种渠道的深度融合，提高市场拓展和销售的效率。同时，企业需要不断关注市场变化和客户需求，灵活调整渠道策略，以保持竞争优势并满足客户需求。

品牌全渠道销售策略涉及多个方面，需要企业进行全面的规划和管理。通过品牌全渠道销售策略的综合运用，企业可以更好地满足客户需求，提升品牌影响力，增加市场份额。同时，随着市场的变化和客户需求的变化，企业应不断调整和创新全渠道销售策略，以适应市场发展的需要。

四、品牌国际市场拓展策略

随着全球化的加速和市场竞争的日益激烈，品牌国际市场拓展成为企业发展的重要战略。拓展品牌的国际市场需要企业在了解目标国际市场的基础上，在进行品牌定位、优化产品和服务、选择合适的渠道和合作伙伴、加强品牌推广和营销、建立本地团队和文化等方面进行全面的规划和实施。

1. 了解国际市场

拓展品牌的国际市场首先需要了解目标国际市场的特点、需求和竞争环境。企业需要对目标国际市场的消费者、文化、经济、政治和法律等进行深入的研究和分析，以便为品牌的国际拓展提供有力的支持。

2. 进行品牌定位

品牌定位是拓展品牌国际市场的重要基础。企业需要根据目标国际市场的需求和竞争环境，为品牌制定一个独特、有吸引力的定位，突出品牌的特色和价值，以便在消费者心中留下深刻的印象。

3. 优化产品和服务

优化产品和服务是拓展品牌国际市场的关键环节。企业需要根据目标国际市场的需求和消费者的反馈，不断改进和优化产品和服务，提高品牌的质量。同时，企业还需要注重产品的设计和包装，以符合不同文化背景和消费者的审美需求。

4. 选择合适的渠道和合作伙伴

选择合适的渠道和合作伙伴是拓展品牌国际市场的重要手段。企业需要根据目标国际市场的特点和需求，选择合适的销售渠道和合作伙伴，如代理商、经销商、零售商等，以便更好地进入市场并提高销售业绩。

5. 加强品牌推广和营销

加强品牌推广和营销是拓展国际市场的重要环节。企业需要通过各种渠道和方式，如广告、公关、社交媒体等，积极推广品牌，提升品牌的知名度和美誉度。同时，企业还需要根据目标国际市场的特点和消费者需求，制定有针对性的营销策略，如促销活动、赞助活动等，以引起消费者关注并购买。

6. 建立本地团队和文化

建立本地团队和文化是拓展品牌国际市场的关键环节。企业需要在目标国际市场建立本地团队，以便更好地了解市场和消费者需求，并快速响应市场变化。同时，企业还需要注重建立适合本地市场的企业文化，尊重本地的文化和习惯，以便更好地融入市场并获得消费者的信任和支持。

通过不断努力地完善品牌国际市场拓展策略，企业可以实现在全球市场的拓展和竞争优势的提升。同时，企业应保持灵活性和创新性，不断调整和优化国际市场拓展策略，以适应不断变化的市场环境。

任务四　品牌传播发展规划

任务分析

品牌传播发展规划是企业实现品牌传播目标的重要工具，其分为品牌初创期的传播设计、品牌成长期的传播规划、品牌成熟期的传播升级、品牌衰退期的传播重构4个阶段。品牌传播发展规划是战略规划的核心，更是描绘品牌蓝图的落脚点。战略规划落实到品牌传播发展规划上，从而为企业发展描绘出与之相适应的品牌蓝图，将其应用于品牌发展的初创期、成长期、成熟期、衰退期。企业需要不断总结经验教训，进行调整和优化，以适应市场竞争的需求。

本任务的主要内容如下。

（1）品牌初创期的传播设计：分析如何开展目标消费者分析、品牌形象塑造、传播渠道选择、营销活动策划监测与评估等方面的工作。

（2）品牌成长期的传播规划：分析如何开展品牌故事传播、品牌核心价值强化、品质与服务提升等工作，并在此基础上使用多元化传播手段，开展跨界合作与整合营销，并处理好危机管理与应对等工作。

（3）品牌成熟期的传播升级：分析如何提升品牌价值、推广国际化战略、关注社会责任与可持续发展，并在此基础上进行数字化转型与新媒体传播、加强团队建设。

（4）品牌衰退期的传播重构：分析在品牌面临衰退时进行策略调整的工作内容。

知识储备

在当今市场竞争激烈的商业环境中，品牌传播成为企业赢得市场份额和消费者认知的关键。了解品牌传播发展规划的各个环节有助于企业制定有效的品牌传播策略。品牌传播发展规划是企业提升品牌影响力和市场竞争力的关键。

一、品牌初创期的传播设计

在品牌初创期，传播设计的重点是建立品牌知名度，提升品牌认知度。由于品牌刚刚起步，缺乏口碑和消费者基础，因此，这一阶段的传播设计需要更加注重创意性和实效性。

1. 目标消费者分析

在品牌初创期，首先要明确目标消费者，进行精准定位。企业需要对目标消费者进行深入了解，制定相应的传播策略，以满足其需求和兴趣。

2. 品牌形象塑造

在品牌初创期，品牌形象至关重要。企业需要通过传播设计，塑造独特的品牌形象，突出品牌的差异化优势和核心价值，以吸引潜在消费者的关注。

3. 传播渠道选择

在品牌初创期，传播渠道的选择同样重要。企业需要根据目标消费者的特点和品牌定位，选择合适的传播渠道，如社交媒体、广告、公关活动等，以最大化地提高品牌曝光度。

4. 营销活动策划

在品牌初创期，营销活动是提升品牌知名度和认知度的有效手段。企业需要通过创意性的营销活动，吸引目标消费者的参与，增强品牌的互动性和话题性。

5. 监测与评估

在品牌初创期，传播效果的监测和评估同样不可忽视。企业需要对传播数据进行分析和总结，及时调整传播策略，从而实现更好的传播效果。

 创意推广

品牌构建逻辑：海澜之家——男人的衣柜

海澜之家是我国男装市场的领导品牌。海澜集团创建于 1988 年，总部位于江苏省江阴市新桥镇，是一家以服装为龙头产业，以精毛纺面料为基础产业的专业化大型企业集团。其以独特的品牌定位和传播策略，在短时间内迅速获得了消费者的认可。尤其是在品牌初创期，海澜之家传播设计的策略对于建立品牌知名度和提高品牌认知度起到了至关重要的

作用。

1. 明确品牌定位：满足男性消费者需求

配套视频

海澜之家宣传片

在品牌初创期，海澜之家首先明确了其品牌定位——打造"男人的衣柜"，这一精准的定位使品牌在消费者心中形成了专业、高品质的男装形象。通过不断强化这一品牌定位，海澜之家成功吸引了目标消费者，并在竞争激烈的市场中占据了一席之地。

2. 持续创新：保持品牌活力

在品牌传播过程中，海澜之家始终坚持创新，凭借"品牌+平台"的经营模式，通过打造产业链战略联盟、构筑优质的营销网络，让消费者享受品牌的产品和服务。无论是产品设计、营销策略还是传播渠道，海澜之家都不断推陈出新，保持品牌的活力和新鲜感。这种创新精神满足了男性消费者对于时尚和品质的追求，使该品牌始终处于市场前沿。

3. 强化品质保证：赢得消费者信任

品质是品牌的基石。海澜之家在产品研发、生产过程中严把质量关，确保每一件产品都符合消费者的期待。同时，通过提供优质的售后服务，如退换货政策、会员制度等，赢得了消费者的信任和支持。

案例启示：在品牌初创期，企业需要制定精准的传播策略，明确品牌定位，并通过多渠道的传播手段迅速提升品牌认知度。

在品牌初创期，传播设计对于品牌形象塑造、提升知名度、吸引目标消费者和促进业务发展至关重要。企业可以通过制定有效的传播设计策略，提升品牌的知名度和美誉度，吸引目标消费者并促进业务发展。同时，企业应保持灵活性和创新性，不断调整和完善传播设计策略，以适应市场的不断变化。

二、品牌成长期的传播规划

随着品牌进入成长期，传播规划的重点转向提升品牌美誉度和忠诚度。这一阶段，品牌已经有了一定的知名度和口碑基础，因此需要更加注重品质和服务。

1. 品牌故事传播

在品牌成长期，企业可以通过传播品牌故事，增强品牌的情感联系和价值认同；通过讲述品牌的起源、发展历程及企业文化等故事元素，拉近与消费者的距离。

2. 品牌核心价值强化

在品牌成长期，强化品牌核心价值是关键。企业可以通过持续的传播活动，传递品牌的独特价值和优势，巩固和增强目标消费者对品牌的信任感和认同感。

3. 品质与服务水平提高

在品牌成长期，品质与服务水平的提高同样重要。企业可以通过优化产品设计和提高服务质量，提高消费者满意度，促进品牌口碑的传播。

4. 传播手段多元化

在品牌成长期，多元化传播手段有助于企业产品或服务更广泛地覆盖目标消费群体。除了传统的广告、公关活动等手段，企业还可以尝试线下活动、体验营销等多元化的传播方式。

5. 跨界合作与整合营销

跨界合作与整合营销是提升品牌影响力和认知度的重要途径。企业可以通过与其他产业、品牌或 IP 合作，共同打造具有话题性和影响力的营销活动，实现资源共享和互利共赢。

6. 危机管理与应对

在品牌成长期，危机管理与应对同样不可忽视。企业需要制定完善的危机管理机制，及时应对和处理各类危机事件，维护品牌形象和声誉。

在品牌成长期，企业需要全面考虑品牌故事传播、品牌核心价值强化、品质与服务水平提高、传播手段多元化、跨界合作与整合营销，以及危机管理与应对等多方面的关键要素，通过制订有效的传播规划，提升品牌的知名度和美誉度，吸引更多目标消费者并促进业务增长。同时，企业应保持对市场变化的敏感性和灵活性，不断优化和调整传播规划，以适应市场的变化和竞争态势。

三、品牌成熟期的传播升级

当品牌进入成熟期，传播升级的重点在于提升品牌价值和竞争力。这一阶段，品牌已经具备了较高的知名度和美誉度，需要更加注重品牌的长期发展和持续创新。

1. 品牌价值提升

在品牌成熟期，提升品牌价值是关键。企业可以通过创新、研发和资源整合等手段，不断推出符合市场需求的新产品、服务和体验，为消费者创造更多价值。同时，企业应该加强知识产权保护和品牌维权工作，维护品牌利益和形象。

2. 国际化战略

随着国内市场的日益饱和和竞争加剧，国际化成为提升品牌价值和竞争力的必然选择。企业可以通过进军国际市场和推广全球化战略，拓展国际业务和提高市场份额，提升品牌的国际知名度和影响力。

3. 社会责任与可持续发展

在品牌成熟期，企业的社会责任和可持续发展成为重要的传播议题。企业可以积极参与公益事业和社会责任项目，关注环境保护和社会问题解决，树立良好的企业形象。同时企业还可以将可持续发展理念融入企业战略和业务运营中，推动绿色发展，发展低碳经济。

4. 数字化转型与新媒体传播

随着数字化时代的到来，新媒体成为信息传播的重要渠道，数字化转型与新媒体传播成为提升品牌价值和竞争力的关键手段。企业要紧跟数字化发展趋势，运用新媒体平台创新内容生产和传播方式，加强与消费者的互动和沟通，提高数字化营销能力，构建全媒体传播矩阵，为企业发展注入新动力。

（1）数字化转型：企业应积极拥抱数字化趋势，通过技术手段实现内部流程的优化升级，提高生产效率和运营管理水平；利用大数据分析精准把握消费者需求，为产品研发和服务优化提供支持。

（2）新媒体传播：利用社交媒体、短视频平台等新媒体渠道，创新内容生产和传播方式，通过有趣、有价值的内容吸引目标消费者的关注和互动，加强与消费者的联系和沟通，提升消费者忠诚度。

（3）数字化营销：运用搜索引擎优化（SEO）、社交媒体广告、电子邮件营销等，实现精准定位和个性化推广。

（4）全媒体传播：整合线上线下传播渠道，构建全媒体传播格局，形成多维度、立体化的品牌传播网络，提升品牌知名度和影响力。

5. 品牌管理团队建设

在品牌成熟期，品牌管理团队的建设同样重要。企业应培养一支具备专业素养、创新思维和国际化视野的品牌管理团队，提高品牌的战略规划和运营管理能力，同时加强团队间的协作与沟通，确保品牌战略的有效实施。

 协作探究

娃哈哈集团：一瓶饮料背后的创业传奇

1. 缘起：宗庆后的创业梦想

宗庆后曾经是一位有着远大梦想的教师，他不甘心于平凡的生活，决心投身商海，用自己的智慧和勤劳开辟一片新天地。在杭州一个不起眼的校办工厂里，宗庆后带着几位同事，研发了一种能够解决儿童营养问题的饮品。这个工厂就是娃哈哈集团的起点。图3-11所示为娃哈哈集团品牌Logo。

2. 挑战与突破：品牌的崛起

随着娃哈哈AD钙奶的成功，娃哈哈集团迎来了快速发展期。然而，随之而来的是更为激烈的市场竞争和不断扩大的管理挑战。宗庆后意识到，要想在市场中站稳脚跟，必须进行品牌建设和市场扩张。

图 3-11　娃哈哈集团品牌 Logo

配套视频

娃哈哈集团的
"朴"与"善"

3. 创新与发展：多元化战略

随着娃哈哈品牌在国内市场地位的稳固，宗庆后开始着眼于更长远的未来。他深知单一产品线的风险，决定实施多元化战略，拓展企业的发展边界。于是，娃哈哈集团开始涉足食品、日化、医药等多个领域，力图构建一个综合性的商业帝国。

娃哈哈的创新步伐从未停歇。在新产品开发上，娃哈哈不断探索消费者的需求，推出了多款深受市场欢迎的新产品。在营销上，娃哈哈利用互联网和新媒体，开拓了线上销售渠道，与年轻消费者建立了更紧密的联系，娃哈哈集团的多元化战略取得了显著成效，企业的营收和利润持续增长，品牌价值不断提升。这一切的成就都离不开宗庆后对市场趋势的敏锐洞察和对企业未来发展的深入思考。

协作任务： 请以小组为单位，结合具备专业素养、创新思维和国际化视野的品牌管理团队的建设，探讨娃哈哈品牌的成功路径。

品牌成熟期是一个品牌的瓶颈期，但也是一个品牌寻求突破的关键期。在这个时期，企业需要从品牌价值提升、传播渠道多元化、内容创新、消费者体验优化和数字化转型等方面进行全面的传播升级。企业通过不断创新和优化传播策略，使品牌始终保持活力和竞争力，进而实现品牌的持续发展和长期价值。

四、品牌衰退期的传播重构

当品牌进入衰退期，传播重构的重点在于重振品牌活力和竞争力。在这个阶段，品牌可能面临市场萎缩、竞争加剧和消费者忠诚度下降等问题，因此需要更加注重市场分析和创新策略。

1. 市场分析与定位

在品牌衰退期，企业首先要进行深入的市场分析，了解消费者需求、竞争对手和市场趋势，然后通过重新定位品牌的目标消费群体和市场策略，寻找新的增长点和发展空间。

2. 产品创新与差异化

在品牌衰退期，产品创新和差异化是重振品牌的关键。企业可以通过研发新技术、推出新产品或优化现有产品，打造独特的竞争优势和差异化特色，满足消费者需求。

3. 营销策略调整

在品牌衰退期，营销策略调整同样重要。企业可以根据市场分析与定位，制定针对性的营销策略和推广活动，提高品牌曝光度和消费者参与度。同时，企业应灵活运用各种营销手段和渠道，实现线上线下整合营销。

4. 品牌形象重塑

在品牌衰退期，品牌形象重塑至关重要。企业可以通过传播新的品牌理念、视觉形象和口碑形象等，改变消费者对品牌的负面印象，提升品牌美誉度和忠诚度。

 文化自信

品牌老化转型：波司登的复活之路

2021年的冬天似乎比往年来得更早，也更冷，在加拿大鹅频繁上热搜的同时，波司登默默地收获了一波口碑和粉丝，在"双十一"期间收获不小。

配套视频

突破场景局限

事实上，在重回羽绒服业务前，波司登曾连续3年业绩下滑，甚至一度在消费者心中地位下降。幸好之后波司登改变发展模式，决定回归羽绒服主业。为此，波司登采取了一系列的落地措施，包括激活品牌、升级产品、优化渠道等。

1. 激活品牌，高端化转型

有权威数据显示，波司登品牌第一提及率达到了66%，品牌认知度高达97%，品牌价值位列纺织服装鞋帽行业第一。品牌自信，就是最大的文化自信。波司登从确定转型开始就回归初心，重新确立了品牌定位，向着高端化转型。

2. 升级产品，创新化转型

高品质一直是波司登的经营理念和强项，但品牌产品老化，与时代消费者渐行渐远，也是波司登需要面对的问题。近些年，波司登在不断提高产品品质和科技含量的同时，也不断提高产品时尚度。

波司登先后推出了多个联名系列，凭借与国际大牌设计师联名的产品系列，吸引了大波潮流界消费者的青睐。其推出的全球顶级配置的登峰系列产品，更是走上了时尚设计和专业并重的道路。

3. 优化渠道，营销化转型

渠道是服装零售行业的命脉。波司登的品牌知名度已经到达了一定水平，所以要化知名度营销为口碑营销，不仅要在品牌和产品上进行变革，还要与消费者加强互动，不断优化服务体验，引起共情。

在渠道结构、渠道质量、终端形象、购物体验上，波司登都进行了全面升级。在线下，波司登在流量较高的地点布局门店，不断优化地区门店分布；在线上，波司登与阿里巴巴在新零售、大数据、智慧门店等领域全面深化合作，同时与直播 KOL 合作实现新品"种草"及推广，让线上业务进一步提升。这些措施不仅推动了线上线下的融合，还刚好迎合了国货品牌潮流再起的趋势，让波司登品牌重新进入成长期。

案例启示：品牌自信就是最大的文化自信。在品牌衰退期，企业可以重新确立品牌定位，包括激活品牌、升级产品、优化渠道等，推动线上线下的融合，迎合国货品牌潮流再起的趋势，让品牌重新进入成长期。

5. 合作伙伴关系重建

在品牌衰退期，重塑合作伙伴关系有助于增强品牌的协同效应和资源整合能力。企业应与供应商、渠道商和其他合作伙伴建立更加紧密的合作关系，共同推动品牌的重振和发展。

6. 危机应对与品牌修复

在品牌衰退期，危机应对与品牌修复同样不可忽视。针对可能出现的危机事件和负面影响，企业应制定应对策略和危机管理机制，及时处理和修复品牌形象，同时加强与消费者的沟通与互动，重建信任和口碑。

总之，品牌传播发展规划在不同阶段有着不同的侧重点和策略。企业可以通过明确目标消费群体、塑造品牌形象、选择传播渠道、策划营销活动等手段，不断提升品牌的知名度和美誉度，同时根据市场变化和竞争态势灵活调整传播策略，为品牌的长期发展奠定坚实基础。

知识考核

一、单选题

1. 品牌蓝图是一种（　　　）。

　　A. 近期战略规划　　　B. 不确定战略规划　　C. 短期战略规划　　　D. 长期战略规划

2.（　　　）是指企业提供给市场的有形物品或无形服务，满足消费者需求和期望的实体。

　　A. 产品　　　　　　　B. 服务　　　　　　　C. 营销　　　　　　　D. 品牌

3. 无论产品还是服务，（　　　）都是其核心目标。

　　A. 销售工作安排　　　B. 满足客户需求　　　C. 市场营销策划　　　D. 品牌宣传推广

4. 以下不属于品牌的总体成长路径的是（　　　）。

　　A. 从无名品牌到质量品牌　　　　　　　　　B. 从质量品牌到技术品牌

　　C. 从技术品牌到知名品牌　　　　　　　　　D. 从无名品牌到知名品牌

5.（　　　）是企业在市场中树立独特形象和声誉的过程。

　　A. 品牌设计　　　　　B. 品牌标志　　　　　C. 品牌建设　　　　　D. 品牌塑造

二、多选题

1. 技术品牌的发展趋势主要体现在（　　　）。
   - A. 技术创新
   - B. 个性化设计
   - C. 智能化发展
   - D. 环保可持续发展

2. 以下属于从质量品牌到技术品牌转变策略的是（　　　）。
   - A. 创新研发
   - B. 个性化服务
   - C. 智能化升级
   - D. 品牌形象塑造

3. 以下属于品牌核心价值及定位关系要素的是（　　　）。
   - A. 品牌定位
   - B. 消费需求
   - C. 竞品状况
   - D. 消费者偏好

4. 品牌传播发展规划包括（　　　）。
   - A. 品牌初创期的传播设计
   - B. 品牌成长期的传播规划
   - C. 品牌成熟期的传播升级
   - D. 品牌衰退期的传播重构

5. 品牌国际市场拓展中建立本地团队和文化包括（　　　）。
   - A. 了解市场和消费者需求
   - B. 建立适合本地市场的企业文化
   - C. 尊重当地的文化差异和习惯
   - D. 关注本地市场的政策发展动向

三、判断题

1. 品牌蓝图是一种长期战略规划，旨在明确品牌的发展目标、定位、核心价值观和关键要素。（　　　）

2. 从无名品牌到质量品牌的跨越，不是单打独斗的过程，而是需要建立一个合作共赢的生态系统。（　　　）

3. 技术品牌的核心竞争力在于产品的技术创新和差异化，在现代市场中，消费者对于产品的要求越来越高，他们更加注重产品的科技含量、智能化及个性化。（　　　）

4. 品牌定位是拓展品牌国际市场的重要基础。（　　　）

5. 在品牌成熟期，传播策略需要针对市场变化和消费者需求进行调整和升级，以领先品牌的竞争力和吸引力。（　　　）

四、案例分析

得物作为一家中介性质的电商平台，以"球鞋交易"为主要的核心业务。基于交易功能的不断完善和团队的升级，得物App目前商品品类不仅包括球鞋、潮物，还包括数码、手表、箱包、潮玩等。

得物旗下自建产品研究团队7年产品研究、一线鉴别团队数亿次鉴别实操经验，以及由此构建的得物正品样本库和查验鉴别体系，形成了得物鉴别的专业能力和用户口碑。产品来源主要有两种：一是品牌官方入驻，目前得物已经成为潮流品牌运营发售的首选平台；二是个人卖家免费入驻，得物平台通过对卖家的认证体系以及分类分级管控严格保障货源。

得物在线下投入了大量的人力和物力，搭建了全球最大的人员、硬件和技术并重的数字化查验鉴别体系。随着用户交易的快速增长，得物App几乎经手了市面上流通的所有潮流单品，不断更新鉴别方法，已形成了平台在鉴别领域的核心壁垒。

请分析得物在品牌成长期采取了哪几种品牌传播策略，以及是如何通过这些品牌传播策略建立得物品牌蓝图的。

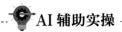

AI辅助实操

为王守义开展品牌传播发展规划设计

实训背景

驻马店市王守义十三香调味品集团有限公司始创于 1984 年，前身是驻马店市兴隆堂十三香调味品厂。王守义十三香源于古都开封兴隆堂，成熟于 20 世纪 50 年代，最终建厂并批量生产于 20 世纪 80 年代。十三香调味品的产生得益于中华五千年的饮食文化中"医食同源""药膳同源"的历史沉积，发扬于驻马店这块自古就有"天中"之称的中原宝地。公司凭借诚信为本、质量取胜的经营宗旨，所生产的十三香产品不仅在中原地区十分畅销，而且逐渐在全国各地打开了销路。公司在 30 多个省、市、自治区设立了销售点，建立起了覆盖全国各地的销售网络。王守义公司主要产品包括十三香类、鸡精类、麻辣鲜类、原料精装类、综合科类、礼品类。

实训目标

1. 通过搜集王守义品牌的总体成长路径资料，分析王守义品牌成长路径的特点。

2. 通过搜集王守义品牌的总体成长路径资料，分析王守义产品及服务的创新规划。

3. 探讨分析王守义使用的市场拓展及销售规划。

4. 培养分析品牌传播发展规划设计的洞察力和综合评价能力。

实训操作

借用常见的 AIGC 平台（如讯飞星火、通义千问等），辅助实训操作完成以下要求。

1. 开展产品调研和市场分析，了解王守义品牌的总体成长路径。

2. 分析王守义产品及服务的创新规划，完成以下分析项目不少于一项：产品及服务的开发流程、产品及服务的商业化。

3. 分析王守义的市场拓展及销售规划，完成以下分析项目不少于两项：客户渠道选择行为分析、渠道销售发展路径选择、品牌全渠道销售策略、品牌国际市场拓展策略。

4. 探讨王守义开展品牌传播发展规划的可行性，完成以下分析项目不少于两项：品牌初创期的传播设计、品牌成长期的传播规划、品牌成熟期的传播升级、品牌衰退期的传播重构。

实训成果

1. 品牌的产品及服务的创新规划分析表。

2. 品牌传播发展规划。

策划推动　顺势而为

项目四　形象策划　打造品牌识别

学习目标

知识目标

1. 掌握品牌 VI 的基础设计
2. 理解品牌 VI 的应用设计
3. 熟悉多维感官设别设计方法

能力目标

1. 能够建立基于五感识别打造品牌形象的意识
2. 能够综合评价品牌名称设计和标志设计
3. 能够建立商标的法律保护意识
4. 能够综合运用品牌 VI 基础设计和应用设计，具备视觉营销能力
5. 能够挖掘品牌的多维感官识别

素养目标

1. 培养建立品牌形象和打造品牌识别的洞察力
2. 培养创新品牌识别设计的思维能力和综合评判能力
3. 学以致用，为中国制造贡献品牌建设力量
4. 培养对商标法律保护的敏感性，在品牌识别中遵守法律法规和运用法律法规保护品牌合法权益

思维导图

 岗课赛证

【数字营销技术应用】（中级）

工作领域	工作任务	职业技能要求
搜索竞价营销	品牌营销推广	能遵守广告内容准则与行为规范，根据品牌定位与具体品牌推广方式，制作符合品牌形象的创意内容，完成品牌推广，提高品牌知名度

 案例导入

古春堂的五感品牌识别

古春堂，从 1989 年成立的街边凉茶小铺，到 2018 年入选央视传播品牌，再到 2022 年古春堂古法草本凉茶制作技艺入选珠海市非物质文化遗产名录。如今，古春堂门店已达 200 多家，成为珠三角地区行业内的佼佼者。

视觉是消费者第一印象产生的来源，可以在短时间内产生很大的影响力。古春堂专注地道岭南凉茶和糖水的制作，所以其视觉识别是以草本绿色和传统凉茶葫芦，配上古朴的品牌名称。古春堂以鲜明的形象识别，表达品牌产品承袭古法，坚持无添加，做营养健康产品的品牌理念。图 4-1 所示为古春堂标志及店铺设计。

图 4-1　古春堂标志及店铺设计

听觉不受空间限制，可通过标语口号等带动情绪并迅速传播给消费者。古春堂坚持"良心造凉茶"，彰显品牌的价值观，激发消费者信赖并尝试的心理。

嗅觉是同记忆和情感联系密切的感官，能强化记忆，加深消费者的好感。在嗅觉处理上，古春堂营造清新整洁的店铺场所，突出以食材本味的香气造就气味的印象。

触觉可以增加用户体验感，形成品牌记忆点。古春堂使用传统的盅盏碗碟盛放产品，通过器皿的触感强化品牌产品"传承古法"的品牌调性。图 4-2 所示为古春堂产品的出品设计。

图 4-2　古春堂产品的出品设计

味觉可以通过让消费者体验不同的口感味道，留住消费者并产生记忆点。凉茶的"苦"和甜品的"甜"交融出古春堂"地道岭南味"的品牌特色，强化品牌识别。

古春堂通过五感识别成功打造"本土老字号"的品牌形象。

案例启示： 品牌识别（Brand Identity）是针对目标消费群体传递品牌符号认知的品牌形象，并在消费群体心智中产生区别于竞争者的价值认同。识别是品牌形象的核心基础，识别是创造一个品牌所独占的差异化的品牌符号认知体系。

任务一 品牌 VI 基础设计

任务分析

根据研究，不同信息对感官的影响程度存在较大差异，其中视觉信息感受占 83%，听觉信息接收占 11%，嗅觉信息感受占 1%，触觉信息感受占 3%，味觉信息感受占 2%。因此，视觉是人类五感中最重要的一种感官，视觉识别也是品牌识别中分列项目最多、层面最广、效果最直接的部分。因此，完成品牌 VI 基础设计是品牌识别的第一项任务。

本任务的主要内容如下。

（1）品牌名称设计：设计品牌名称，并进行合适的优化及改进，注重商标的法律保护。

（2）品牌标志设计：分析品牌标志设计的基本原则和标志的组合设计方式。

（3）品牌标准字设计：了解标准字的概念和设计原则。

（4）品牌标准色设计：了解品牌标准色设计的主要内容。

知识储备

品牌视觉识别（Visual Identity，VI）的基础设计要素主要包括品牌名称、品牌标志、品牌标准字、品牌标准色，以及其他辅助要素。基础设计要素构成了视觉识别的核心内容，可以表现出品牌的基本气质。

一、品牌名称设计

品牌名称是消费者认知品牌差异的传播核心，是使产品与同类产品区分开来的标志。品牌名称设计可以通过以下步骤实现。

1. 设计名称

品牌命名必须和定位相符。一个好的品牌名称应该能够直接体现或是暗示出产品品类、服务特征，或是引发消费者共鸣。名称设计具体可以从以下 5 个方面展开。

（1）从产品的特点、功能、形态等属性来命名，让消费者从品牌名称一眼就看出产品属性。例如，农夫山泉、百果园、鲜橙多等品牌。

（2）从产品销售对象等属性来命名，能让消费者快速识别出品牌特质。例如，男装品牌劲霸、女袜品牌浪莎、儿童饮品娃哈哈 AD 钙奶等品牌。

（3）从商业价值定义品牌名称。商业价值是品牌的根基，科学的品牌命名可以体现品牌的专业性。例如，淘宝、滴滴、货拉拉、饿了么等品牌名称就在行业里非常具有辨识度，其功能价值与专业性的传达极为高效。

（4）以情感价值引发消费者共鸣来命名。品牌命名可以从一定程度上传达一些与经营理念、企业精神和愿景相关的情绪。创建出符合大众价值观的好名称，触动消费者的情感，引发情感共鸣，有助于吸引更广泛的消费群体。例如，"华为，中华有为"。

拓展阅读

有关商标名称的典型案例

（5）以吉语祝愿来命名适合与居家生活息息相关的产品，可以让消费者体验舒适，产生美好和亲切的感受。例如，旺旺、盼盼、步步高、好孩子等品牌。

2. 评价优化

品牌名称需符合简洁易记原则。只有做到易认、易读、易写、易记，才能高效地发挥品牌名称的识别功能和传播功能。

一般来讲，品牌名称需要符合以下条件。

（1）名称不宜过长。任何脍炙人口的好名字，都是因为简洁、明朗、大方、流畅才被大众广为传播，而且简约的名字本身就具有高级感。消费者耳熟能详的行业头部企业，名称大多为两个字，例如，华为、小米、中兴、创维、海尔、百度、淘宝、蒙牛、伊利、万科等。

（2）避免使用生僻字。品牌名称尽量使用高频字。使用生僻字作为品牌名称虽然可以增加品牌的独特性，但会失去消费者对品牌的理解和传播。尤其是在如今的快节奏时代，简洁的名字更符合消费者的接受习惯。

（3）符合民族语言结构的句式特点。品牌名称需要做到通俗易懂、朗朗上口，容易联想。例如，红豆、上好佳、娃哈哈、爽歪歪、货拉拉等品牌名称，都能够高效发挥品牌的识别功能和传播功能。

3. 检验改进

品牌名称需适于延伸联想和符合文化背景。一方面，随着品牌的发展，品牌效应需要扩散到新开拓的产品领域，因此保证品牌名称的可延伸性十分必要。不带任何负面效应的品牌名称较适合于今后的品牌延伸。另一方面，企业置身于民族文化的土壤，设计的品牌名称可以体现民族特点，获取国人认同。同时，当我国品牌进军海外市场，将品牌名称译为外文时，也必须充分考虑所在国的民族性，尊重该国民族的文化传统和风俗习惯。

4. 申请保护

不能注册的品牌不具有品牌价值，因此品牌名称的法律保护在品牌建设中尤为重要。我国品牌名称的设计要遵照《中华人民共和国商标法》的要求，并且符合国家相关的其他政策性文件。我国品牌进入他国市场时也需要遵照当地要求进行商标注册，并获得法律保护。

国家知识产权局商标局官方网站提供了内容全面的政策文件、商标申请文书、典型案例评析、商标统计数据、商标代理及国际注册的相关资料，并可办理商标网上申请等业务事项。

《中华人民共和国商标法》规定：任何能够将自然人、法人或者其他组织的商品与他人的商品区别开的标志，包括文字、图形、字母、数字、三维标志、颜色组合和声音等，以及上述要素的组合，均可以作为商标申请注册。

从上述规定可以看出，商标注册的内容需包括完整的商标信息，不仅仅是品牌名称。但鉴于目前市场经济的繁荣发展，已注册名称越来越多，所以在商标申请过程中，申请名称跟已注册名称相同或近似成为商标注册申请不成功的主要原因之一。因此，在品牌名称设计过程中，要时刻关注商标申请的相关动态，研究品牌名称是否能成功申请注册，获得法律保护，提前做好预案。

二、品牌标志设计

品牌标志是表达品牌理念的象征符号，是品牌整体形象的浓缩和集中表现，是品牌特有的核心识别工具，现代生活中泛称为 Logo。品牌通过传播和消费体验产生大量品牌记忆信息，并将这些认知归结到品牌符号上。当消费者在生活中看到这个符号时，品牌记忆就会被瞬间唤醒。品牌只有形成独占的商业符号并被消费者所认知，才能真正具有影响力。

1. 标志设计的基本原则

品牌标志设计在整个 VI 设计中具有重要的意义。其不仅是一个图案设计，更以品牌文化为基础创造出一个具有商业价值的符号，需兼有艺术欣赏价值，用生动、具体的感性形象去描述以促使标志主题思想深化，从而达到准确传递品牌信息的目的。因此，品牌标志设计可考虑品牌设计大师保罗·兰德所提出的如下设计原则。

（1）独特性。独特性是指设计的品牌标志在众多的标志中能够脱颖而出，具有与众不同的视觉特质。独特性就意味着易记，大脑总是采样独特的事物为记忆优先级。强烈而独特的品牌符号能够激活人的记忆，使人们更高效、快速地形成品牌认知。

我国各大银行标志设计中，不少都有外圆内方的影子，其灵感来自古代钱币。中国人民银行的标志设计同样参考了古代钱币的概念，选用了 3 个春秋战国时期流行的金色布币，从整体上构造出一个"人"字，而且 3 个布币暗含"众"的意思。这种标志设计具有较高的独特性。图 4-3 所示为我国各大银行及中国人民银行的标志设计对比。

古代钱币　中国银行　中国工商银行　中国建设银行　中国农业银行　　金色布币　中国人民银行

图 4-3　我国各大银行及中国人民银行的标志设计对比

（2）辨识度。辨识度是指品牌标志在各种复杂的应用环境里都拥有很高的识别性。因此，很多品牌标志在初步完成设计后，关于其中的图形符号、标准字等各个细节处理，都要进行应用环境辨识度的测试和细节调整，这样才能确保在复杂的应用环境里品牌标志始终可以被人们轻易感知和快速识别。

图 4-4 所示为健力宝书法字体与常规字体的视觉效果对比，左侧的书法字体比右侧的常规字体更具艺术性，更能体现品牌的年代感，具有很高的区分度。但书法字体的可辨识度低于常规字体。同时，由于"寶"使用笔画较多的繁体字，当字体缩小时，可辨识度低于"宝"。

图 4-4　健力宝书法字体与常规字体的视觉效果对比

（3）延展性。延展性是指品牌核心的视觉符号标志在各种触点的应用下都有良好的视觉表现。品牌标志的辨识度是延展性的前提。品牌标志的视觉图形形状、标准字图形的组合形态在延展到各种应用中要能够很好地被人们认知。

（4）记忆度。记忆度是指当产生与品牌符号背后提供的服务对应的需求时，消费者会立刻想起该品牌符号及其品牌名称。品牌标志通过品牌应用设计的各个触点投放，让消费者开始接触品牌视觉形象，这些触点包括围绕产品与服务的品牌形象延伸，以及各种形式的广告传播。

品牌强国

百度的标志设计分析

百度（Baidu）是拥有强大互联网基础的领先AI公司。"百度"二字来自800多年前南宋词人辛弃疾的一句词"众里寻他千百度"，表达的是对理想的执着追求。百度公司会议室名为青玉案，即是这首词的词牌。

从独特性的角度来说，百度"熊掌印"的想法来源于"猎人巡迹熊爪"，这与创始人李彦宏的"分析搜索技术"非常相似，从而构成百度的搜索概念，也最终成为百度的图标形象。图4-5所示为百度Logo及"熊掌印"。

百度Logo

百度的"熊掌印"

图4-5　百度Logo及"熊掌印"

从辨识度的角度来说，百度标志的设计整体运用比较常规的红蓝两色，中间熊掌印部分的绘制足够简单形象，结合百度面对的用户群体是不同文化程度的人，可以说最简单的设计就是最好的传播，很符合百度的核心价值观——简单可依赖。

从延展性的角度来说，百度的蓝色熊掌印拥有良好的图形符号独特性。百度还以熊掌印元素延展创造了百度熊吉祥物。图4-6所示为百度熊形象延展。"三分设计，七分延展"说的就是品牌标志需要在延展应用中充分发挥出其符号认知特性。

图4-6　百度熊形象延展

从记忆度角度来说，百度作为领先的AI公司，使用者众多，在频繁被使用的过程中，大众已经将简洁的熊掌印与百度清晰地连接起来。

案例启示：品牌标志设计需要通过独特性和辨识度增强品牌形象的记忆度。

（5）普适性。普适性是指品牌标志在被解读的时候不会让人产生误解或反感的情绪，并且在品牌意义的传达上尽量做到不同人群理解的一致性。品牌在传播中必然会接触不同的群

体，有的品牌甚至是跨地区乃至全球的企业品牌，企业的愿景通常要适用于尽量多的目标人群，因此需要考虑到不同文化地域、不同族群的人文环境及禁忌。

（6）前瞻性。前瞻性可体现为品牌标志设计的耐久度。具备前瞻性的品牌标志设计可以让品牌标志尽可能地长期存在，保持品牌的延续性。这就要求品牌标志设计不追随所谓潮流和时下热门的设计手法，而以前瞻性视野去看待品牌标志的设计美学呈现方式。

（7）简洁性。简洁并不是简单。简洁是在保留品牌标志独特性的同时去掉一切不必要的元素，让标志在传播中独特性更加突出。正如摄影的时候通过对焦核心物体来体现画面主体，简洁做的正是聚焦，没有累赘，让标志中独特的视觉焦点更快地引起人们的兴趣，从而被记忆。

标志的简洁化趋势在品牌设计中成了普遍趋势。以味全酸奶为例，新 Logo 在原来的基础造型上"做减法"，将味全公司 Logo 中的"五个圆形"去掉，只保留产品品牌名称。新 Logo 在"味全"字体的更换上也由衬线体变成了无衬线体。新字体以笔直的线条呈现相同的曲率和线条粗细，阅读起来更加方便。图 4-7 所示为味全酸奶品牌标志的简化。

图 4-7　味全酸奶品牌标志的简化

2. 标志的组合设计

品牌标志可以很好地引发消费者对品牌相关属性的联想，使消费者更快地理解企业形象。品牌标志设计有 3 种常见的组合方式。

（1）3 种元素构成的标志组合。

完整版的标志是由图形符号、标准字、标语三者组成的综合识别结构。图形符号是由平面图形构成的具有识别性的符号。标准字是经过字形设计，用于表现企业名称或品牌名称的字型。标语是作为品牌重复表达核心主张的座右铭或短语。

3 种元素构成的标志组合是根据品牌市场行业状况、消费群体认知、功能性价值权衡等综合实际情况量身定制的，也常常出现只存在其中一种或两种的组合形式。不同的元素组合类型没有孰优孰劣，都是为企业的品牌提供最为合理的品牌标志呈现方案。

图 4-8 所示为包含标语的品牌标志组合示例。标志组合中的"飘带"为图形符号，"LI-NING"为标准字，"一切皆有可能"为标语，形成了标志与名称叠加的 3 种元素标志组合模式。

（2）以图形符号为主的标志组合。

图 4-8　包含标语的品牌标志组合示例

图形标是以图形符号为主体的标志组合，一般是由图形符号为主和标准字为辅的组合构成。图形标中的标准字不需要过度设计。因为图形标的视觉焦点在图形符号部分，标准字作为辅助性的品牌名的解释而存在，所以通常图形标中的标准字必须做到更加具有阅读性，不需要过度设计，以免造成视觉焦点分散。

品牌强国

蜂花的图形标基本组合示例

设计品牌标志的时候，为方便不同的应用环境都能以视觉上优化的识别解决方案呈现，往往会形成横式和竖式两种版式。其目的是确保企业标志对外传达的一致性。下面以蜂花品牌为例说明图形标的基本组合形式。蜂花图形标基本组合示例如图4-9所示。

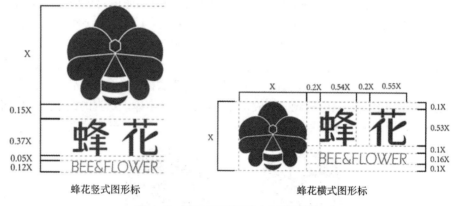

蜂花竖式图形标　　　　　　蜂花横式图形标

图4-9　蜂花图形标基本组合示例

"蜂花"是我国驰名商标，其品牌维护工作系统、科学。为了预防标志的使用错误而导致的不良形象扩散，品牌标志设计的过程中会预先制定标志误用范例（见图 4-10），以具体图例来避免未来的不当使用。

图4-10　预先制定的蜂花图形标误用范例

在图4-10中，（a）和（b）为标志与标准字比例错误，（c）为标志与标准字变形错误，（d）为标准字字体错误，（e）为标志色彩错误，（f）为标准字色彩错误，（g）为底纹干扰。
案例启示：品牌的标志设计要具有规范性，以保证设计和运用合理。

（3）以标准字为主的标志组合。
字标是标准字标志的简称，是以标准字为主体的标志。此类型的标志由企业名称、品牌名称、产品名称或其缩写组成。

与图形标相比，字标的主要特点是通过突出文字，更加确切地表达品牌名称。因为对于大众来说，最熟悉的符号莫过于每日大量阅读的文字信息，所以获取文字信息的速度实际上是非常迅速的，字标由此有效地增强了品牌标志的传播性。由于标准字标志兼具了表达意思直观、视觉内容明确、易认易记等优点，因此被许多品牌所选择。

常见的字标有两种类型：一种是统一型，整体风格统一地传达一种气质，例如"淘宝网"字标所示；另一种是点睛型，在前者基础上制造视觉刺激点，形成强识别的文字图形符号，例如"蓝月亮"字标。

 文化自信

比亚迪仰望 Logo 采用甲骨文设计

2022 年 12 月 8 日，比亚迪集团旗下高端新能源汽车品牌仰望正式公布品牌标识。仰望品牌标识从甲骨文"电"中汲取灵感与力量，并赋予"电"全新想象。仰望将以勇敢无畏的精神，向汽车技术高峰不断探索。比亚迪方面对此表示，"电"表明新能源的技术和产品路线。闪电线条干练，寓意产品的极致性能。触角向四方延伸，代表品牌对未知领域的无畏探索。图 4-11 所示为比亚迪仰望发布的 Logo 设计。

《说文解字》说：电，阴阳激耀也，从雨从申。在古人的科技水平和认知体系里，电是由阴阳相互激荡而产生的，这与现代科学对电由正负电荷撞击产生的解释是一致的。而申为田开头，也就是沟通、连通天地的意思。这个 Logo 印证着我国上下五千年的文化历史，有积淀有内涵，也使得这个 Logo 变得更加有意义。

甲骨文"电"

仰望 Logo

仰望 Logo 海报

图 4-11　比亚迪仰望发布的 Logo 设计

仰望汽车定位为高端豪华品牌，其架构包含了比亚迪集团最极致的技术应用，涵盖了六大核心技术，包括易四方、云辇、刀片电池、超级车身、智能座舱、智驾辅助。将国产品牌与国际豪华品牌放在同等竞争平面上，标志着我国汽车行业自主品牌走上全新高度。

案例启示：品牌展现出的中国文化自信，在时间沉淀中显得婉转浪漫，不仅能够强烈吸引国内消费群体，更能向国际市场传播中国文化。

三、品牌标准字设计

1. 标准字的概念

标准字是指将品牌名称经过特殊设计后确定下来的规范化的平面（乃至立体）表达形式。

作为品牌视觉识别的核心要素之一，标准字与品牌标志一样，能够表达丰富的内涵。同样的品牌理念，如果借助不同形式文字的视觉识别，就可能让人产生有差别甚至完全不同的理解，即形象差异。因此标准字一旦确定，不能随意改动，品牌要在各种正式场合和传播媒介中广泛使用。只有品牌反复出现的标准字保持一致，才能在公众心中形成稳固、可靠的良好形象。

2. 标准字的设计原则

标准字是品牌定位的载体和外化，因此标准字的设计要能够传达出品牌特性。一般认为，标准字的设计原则包括易辨认原则、艺术性原则、传达性原则。

（1）易辨认原则。易辨认原则强调标准字的可识别性，避免与其他品牌的设计雷同。如果和其他品牌的标准字非常相似，会增加受众认知成本，难以辨别。特别是如果与同行业品牌相似，有时候还会给人以盗版的感觉。

同时，标准字的粗细和字重需要进行严格的辨识度测试，在不同大小情况下都要拥有非常优秀的识别效果。如果品牌标准字设计得太细，在一定距离外会不可辨认；如果太粗，其标准字之间的负空间的间隙会很窄，从远处看不易辨认。这些都是要注意避免的设计问题。图 4-12 所示为太粗、太细的视觉效果对比。

图 4-12　太粗、太细的视觉效果对比

（2）艺术性原则。艺术性原则要求在字体设计时做到字体的比例合适、结构合理、曲线和造型具备美感等，通过设计体现出美感、新颖、创新、亲切等特征。

（3）传达性原则。传达性原则要求标准字的设计能够在一定程度上传达品牌特性，而不能把设计作为孤立的事件，单纯追求形式上的东西。

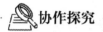　**协作探究**

字体及其视觉传达效果

研究表明，内容完全相同的文字，若采用不同的字体表达，会使人产生不同的联想和感受。甲骨文、篆书（大篆、小篆）、隶书、魏碑等字体表示历史久远，而宋体、仿宋、黑体等字体则预示现代、当代，有一些美术字则给人前卫的印象，代表流行、时髦或未来。

不同字体的轻重感、质感等也不相同。例如，隶书、魏碑、黑宋等字体笔画较粗，给人以沉重、凝重的感觉；而楷体、宋体、细圆等字体则让人觉得比较轻巧。又如，甲骨文具有龟甲、骨头粗朴的质感，隶书带着羽毛、麻、竹的质感，魏碑体则有石头、岩石的冷、重的质感，行书、草书具备纸张、绢绸等轻、软的质感。

字体的不同视觉感受甚至还导致它们能表达不同的感情色彩。图 4-13 所示为不同行业的标准字对比，棱角分明、笔画粗重的"角形字体"，易让人联想到矿石、钢铁、机器以等重工业类组织和现今的电子科技类产品；纤细的曲线或长直线构成的"曲线字体"，易让人联想到香水、化妆品、时装及纤维制品；笔画饱满、字形圆润的"圆滑字体"，易让人联想起玩具、糖果、糕点等儿童用品和食品。字体的上述特征是中西文所共有的，也正是企业标准字设计时必须重视的因素。

| 中国重汽（汽车制造业） | 美加净（化妆品业） | 弥鹿（玩具业） |

图 4-13 不同行业的标准字对比

协作任务：请以小组为单位，举例说明不同品牌标志的字体设计属于哪种类型，以及表达了怎样的感情色彩。

四、品牌标准色设计

标准色是企业 VI 设计的主要应用颜色，这个颜色代表了企业对外形象视觉系统的主色调。标准色的设计要具备区分度和控制色彩数量。

（1）具备区分度：标准色一般应该选择与行业同行具备区分度的颜色，而且颜色要符合品牌调性、醒目，便于传播与应用。标准色是标志、标准字体及宣传的专用色彩，被广泛应用于品牌广告、产品包装、经营环境及其他公共关系用品中。

（2）控制色彩数量：颜色在视觉上很容易对人的情绪形成影响，在品牌信息传递的整体色彩计划中，具有明确的视觉识别效应，因而具有在市场竞争中制胜的感情魅力。品牌标准色彩的确定建立在品牌定位和经营理念的基础之上。标准色设计尽可能单纯、明快，以最少的色彩表现最多的含义，达到精准、快速地传达品牌信息的目的。标志设计对标准色的采集一般不超过 3 种色彩，因为色彩太多容易影响标志的色调把握度，造成视觉效果上的杂乱无序。

✏️ **AIGC 赋能**

麦当劳"梦幻美食纪"新品发布：穿越时空的味觉盛宴

2023 年 4 月，麦当劳携手知名 AIGC 艺术家"土豆人"，共同推出了一场前所未有的"梦幻美食纪"系列新品——"麦麦博物馆系列"（见图 4-14）。该系列成功增强了品牌的独特性和记忆点，以及对麦当劳品牌新增了独特的识别。

图 4-14 "麦麦博物馆系列"

图 4-14 "麦麦博物馆系列"（续）

创意融合与品牌重塑：从青铜器造型的汉堡，到传世宝玉风格的薯条，再到青花瓷风格的可乐，每一件作品都蕴含着丰富的文化内涵和独特的艺术魅力，成功地将传统古典文化与现代快餐美食相结合，展现了其独特的创意，为品牌注入了新的活力和文化内涵。这种创意融合不仅增强了品牌的独特性，也提升了消费者对品牌的认知度和好感度。

AIGC 技术的创新应用：通过 AIGC 艺术家的创意设计和数字化制作，麦当劳将传统文化元素以新颖、生动的方式呈现给消费者。这种技术的应用不仅提升了产品的视觉吸引力，也增强了品牌与消费者之间的互动和沟通。

营销策略的精准实施：通过社交媒体、短视频等平台，麦当劳以生动有趣的方式展示了新品的特点和制作过程，吸引了大量年轻消费者的关注和参与。同时，麦当劳还结合线下活动和优惠券等促销手段，进一步提升了消费者的购买意愿和忠诚度。这种全方位的营销策略不仅提高了品牌的曝光度和知名度，也加强了品牌与消费者之间的情感联系。

案例启示：品牌创新应深度融合文化元素与现代科技，而 AIGC 技术为品牌创意提供了无限可能。品牌可以通过精准营销策略，提高曝光度和消费者参与度。同时，品牌需要不断寻找与消费者产生共鸣的点，以文化为纽带，加强品牌与消费者之间的情感联系，实现品牌的持续发展和增长。

五、其他辅助要素设计

品牌名称、标志、标准字、标准色虽然是品牌视觉识别系统的核心，但真正与消费者产生传播关系的是众多具体的应用设计。在应用设计中，以上核心要素的使用会有面积局限性。例如，在海报、网页、媒体的广告中不可能将核心要素放大到占据整个画面。因此，要将品牌形象风格统一贯穿到整个触点的应用设计中，就要使用辅助要素设计去延伸实现。

1. 印刷体设计

印刷体是指品牌在不损害原有标准字的设计理念和视觉结构形式的原则下，针对印刷方式的不同表现和印刷技术、制作程序的限制，制作标准字的各种变体设计，并以规范的形式固定下来。

2. 辅助图形设计

辅助图形是品牌标志的延伸，可以协助品牌标志将品牌特性覆盖到品牌所有设计上。它是影响品牌形象感知的重要视觉部分，植入品牌应用设计中，使其与品牌标志相辅相成，形成完整且统一的品牌形象。辅助图形设计应注意与品牌标志和标准字的搭配，并力求简洁，不能喧宾夺主。

🔍 协作探究

辅助图形常见的延展方式

1. 标志延展辅助图形

标志延展是比较主流的辅助图形设计手法。将品牌标志的核心识别部分进行扩大化，综合运用延伸、拆解、合并等方式扩展核心标志识别。

以京东为例，其旗下的不同应用都运用了标志的狗狗图形统一识别要素，虽然彼此风格不同，却能在品牌认知上保持高度统一而不混乱。其辅助图形延展的视觉突出且拥有高度一致性。图 4-15 所示为京东的标志延展辅助图形。

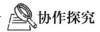

品牌标志　　　京东药京采　　　京东养车　　　京东掌柜宝　　　京东物流　　　京东到家

图 4-15　京东的标志延展辅助图形

2. 纹样延展辅助图形

标志纹样延展是指辅助图形设计中将标志巧妙设计，形成符合标志视觉风格定位的独特纹样。路易威登的辅助图形就是典型的纹样延展辅助图形，以品牌标志 LV 作为纹样，再添加花卉图形结构，组成延展图形，将其应用到产品设计中。

3. 演绎延展辅助图形

标志演绎延展是指针对品牌标志中的核心识别部分进行辅助图形创作，在保持品牌标志风格气质不变的情况下，使用与标志设计手法相似的方式，抓住其核心识别的特征演绎出辅助图形。例如，天猫将核心识别进行了演绎，从"猫头轮廓"演绎出一种独特的窗口作为辅助图形，让辅助图形成为内容的载体，如图 4-16 所示。

图 4-16　天猫的演绎延展辅助图形

4. 调性延展辅助图形

标志调性延展与前面三种延展方式最大的区别是其辅助图形从品牌标志上看并没有直接关联，只是作为品牌特性的脚注。佰草集的品牌标志属于字标，其风格特征是草木般朴实、清新，配合其"荟萃本草精华"的产品调性。因此佰草集标志常使用各种绿叶形态作为其辅助图形，符合其标志所展现的品牌气质，很好地将标志调性贯穿于辅助图形视觉设计中。

协作任务：请以小组为单位，思考并讨论辅助图形对于品牌标志的作用。

3. 辅助色设计

辅助色是标志设计中起补充说明作用的色彩。VI 的色彩系统是指品牌制定一组颜色系统，在设计和应用要素中，通过色彩的视觉刺激和心理反映，突出品牌特征。一套 VI 所选的颜色系统必须能让受众大致判断出品牌的产品性质。

在 VI 设计系统里，为避免运用两三种标准色而出现过于单调的情况，往往采取辅助色，以起到烘托、调和色彩的作用。辅助色不但能够使标志的效果更好，还能丰富企业的色彩形象，增强企业表达的多彩和活力。

在制定辅助色的过程中，为避免与标准色偏离而造成不统一，辅助色的数量不宜过多，一般在 5 个以内。辅助色的制定应遵循与标准色相协调的设计原则。可选用与标准色近似的颜色，也可选择基于颜色组合方式理论协调一致的色彩，还可选择与标准色互补的色彩以形成强烈的对比效果。辅助色在色相、明度、饱和度等方面一般要低于标准色，这样才能既衬托出标准色，又不至于产生太强烈的反差。

营销伦理

人工智能在视觉设计中的道德伦理

人工智能在视觉设计中的道德伦理问题首先是隐私保护问题。设计师使用人工智能辅助工具和技术处理用户数据和个人信息时，必须确保数据的安全和做好隐私保护。

其次是算法偏见问题。人工智能系统的训练数据可能存在偏见，导致设计师的作品反映出对某些群体的偏见或歧视。设计师需要认真审视和纠正这些偏见，以确保设计的公正性和包容性。

此外，人工智能在设计中的使用还可能出现版权和知识产权等法律问题。设计师需要遵守相关的法律法规，并在使用他人作品时尊重其知识产权。

案例启示： 设计师需要认真思考和解决与人工智能相关的伦理道德问题，确保设计的公正性、隐私保护和版权合规性。

 任务二　品牌 VI 应用设计

 **任务分析**

品牌 VI 应用设计是以基础设计为基础，通过各种媒介将基本要素的设计运用到与品牌相关联的各个领域，从而形成规范、统一的品牌形象。品牌识别落实到具体的品牌视觉形象上，需要导入整套高度统一的应用设计，将其投放到与消费者接触的点，这就是品牌 VI 的应用设计。

本任务的主要内容如下。

（1）品牌 IP 形象设计：研究如何使 IP 形象具有生产力，可以持续进行内容输出，并能够通过 IP 形象联结不同圈层和用户，且具有衍生能力。

（2）产品造型及包装设计：了解产品造型及包装设计的基本内容和基本原则。

（3）品牌展示终端设计：从线上终端设计和线下终端设计两方面分析品牌展示。

（4）品牌衍生品设计：了解品牌宣传册设计和品牌周边设计。

知识储备

品牌 VI 应用设计具体包括品牌 IP 形象设计、品牌造型及包装设计、品牌展示终端设计，以及品牌衍生品设计。

一、品牌 IP 形象设计

品牌 IP 形象是专门创造出来的虚拟形象，它是品牌形象与性格的具象化，可以帮助品牌和用户进行沟通与交流，获得用户的喜爱与认同。一般来说，好的品牌 IP 形象应满足以下 3 个方面的要求。

1. 具有内容生产力，可以持续进行内容输出

好的品牌 IP 形象具有内容生产力，可以成为优质的内容源，不断向外进行持续的优质内容输出，以引发用户的关注与喜爱。例如，长隆集团是集主题公园、度假酒店、文化演艺等于一体的大型文旅集团，其以广州长隆野生动物园内的代表性动物白虎为蓝本，推出"卡卡虎"系列自主卡通形象及相关周边产品，如图 4-17 所示。长隆甚至将卡卡虎的 IP 形象由平面变成动画，不仅推出了《卡卡虎大冒险》系列动画片，还生产了一系列周边玩具，成功进军二次元。通过吸引孩子喜爱的方式，大大提高了品牌知名度。

配套视频

长隆度假区春节
贺年广告

《卡卡虎大冒险》动画   长隆主题公园内的卡卡虎互动表演和周边玩具

图 4-17   卡卡虎 IP 形象

2. 具有联结力，可以联结不同圈层和用户

IP 营销不受产品品类和行业壁垒的限制，能够在营销方式和品牌创新上创造更多可能。通过个性鲜明的 IP 形象，品牌不仅能获得更多用户的好感，还能不断进行跨界营销。例如，大白兔品牌与美加净品牌合作，共同推出大白兔奶糖味唇膏（见图 4-18），一时引起众多关注。大白兔素来以制作奶糖闻名，这种打破产品界限的跨界 IP 组合形式刷新了外界对于大白兔品牌的认知。

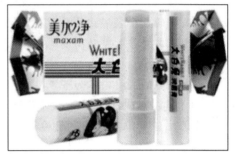

图 4-18   大白兔奶糖味唇膏

3. 具备衍生能力，可以实现商业闭环

好的品牌 IP 形象具有完整的角色故事和独特的人格设定，能通过和用户的互动与交流，展现自己的独特人格魅力，使用户产生情感共鸣。品牌 IP 形象要想实现商业变现和长久发展，就必须不断地进行跨界合作，提高自己衍生周边产品和服务的能力。

二、产品造型及包装设计

产品是公众了解品牌的重要渠道，产品形象在很大程度上代表着品牌形象，因此产品的造型、包装设计是品牌 VI 应用设计中特别重要的一项内容。

产品造型及包装一般具有保护功能、便利功能和销售功能。保护功能是产品包装最基本的功能，即保护产品不受各种外力损坏。便利功能是保证产品包装便于使用、携带、方便储运等。销售功能是美化产品、宣传品牌、促进销售。产品造型及包装不仅应遵循科学性、实用性、经济性、审美性、创造性等现代设计共同的基本原则，还应注重突出产品的使用对象、自身形象、特点、功能等要素。

 创意推广

江小白的异军突起

作为重庆传统酿造工艺的纯高粱新生代品牌江小白，凭借对用户情绪的尝试挖掘，用直达人心的方案表达，为酒类品牌带来了新的生命和活力。成立仅 6 年时，其年销售额就达到了 30 亿元，远销海内外 20 多个国家和地区。

江小白选择和用户站在一起，从诞生第一天起，思考的不是生产一瓶怎样的酒，而是为什么样的用户，在什么场景下，创造怎样的价值。这就是江小白的"用户思维"。

以江小白风靡社交平台上的表达瓶为例，表达瓶是一种用户可以参与创造江小白文案的瓶子，如图4-19所示。新颖独特的扁平瓶身，区别于传统圆柱形白酒瓶包装。用户扫描瓶身二维码，输入想表达的文字，上传自己的照片，自动生成一个专属于自己的酒瓶。如果用户的内容被选中，它就可以作为江小白正式产品，付诸批量生产并全国同步上市。听起来很简单是不是？的确，只是增加了一个二维码而已。但就

图4-19　江小白表达瓶

是这个二维码，解释了江小白经典文案的来源，也化解了白酒行业与用户与日俱增的隔离感。可以说，江小白改变了白酒行业一贯的品牌营销玩法。

表达瓶出现之前，一切诗情画意都贴在标签上，只许看不许改，是单向价值输出。表达瓶的出现结束了这种故步自封的局面，白酒产业的内容边界已被打破。

案例启示：江小白成功实施了品牌人格化，完成了用户情感寄托，在一片红海的白酒行业找到了蓝海。

三、品牌展示终端设计

品牌展示终端设计主要服务于消费者购买产品的场所，包括品牌线上展示终端设计和品牌线下展示终端设计。

1. 品牌线上展示终端设计

品牌线上展示终端大致可分为官方网站、平台网店、线上公共传播平台。无论什么形式的品牌线上展示形式，都要纳入品牌形象管理体系，按照品牌VI要素设计形成的VI手册进行可视化素材的整理和编排。

图4-20所示为郁美净品牌线上展示终端设计。居中的产品中包含了品牌标志设计、标准字设计、标准色设计，搭配的卡通图案运用了品牌IP形象，背景大面积运用辅助色和辅助图形，构成和谐统一的品牌线上展示终端设计。

2. 品牌线下展示终端设计

品牌线下展示终端设计主要包括门店、专柜等品牌线下终端形象设计，大致可分为橱窗设计、装修设计、动线设计、照明设计、陈列设计、声音与气味设计等。

（1）橱窗设计：橱窗是店铺展示产品、介绍产品、传递信息、刺激购买的重要手段。橱窗设计以产品为主体，通过布景、道具和装饰画面的背景衬托，并配合灯光、色彩和文字说明进行产品展示和产品宣传的综合艺术形式。橱窗设计一般应按以下做法：能展示品牌特点；按主题合理陈列；陈列高度要符合消费者观感；防止展示物损坏、变质造成负面观感；橱窗陈列应经常调整更新。例如，李宁"岂止于轻"跑鞋橱窗的展示以大面积铺陈新一代跑鞋形态，强调新产品特性，体现产品在运动功能上的专业性，如图4-21所示。

图4-20 郁美净品牌线上展示终端设计　　图4-21 李宁"岂止于轻"跑鞋橱窗的展示设计

（2）装修设计：门店和专柜的装修设计应将品牌Logo、字体、颜色等品牌形象元素在墙面装饰、陈列装饰、设施设备等地方反复出现。此外，装修材料也是品牌气质的承载体，需要根据品牌定位进行选择。

（3）动线设计：动线设计是指对消费者移动路线的设计，即消费者进入门店后，视线所触达商品的先后顺序都是经过策划的。一般需要将热销、打折、相对低频的商品往门店前部放，而把相对高频的商品往门店后部放，可以让人流自然地流向整个空间。

（4）照明设计：科学地设计照明，可达到良好的展示效果。店内照明方法很多，可以分为基本照明、特别照明和装饰照明三大类。基本照明是均匀镶嵌于顶部的固定照明，为店内提供一个良好的均匀亮度，照明光度的强弱一般要视经营范围和主要销售对象而定。对大店而言，一般最里面配置的光度最大，前面和侧面的光度次之，中部光度可稍小些。灯光的排列走向要与货架保持一致，最大范围地照亮商品。特别照明是指为了突出部分商品，通过设置聚光灯、色灯和射灯等照明设备而进行的重点照明。装饰照明是为了丰富卖场空间环境而设置的装饰性灯具，不强调光度，强调装饰效果。

（5）陈列设计：通用货柜制作成本低，互换性好，使用方便，但是采用通用货柜陈列商品会使人感到单调、呆板、缺少变化。为了使商品陈列美观且富于变化，可以适当采用异形货柜，如三角、梯形、半圆形、多边形货柜等。常见的商品陈列设计包括分类陈列、主题陈列、整体陈列、集中陈列、整齐陈列、随机陈列、花车陈列、推车陈列、挂钩陈列、包装陈列、情景陈列等方式。陈列设计要考虑人体工学，方便消费者观看和拿取。

（6）声音与气味设计：声音与音响设计会对终端氛围产生重要影响。可根据品牌调性和风格确定适当的音乐和广告背景音。为保证品牌形象的正面传达，线下终端要保证场内空气流通顺畅，对各种不正常的气味进行有效控制，避免引起消费者的厌恶。

 **创意推广**

例外×方所：品牌探索复合业态终端呈现

例外女装（EXCEPTION de MIXMIND）由毛继鸿和马可于1996年在广州创立，致力于提供特立独行的女装设计师品牌服饰。方所是由毛继鸿创立的集书籍、服饰、生活美学产品、咖啡、展览及文化讲堂于一体的综合购物场所。全国第一家方所于2011年在广州太古汇商场设立，占地1800平方米，近十年陆续在成都、青岛、西安、三亚等地建立方所文化零售场所。

例外与方所的结合达成了"在书店买衣服"这件看起来有点天马行空的事情，正是这样一个空间实现，赋予例外品牌与其他服装不同的调性和用户体验。这些年，例外女装已经拥有普通专卖店、双面例外（结合服装与图书零售店）、生态店（结合方所）三种终端形态。

例外品牌的线下品牌终端展示采取了与书店等其他复合业态融合的模式，凸显了品牌所追求的优雅大方和特立独行的现代女性气质，如图 4-22 所示。

图 4-22　例外女装在青岛方所的复合业态展示设计

案例启示：复合业态模式为品牌气质的提升提供了新的创想空间。

四、品牌衍生品设计

1. 品牌宣传册设计

品牌宣传册是一种视觉表达形式，通过其版面构成在短时间吸引人们的注意力。品牌宣传册设计讲求一种整体感，从宣传册的开本、字体选择到目录和版式的变化，从图片的排列到色彩的设定，从材质的挑选到印刷工艺的创新，都需要整体的考虑和规划。

一般情况下，品牌宣传册应该包括 4 个部分。

（1）企业介绍，包括企业的历史、发展、文化、经营理念和使命等内容。

（2）品牌故事，可以是企业创始人的故事，也可以是品牌的创立背景或发展历程。

（3）产品介绍，包括产品的特点、功能、优势和适用场景等。通过产品介绍，读者可以更清楚地了解产品的性能和价值，从而更容易做出购买决策。

（4）联系方式或购买途径。

品牌宣传册设计示例如图 4-23 所示。

图 4-23　品牌宣传册示例

2. 品牌周边设计

品牌周边设计是企业传播品牌文化和提升品牌价值的重要手段，是一种通过实物产品宣传企业形象的广告形式。常见的品牌周边设计是品牌礼品，包括雨伞、纪念章、钥匙扣、打火机、T 恤衫、摆件、家居用品等各类物件。图 4-24 所示为大疆无人机 2022 年在长沙地区解锁的周边盲盒和帆布袋。

图 4-24　大疆周边盲盒和帆布袋

任务三　多维感官识别设计

任务分析

人们用五种感官收集外界信息。应该将这些感官充分地调动起来，根据实际品牌触点中的产品或传播方式进行有选择性的多元化组合。品牌通过各种触点传达差异性、独特的气质，从而得以锁定目标群体，并使其对品牌的认知更加深刻、立体，在其心智中形成持续的影响，最终形成围绕品牌触点展开的由多个维度向消费群体渗透的、高度统一的传播系统。

本任务的主要内容如下。

（1）听觉识别设计：研究听觉识别常见的 3 类形式，包括语音类、音乐类、音效类。

（2）嗅觉识别设计：分析嗅觉识别与其他感官识别的关系，了解嗅觉识别设计的内容。

（3）触觉识别设计：了解触觉识别设计的主要形式。

（4）味觉识别设计：了解如何通过味觉识别设计加强品牌记忆。

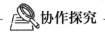

知识储备

一、听觉识别设计

听觉识别是通过听觉刺激传达品牌理念和品牌特性的系统识别。如果说品牌的视觉形象是通过人的视觉功能而建立起来的一个有形的实体，品牌的听觉形象就是利用人的听觉功能而建立起来的一个无形的实体。正是有形的实体和无形的实体二者结合才产生了具体可感的品牌形象。品牌听觉形象在传播过程中引起消费者的情感的交流，甚至比视觉形象更具有亲和力。

协作探究

辨音识品牌：听觉识别系统

听觉识别是着重于听觉识别符号的标准化设计、制作的艺术结晶。有关研究表明，与视觉相比，听觉刺激在公众头脑中产生的记忆毫不逊色，听觉识别与视觉识别结合，产生的有效记忆将会更持久。对听觉识别与视觉识别不同时间后的记忆保持率进行比较分析，数据如表 4-1 所示。

表 4-1　视听识别后的记忆保持率对比

项目	3 小时后	3 天后
听觉	70%	10%
视觉	72%	20%
视听结合	85%	60%

　　比较有特点的案例是著名品牌脑白金广告片的主题曲，两个卡通老人快乐地歌唱"今年过节不收礼，收礼只收脑白金"。广告词及老人的动作配合着音乐的节奏，结合收礼的概念，让人们迅速记住了产品，再通过众多电视媒体的长期广告宣传，流传甚广，成功地促进了品牌形象在消费者心中的建立。由此可见，音乐在品牌传播上的作用是非常强大的。

　　协作任务：请以小组为单位，举例说明令人印象深刻的品牌听觉识别设计。

　　听觉识别的应用虽然依赖于相应的设备，但是由于听觉识别的穿透性较强，因此应用范围也十分广泛。一般来讲专卖店、展销场所、电话待机、候客区、接洽室等场所需要且方便建立听觉识别。在具体应用时所采用的具体形式可参照多媒体作品声音分类方法分为 3 类。

　　（1）语音类：人们最喜欢的品牌标语是发自内心的感受，是可以脱口而出的短语。例如雀巢咖啡的"味道好极了"。

　　（2）音乐类：包括主题音乐（如品牌形象歌曲等）、标识音乐（如广告背景音乐等）、主题音乐扩展（如轻音乐等）等。

　　（3）音效类：在广告中采用一些现实中的音效也会使产品更加吸引消费者。例如，伊利纯牛奶广告结尾处别出心裁地加上了用吸管意犹未尽地吸空奶盒的音响效果，听后令人垂涎。

　协作探究

语音类听觉识别：品牌标语的设计

　　品牌标语（Slogan）是品牌或其产品、服务的座右铭式的短语，它是一句口号或几个词组的组合，用以识别品牌。在广告传播中宣传产品、服务的标语称作广告语。

　　品牌标语将品牌的核心竞争力以短语的方式转化成符合品牌消费者需求的功能性或情感性认同。以此为出发点而设计的品牌标语无外乎 4 种类型：品牌定位型、差异痛点型、情感共鸣型及价值主张型。

　　1. 品牌定位型

　　品牌定位型的品牌标语应该围绕"三个什么"为出发点展开，即针对什么品类，提供独一无二的什么优势的什么。

　　以红牛为例，从"针对饮料品类，提供独一无二的配方的抗疲劳、快速补充体力的能量饮品"，到"红牛，提供抗疲劳、快速补充体力的饮料"，再到"渴了喝红牛，困了、累了更要喝红牛"。

　　这是红牛当年初步切入我国市场，在消费者对于功能性饮料还很陌生的情况下所使用的品牌标语。"渴了喝红牛"阐述了其可以作为饮品，"困了、累了更要喝红牛"强调了其核心定位，视觉上使用了消费者所喜爱的金色作为罐身颜色配合其红色的标志，与品牌标语形成双管齐下的视听效果。

　　在传播到一定阶段后，去掉前句，"困了、累了喝红牛"，让标语更加简洁，有效降低传播成本，加强传播效率。随着红牛市场拓展的深入，其进一步升级认知，使用情感共鸣型品牌标语"你的能量，超乎你想象"便顺理成章了。初步切入市场的品牌需要迅速让大众了解其品牌的功能定位，从而形成初步的品牌认知。因此，品牌定位型的品牌标语适用于新品牌。

2. 差异痛点型

差异痛点型品牌标语的目的是直指人心，寻找消费者迫切的诉求点，占领消费者在品牌选择纠结中能够给予关键说服话语的战略制高点。

农夫山泉近年靠一句品牌标语"我们不生产水，我们只是大自然的搬运工"，并配合在自然风景中驶过的农夫山泉列车的画面形成广泛传播。这句标语在句式上令人耳目一新，起始句"我们不生产水"很容易吸引人的注意从而引发思考。在当时食品安全话题引人注目的背景下，农夫山泉直击痛点，用美妙的手法阐述其产品的"自然"，在饮品市场打造喝健康、天然好水的品牌价值认同。

3. 情感共鸣型

情感共鸣型品牌标语围绕品牌的情感价值认同展开，通过感性的话语来刺激消费者的心理诉求，引起情感的共鸣，从而拉近与目标消费群体的距离，建立消费者的品牌认同与情感归属。例如亿滋旗下炫迈的"根本停不下来"、戴比尔斯的"A diamond lasts forever（钻石恒久远，一颗永流传）"等。

4. 价值主张型

在品牌传播中建立可信赖的功能性价值主张可以有效吸引消费者的认同。例如，万事达卡的品牌标语"真情无价（Priceless possibilities）"。

协作任务：请以小组为单位，举例分析不同品牌标语的设计属于哪种类型，以及如何通过品牌标语获得消费者认同。

二、嗅觉识别设计

视觉传播手段已经有了很长的发展历史。虽然有创意的视觉刺激还能触动消费者，但在不断翻番的视觉信息量面前，消费者的视觉感官在开始"钝化"。与单一视觉传播相比，视觉与听觉的二维传播能对消费者产生更强烈的影响，也能为品牌带来更高的品牌辨识度。但如果将嗅觉加入，就会产生比单维感官及二维感官更大的效用。

建立嗅觉识别设计首先需要深刻理解品牌文化、品牌特质，然后寻找能够反映这种独特精神的个性化气味，最后通过各种渠道对外进行传播。

**创意推广**

闻香识品牌：嗅觉识别系统

在诚品书店，顾客一踏进大门，就能闻到店内浓浓的咖啡香和书香。两种香气在空气中奇妙结合，配合明亮开阔的空间所带来的视觉冲击，以及四处手捧书籍、席地而坐的人们发出的"哗哗"翻书声所带来的听觉享受，三维一体的感官享受让人流连忘返。

亚太地区最大的豪华酒店集团——香格里拉，旨在为繁忙的商旅人士营造出全球奢侈温暖家庭的味道。酒店期望顾客在步入酒店的最初 10 分钟里，就能感受到香格里拉的温馨和舒适。为了实现这一目标，香格里拉在 2001 年与一家澳大利亚公司合作开发了"香格里拉香氛"，以香草、檀香和麝香为基调，而带有些许佛手柑、白茶和生姜味的别致香气，则是它与众不同的前调。因此，"香格里拉香氛"不仅有着亚洲独具的清新淡雅气息，还能起到安抚情绪和舒缓心情的功效。历经十余年，香格里拉并没有丝毫更换香型的打算，希望顾客能将这种稳定、亲切的香氛与"香格里拉"这个品牌联系起来：他们踏入大门，闻到熟悉的香味，从而得到宾至如归的感觉；当他们看到"香格里拉"这几个字时，或许会情不自禁地回忆起那种美妙的香氛。

案例启示：通过独特香味的传播对品牌忠诚度产生影响是潜在的，因为很多顾客可能并没有有意识地去想怎么回事，但他们的情绪已经被感染到了。

三、触觉识别设计

品牌的触觉是通过触感来传递品牌的质感和舒适度的。品牌的材质、质感、手感等都是触觉体验的重要组成部分。要确保品牌产品在不同场景下都能够保持一致的质感和手感，让消费者在使用产品时立即想到品牌。同时，对于感官刺激来说，触觉体验不一定是直接接触，有些手法可以通过引发人对应触觉的想象力去激活。当消费者品尝红酒的时候，一个是软木塞盖子的包装，一个是塑料旋转瓶盖的包装，消费者会感受到有软木塞盖子的红酒味道更加醇厚，这就是一种触觉引发的联想。

四、味觉识别设计

品牌的味觉是通过口感来传递品牌的独特风味和印象的。味觉是一种化学物质刺激之下的感觉，与嗅觉的相似之处是都需要大量化学物质的刺激才可以开始感觉记忆。味蕾在接受刺激后会传达味觉信息，在形成味觉记忆时将大量的信息进行储存。一些食品和饮料品牌通过特殊的口味吸引消费者的注意，并给消费者留下深刻的印象。好的味觉体验可以增加消费者对品牌品质和口碑的信任。

 营销伦理

面包香氛，是营销还是造假？

你是否有过这样的经历，路过面包店的时候，香甜又温暖的烘培的香气弥漫在周围，让人忍不住踏入其中寻找幸福的味道。

"酒好也怕巷子深"，使用食物香气吸引顾客的方式早已有之。早期面包店的传统做法是把烤箱放在顾客能闻到的位置，用烘焙香气招揽客人。但如今，或是因为商用烤箱的体积已经不便放在店门口，或是因为厨房和售卖区需要隔开以保证卫生，又或是因为中央厨房制作配送至门店，传统烤箱的现场"真香"越来越难以重现，于是部分面包店改用面包香氛进行替代。

面包香氛是一种融合了面包、麦片、奶香及香料的复杂组合。这种香氛并非用于面包制作的添加剂，而是作用于面包店的空气，旨在呈现出真实、纯粹的面包烘培的香气，通过快速而持久地填满整个店面，营造出一种新鲜烘焙面包的氛围。它既可以勾起顾客对美食的渴望，又可以触发顾客的情感，唤起美好的品牌记忆点。

对于面包香氛的使用，有人提出了质疑。一方面，面包香氛的使用是否会产生气味污染而影响身体健康？目前已经有不少国家和地区的相关管理部门接到过香气污染的投诉。另一方面，在面包本身质量不佳的情况下，闻着香味买面包的顾客会有一种深深的被欺骗的感觉。所以，面包香氛，到底是营销手段还是造假手段？

案例启示：营销手段的伦理问题一直受到业内关注，不当的营销手法是柄双刃剑，最终可能反噬品牌形象。

知识考核

一、单选题

1. 品牌标志设计属于（ ）。
   A. 品牌视觉识别　　B. 品牌听觉识别　　C. 品牌嗅觉识别　　D. 品牌触觉识别

2. 品牌标准字和标准色设计属于（ ）。
   A. VI 基础设计　　　　　　　　　B. VI 应用设计
   C. VI 辅助基础设计　　　　　　　D. VI 辅助应用设计

3. 以下属于品牌 VI 应用设计的是（ ）。
   A. 品牌标志设计　　　　　　　　B. 品牌标准字设计
   C. 品牌标准色设计　　　　　　　D. 品牌衍生品设计

4. 以下不属于品牌 VI 应用设计的是（ ）。
   A. 产品造型设计　　　　　　　　B. 品牌标志设计
   C. 品牌展示终端设计　　　　　　D. 品牌衍生品设计

5. （ ）是表达品牌理念的象征符号，是品牌整体形象的浓缩和集中表现。
   A. 品牌名称　　　　　　　　　　B. 品牌标志
   C. 品牌 IP 形象　　　　　　　　D. 产品造型及包装

二、多选题

1. 以下属于品牌 VI 基础设计的是（ ）。
   A. 品牌标志设计　　　　　　　　B. 品牌标准字设计
   C. 品牌标准色设计　　　　　　　D. 品牌 IP 形象设计

2. 以下属于品牌 VI 应用设计的是（ ）。
   A. 品牌标志设计　　　　　　　　B. 产品造型及包装设计
   C. 品牌 IP 形象设计　　　　　　D. 品牌展示终端设计

3. 以下属于品牌 VI 基础设计中其他辅助要素设计的是（ ）。
   A. 辅助图形设计　　　　　　　　B. 辅助色设计
   C. 品牌造型设计　　　　　　　　D. 品牌衍生品设计

4. 多维感官识别设计包括（ ）。
   A. 听觉识别设计　　B. 嗅觉识别设计　　C. 触觉识别设计　　D. 味觉识别设计

5. 听觉识别设计包括（ ）。
   A. 语音类　　　　B. 音乐类　　　　C. 音效类　　　　D. 香氛类

三、判断题

1. 品牌名称设计应使用生僻字以凸显品牌的差异性。（ ）

2. 很多品牌标志在初步完成设计后，关于其中的图形符号、标准字等各个细节处理，都要进行应用环境辨识度的测试和细节调整，这样才能保证在复杂的应用环境里品牌标志始终可以被人们轻易感知和快速识别。（ ）

3. 标准字的设计原则包括易辨认原则、艺术性原则、传达性原则。（　　）

4. 品牌 VI 应用设计包括标准字设计、标准色设计及辅助图形设计。（　　）

5. 与单一视觉传播相比，视觉与听觉的二维传播能对消费者产生更强烈的影响，也能为品牌带来更高的品牌辨识度。（　　）

四、案例分析

宜家的沉浸体验式营销非常接地气，它将内部布局和服务方式设计得非常自然、和谐，旨在让每个人感觉到宜家就像是出外休闲旅行一般。

宜家主张直接的产品体验，通过"家装设计"制造不一样风格的样板间，播放温柔舒缓的音乐，鼓励消费者自己拉开抽屉，打开柜门，躺在床垫上试试，触摸并感受产品的质量，再决定购买。并且，宜家在商场中设有咖啡店和快餐店。如果消费者在购物过程中累了，可以喝一杯饮料，也可以吃一份正宗的甜点，通过味觉感知建立一种"舒适的家"的感觉。

请分析宜家采取了哪几种感官识别设计来打造品牌识别，它又是如何通过感官识别设计建立品牌形象的。

 **AI 辅助实操**

为谭木匠品牌开展多维感官识别设计

实训背景

重庆谭木匠工艺品有限公司，始于 1993 年成立的三峡工艺品有限公司，1997 年正式创立"谭木匠"。其秉承我国传统手工艺精华，致力于天然、手工、富有民族传统文化韵味和时尚现代风格的高品质木制品的研发、制造及销售。主要产品为木梳、木镜、手珠、车饰、家饰等小木工艺制品。

实训目标

1. 通过搜集谭木匠 VI 基础设计资料，分析其 VI 设计特点。

2. 通过搜集谭木匠 VI 应用设计资料，分析其主要的应用设计类别及效果评价。

3. 探讨谭木匠可以使用哪些多维感官识别设计。

4. 通过分析谭木匠的品牌识别设计，培养分析品牌识别设计的洞察力和综合评价能力。

实训操作

借用常见的 AIGC 平台（如文心一言、豆包等），以 AI 文生图、图生图的形式，辅助实训操作完成以下要求。

1. 分析谭木匠品牌的 VI 基础设计，完成以下分析项目：品牌名称设计、品牌标志设计、品牌标准字设计、品牌标准色设计、其他辅助要素设计（其他辅助要素设计不少于两项）。

2. 分析谭木匠品牌的 VI 应用设计，完成以下分析项目不少于两项：品牌 IP 形象设计、产品造型及包装设计、品牌展示终端设计、品牌衍生品设计。

3. 探讨谭木匠开展多维感官识别设计的可行性，完成以下分析项目不少于两项：听觉识别设计、嗅觉识别设计、触觉识别设计、味觉识别设计。

实训成果

1. 品牌 VI 识别设计手册。

2. 品牌多维感官识别策划案。

项目五　活动策划　发挥品牌创意

学习目标

知识目标

1. 了解活动主题制定的方法
2. 熟悉主题提炼的创意思考方法
3. 熟悉活动内容的设计
4. 了解不同的媒体宣传渠道
5. 掌握活动预算的制定方法
6. 掌握活动效果的定性和定量指标

能力目标

1. 能够基于活动目标、活动受众定主题
2. 能够创意思考活动主题的提炼
3. 能够综合活动内容制定活动流程
4. 能够合理地选择活动的媒体宣传渠道
5. 能够制定活动预算
6. 能够应用定性和定量指标预估活动效果

素养目标

1. 培养建立品牌活动的策划能力
2. 培养制定活动主题的实践能力和创新能力
3. 培养活动策划的客观分析能力和全局意识
4. 与时俱进，增强活动的数字化营销能力
5. 培养规则意识，确保活动的合规和有序执行

思维导图

岗课赛证

【数字营销技术应用】（高级）

工作领域	工作任务	职业技能要求
数字化信息触达	营销信息策划	1. 能遵守广告内容制作准则，根据营销目标，结合品牌定位，策划标准化品牌营销内容，为品牌传播做好落地承接 2. 能遵守广告内容制作准则，根据营销目标，结合人群画像，从产品、区域、需求等维度，制定可行的消费者分层营销方案，策划个性化品牌营销内容 3. 能遵守广告内容制作准则，根据营销目标，结合购物、LBS、节日等场景，有效完成节日及主题活动等场景化品牌营销内容策划 4. 能根据品牌营销内容，结合不同形式内容传播的特点，制定多样化的内容呈现方案，提升品牌形象与知名度

案例导入

微信视频号的短视频突围战

　　2021 年之前，最颠覆内容消费的短视频战场上，"姗姗来迟"的微信视频号面临短视频两巨头抖音、快手，以及淘宝、京东、小红书、哔哩哔哩等各大平台短视频的激烈围堵。如何突围，是微信视频号面临的最大挑战。

　　品牌活动具有受众广、互动传播能力强、成本较低、成效较好的优势，优秀的品牌活动甚至能够在较短时间内产生巨大的市场影响力，因此策划一系列品牌活动成为微信视频号突围的首选。2021 年，基于微信海外推广的良好基础，微信视频号成功策划并举办了首场线上演唱会"所爱越山海"，活动当天兴起一波现象级的"回忆杀"。微信指数显示，这场近 6 个小时的演唱会直播累计观看人数超过 2700 万，点赞数高达 1.6 亿，如图 5-1 所示。这场看似低调的线上演唱会利用了微信生态这个大流量池，传播的力度和广度都无限放大，创造了视频号直播的新纪录。

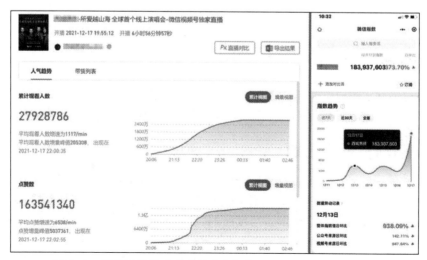

图 5-1　微信视频号"所爱越山海"线上演唱会微信指数数据

随后微信视频号陆续成为歌手线上演唱会的新阵地，成功策划了一场又一场的现象级刷屏活动。歌手的涌入补足了微信视频号的内容生态，以"惊喜环节+福袋设计+粉丝互动环节+朋友圈广告+话题持续发酵"系列线上演唱会活动，在行业内获得了更大话语权，日活跃用户激增至近5亿人，远超快手，直逼抖音。随着用户对视频号关注度的日益高涨，内容不断丰富，基于社交与算法双重推荐，微信视频号或已打通任督二脉，找到了超级平台的品牌运营感觉。

案例启示：活动策划具有受限较小、受众较广、互动传播能力强、成本较低、成效较好的优势。好的活动能够有效、高效地建立或加深品牌与消费者的连接，有力提高品牌的知名度和美誉度，在品牌策划和推广中发挥着重要的作用。

任务一　活动主题的制定

任务分析

活动策划是品牌策划与推广的重要组成部分。可执行性强、效率高、创意凸显的活动策划可以有效建立或加深品牌与消费者的连接，有力提高品牌的知名度和美誉度。活动主题是品牌活动的第一要素，主题失败会导致活动的失败；反之，优秀的主题能抓住消费者的眼球，赢得消费者的关注，既是消费者对品牌活动的第一印象，又是串起整个品牌活动的主线。因此，活动主题的制定是活动策划的首项任务。

本任务的主要内容如下。

（1）基于活动目标定主题：分析基于不同的活动目标侧重点进行品牌活动目标制定的方法。

（2）基于活动受众定主题：了解基于活动受众定主题的基本流程及基本原则，使活动更有针对性。

（3）主题提炼的创意思考方法：综合运用发散思维、抽象思维、形象思维、逆向思维、移植思维等方法思考主题创意。

知识储备

活动主题的制定主要包括基于活动目标定主题、基于活动受众定主题，以及主题提炼的创意思考方法。前两者是活动主题制定的基础，后者是活动主题制定的创意实践方法。

一、基于活动目标定主题

品牌活动的目的一般来说可以概括为用户的获取（Acquisition）、激活（Activation）、留存（Retention）、收益（Revenue）、传播（Referral），即 AARRR 增长模型。品牌活动目标是在品牌目的的基础上，具体的、可度量的、可实现的、相关的、在一定时间范围内的目标。

通常情况下，品牌活动目标并不是单一的，不是单一为了增加曝光或是提高销售转化，而是侧重某些目标的同时综合各个目标：提升品牌的知名度和美誉度、培养消费者情感、强化消费者参与度、提高品牌市场占有率。

活动主题应基于不同的活动目标侧重点进行制定。

1. 基于提升品牌的知名度和美誉度制定活动主题

拥有互动属性的品牌活动是企业提升品牌知名度的一件"利器"，一场好的品牌活动能够让消费者直接认识到品牌魅力、参与进来、讨论活动、评论和转发活动。例如针对新品牌、新产品、新闻发布会或品牌延伸而开展的信息发布活动，其活动主题较适合从提高品牌知名度的角度来制定，借势品牌符号、产品优势和亮点，或者是直接引发消费者认可。

（1）从品牌符号来制定，消费者一眼就能从活动主题中看出品牌属性。例如，2022 年网易云音乐在成立 9 周年之际上线了"云村地铁路线图"，主题"下一站依然云村"，充分应用"网易云音乐——云村"的灵感，为一群热爱音乐的人打造云村。"下一站依然云村"，浪漫且文艺，品牌知名度和亲和力凸显，如图 5-2 所示。

（2）从产品优势和亮点来制定，能让消费者快速直观地了解活动的特质。例如，中国一汽红旗在 2019 年成为故宫首个汽车跨界合作伙伴，以"传承新生"为主题，特别推出一款故宫 600 周年纪念款专属车型，既成为现代工业与传统文化融合的力作，又扩展了品牌影响力。

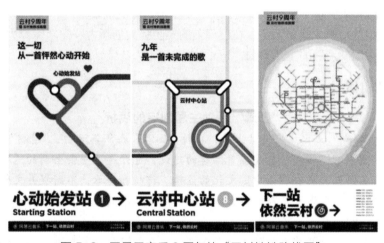

图 5-2　网易云音乐 9 周年的"云村地铁路线图"

（3）直接引发消费者认可来制定，这种情况下的活动主题传达或引发消费者与产品、品牌相关的一些情绪，触动消费者需求，走进消费者内心，引发消费者参与活动甚至转发活动。例如，近几年，秋天的第一杯奶茶成了年轻人购买奶茶的理由之一，2023 年立秋当天，美团外卖借势热搜"秋天的第一杯奶茶"，以"超级奶茶日"为活动主题，共吸引 15 万家奶茶门店参与，累计卖出超 4000 万杯奶茶，突破了美团外卖茶饮销售的历史峰值，进一步扩大其知名度。

2. 基于培养消费者情感制定活动主题

不少优秀的活动主题都具有感性、煽情的特质。这种基于培养消费者情感制定的活动主题能够打动消费者，触动消费者的认可，让消费者愉悦地接受甚至转发品牌的信息，高效地发挥活动主题的情感功能和传播功能。

一般来讲，这种方法在制定品牌的社会性活动（如粉丝节）及公益性活动中较为常见。

例如，自 2019 年开始，中国银联把山里孩子的诗歌装进 POS 机里，让孩子们的才华走出大山。从上海陆家嘴地铁站，到广州白云国际机场，大山里小诗人们的诗歌被银联诗歌 POS 机公益行动带到许多大城市。这一场以"大山里的诗歌节"为主题的活动，用诗意传递善意，以善意守护诗意，也将中国银联带到更多消费者的心里。

3．基于强化消费者参与度制定活动主题

在品牌活动中，鼓励性的活动，如经销商大会等活动，更多是向消费者展示品牌的价值和成绩，提升品牌美誉度。在这类型活动中，较为常见的主题制定方法就是基于强化消费者参与度制定活动主题。一方面，传递品牌价值或成绩；另一方面，侧重吸引消费者参与。

例如，小米的"米粉节"将小米品牌的爱好者具体化、形象化为"米粉"，把小米品牌的粉丝聚会和小米新闻发布会糅合成了一年一度的小米"米粉节"，通过"米粉节"发布品牌产品的最新信息、分享企业的故事和趣事、举办幸运抽奖等，强化消费者参与度，拉近与消费者的距离，提高消费者忠诚度。

4．基于提高品牌市场占有率制定活动主题

在品牌活动中，盈利性活动是重要的组成部分，如各类大促活动，这类活动首要目标在于促进销售目标的达成、刺激消费者购买。例如，美的集团多次赞助国际赛事，通过国际赛事成功地在国际市场上"攻城略地"。2022 年北京冬奥会，美的集团以"美的智慧家"为统一主题，从产品和系统解决方案的品质保障，到主流精品的高端推广，在冬奥会"冰雪运动"盛宴中，变营销活动为体验和服务，在展现美的集团强大创新力、需求保障力的同时，也让世界看到了"中国制造"的全新形象。

 文化自信

"国潮"活动主题制定的浅析

近些年，"国潮"文化热度持续上升，各种"国潮"嘉年华活动、"国潮"文化节、"国潮"音乐节层出不穷，推动了各类国货品牌的建设，也开辟了一条全新的道路，既树立了国货品牌良好的形象，又有利于中国文化的诠释、传扬和传承，不断提升文化自信。下面以天猫平台举办的"国潮"活动为例，浅析"国潮"活动的主题制定。

配套视频

主题活动视频

1．贴合品牌定位

品牌年轻化是不少品牌发展的重要命题之一，以年轻人为主要消费群体的天猫平台同样非常重视品牌年轻化，不断追逐年轻的消费者们。玩转"国潮"，开展天猫"国潮"系列活动，有助于天猫品牌的年轻化、"国潮"化形象的树立和巩固，"当潮不让""国潮当道音乐节""中国潮中国造挑战赛"等主题活动极大地"笼络"了年轻消费者的心。

2．引入合作伙伴

天猫"国潮"活动与各大国货品牌、"国潮"IP 合作，引入其产品、服务和创意，过去曾被认为老派的、过时的品牌纷纷华丽变身为有品位、有情怀的潮牌，既延展了线上平台的老派品牌资源，又丰富了"国潮"活动的内容和吸引力。如 2021 年天猫"国潮"联合 CCTV-6 打造首场非遗主题晚会——"潮起中国，非遗焕新夜"，联合各品牌举办"传统也美好，传承一起潮"非遗展品秀，邀请知名艺人以"国潮"为主题搭配服装造型走红毯，实现平台与合作伙伴、消费者多方共赢。

3. 创新互动，强化参与

各种沉浸式的互动参与活动，将"国潮"文化的价值增值落地到品牌和产品上，实现"国潮"文化活动的高价值输出。在天猫"国潮"活动中，"国风好物直播""国风集市""全民国潮"等活动，线下满足"Z世代"年轻人的活动参与和沉浸式体感体验，线上直播国风好物对年轻消费者进行实力"种草"，实时互动。

4. 主题的灵活性

活动主题应该具备一定的灵活性，能够适应不同场景和不同时间段的需求。例如"当潮不让"这一活动主题适用于"国潮"音乐、"国潮"电影，也适用于"国潮"产品的"当潮不让"，可在不同的场景中灵活转换。

5. 主题的可延续性

活动主题应该不断更新和优化，以适应市场和消费者的变化，保持活动的新鲜感和吸引力，同时也能够持续保持品牌的活力和竞争力。近五年，天猫"国潮"活动从2018年的"国潮行动"赋能国货品牌变潮牌，到2021年的非遗主题晚会等，每一年的活动主题都在随着"国潮"觉醒、文化自信、市场变化不断更新和优化，占领年轻消费者的心，也抢占了年轻人的购物车。

案例启示："国潮"活动越来越吸引消费者的注意力，多样化的"国潮"活动为品牌推广开辟了一条新的道路。优秀的"国潮"活动主题制定，通过市场推广活动的传播，既有利于中国文化的创新、弘扬，又能提升品牌形象，增强品牌推广的效果。

二、基于活动受众定主题

品牌活动策划从一开始，就要清楚活动是"为谁策划"，制定活动主题最基本的前提就是清楚为谁而策划活动，做到有的放矢。基于活动受众定主题，才能使活动更有针对性，引发受众共鸣，从而达到活动目的。

1. 基于活动受众定主题的基本流程

基于活动受众定主题，通常要有一个清晰的主要目标群体，要对主要目标群体进行用户画像分析，从信息数据收集、数据标签分析、丰富用户信息、整合用户画像，到最后应用用户画像，基本流程如图5-3所示。

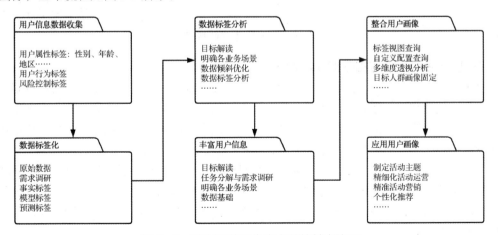

图5-3　基于活动受众定主题的基本流程

目标群体的信息收集和分析，主要集中在用户个人信息、消费习惯和消费水平3个方面。尤其值得注意的是，在收集完基本信息后，要利用收集到的信息对用户的消费行为或即将产生的消费行为进行分析和分级。图5-4所示为某品牌线上店铺的用户分级。

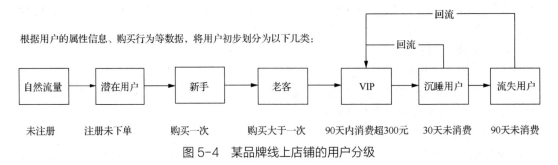

图5-4　某品牌线上店铺的用户分级

建立用户画像主要是了解用户，找到用户真实的需求点，为活动主题的制定提供依据和参考。完整的用户画像范例如图5-5所示。

在完成用户画像后，就可以根据用户的需求，有针对性地制定不同的活动主题。活动主题要打动用户、吸引用户关注，很重要的一点是活动主题能够让用户一眼就了解到将获得的利益。例如，2022年6月饿了么官方微博上线"免单1分钟"的活动，活动主题直言"免单"，活动当天陆续有网友反映突然收到饿了么的免单退款，KOL和媒体趁热转载，越来越多的网友参与，有打探消息的，有发帖回应的，有晒被免单的，有建群讨论免单攻略的，当天"大量用户收到饿了么免单"登上了热搜。

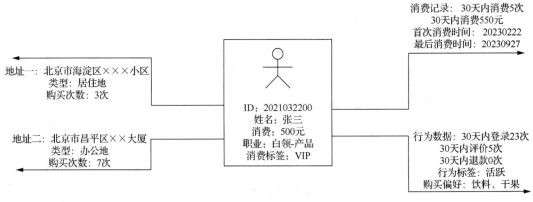

图5-5　完整的用户画像范例

2. 基于活动受众定主题的基本原则

（1）鲜明、突出。活动主题要最大限度、尽可能多地吸引人们的注意，就要观点明确，概念新颖，重点突出，使人一目了然，鲜明地表达活动及相关的产品或服务的不同之处。

（2）易于理解。当前，各种活动争先抢夺用户的有限时间，信息极度碎片化、随意化，因此活动主题必须简洁易懂、易于理解，让用户一看就懂、一眼就入心。

（3）有趣。活动主题仅仅是简单易懂，那是远远不够的。在易于理解的基础上，活动主题要有一定的趣味性和娱乐性，这样才能吸引用户参与和传播活动。有趣的活动主题可以从目标用户群体的爱好、当前的娱乐热点、有悬念的故事、有回报的活动等方面考虑，为活动主题添加有趣的元素。

（4）有共鸣。有共鸣实际上是对活动主题的制定提出了更高的要求，大多数优秀的活动主题是煽情的，能够响应用户情感需求，为用户带来情感上的愉悦和满足，从而引发用户的共鸣。这种共鸣使用户认为活动值得参与并分享，从而形成活动的口碑传播。

（5）规避文化和社会禁忌。活动主题的制定需要避开不同目标人群、不同文化地域、不同族群的文化和社会禁忌。

 **协作探究**

海信的海外营销策划

　　海信成立于 1969 年，旗下拥有海信（Hisense）、东芝电视（Toshiba TV）、容声（Ronshen）、gorenje、ASKO 等多个品牌。海信是我国较早走向国际的企业之一，从卖产品到卖品牌，以海信为代表的"中国制造"挺立世界潮头。2006 年，海信正式提出"大头在海外"的发展战略，从 2007 年海外收入不足 84 亿元，占总营收 18%，到 2023 年，其海外收入 858 亿元，占总营收 42.6%。目前海信在全球拥有 34 个工业园区和生产基地、25 所研发机构、66 家海外公司和办事处。

配套视频

海信品牌宣传片

　　企业愿景：建百年海信，成为全球最值得信赖的品牌。

　　产品种类：视像与多媒体、智能家电、智慧交通、精准医疗、光通信等产业。

　　产品亮点：高质量高技术、本土化研发营销团队、售后体系完善等。

　　2022 年，海信荣获"迪拜质量全球奖"，是 1994 年以来唯一获得该奖项的中国企业，同一年海信成为卡塔尔世界杯官方赞助商。2023 年 11 月，海信迪拜研发中心揭牌，契合中东和非洲的本土化消费需求，该研发中心是海信加快全球本土化布局的重要一步。围绕中东非市场对大屏高画质的本土化消费需求，结合当地的环境气候特点和消费者的消费特点，海信的 UELD 画质旗舰、激光电视等产品计划制定营销活动主题，助力海信在中东非市场的扩张。

　　协作任务：请以小组为单位，结合品牌策略、品牌官方网站，以及梅花营销网等，进行头脑风暴，为海信在中东非市场的赛事营销活动制定活动主题。

三、主题提炼的创意思考方法

　　提炼的活动主题是否吸睛，直接决定了品牌活动效果的好坏。活动主题的制定，既要提炼品牌活动的亮点，又要有个性、有创意；既要明确品牌活动定位，又要打造品牌个性，二者缺一不可。

　　活动主题的创意并非遥不可及，而是每个人通过学习和训练都可以掌握的能力。创意和灵感有一定的关系，但更多的是一套科学的创意思考方法。在提炼活动主题时，可以从以下各个方面进行创意思考，将发散思维、抽象思维、形象思维、逆向思维和移植思维充分应用到制定主题的创意思考中，提高创意思考能力。

1. 利用发散思维思考主题创意

　　由一个中心主题向多个角度思考的过程就是发散思维。利用发散思维，针对消费者心理、针对企业形象、针对消费者的购买行为、利用相关的营销策略等方面来思考制定活动主题，如图 5-6 所示。

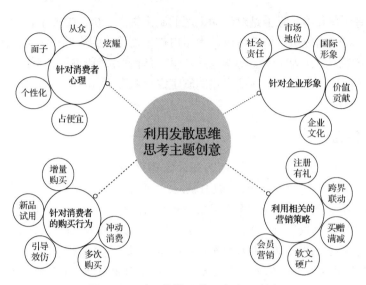

图 5-6　利用发散思维思考主题创意

针对消费者心理展开发散思考来进行主题创意，指的是利用消费者的某种心理来确定主题。消费者心理是消费者在购买、使用产品或接受服务过程中所反映出来的心理现象。这种现象不是千篇一律的，而是多种多样、千姿百态的。利用发散思维创意思考，准确把握消费者心理，有针对性地从不同消费者心理的角度提炼活动主题，是主题提炼常用的创意思考方法。

（1）利用消费者的"面子"心理，在活动主题中重点呈现产品超越同类产品的新用途，或者显示产品比其他同类产品在功能、质量等方面的优越性。

（2）利用消费者"占便宜"的心理，在活动主题中明确消费者的所得。

（3）利用消费者的个性化心理，树立品牌的个性形象，引导消费者加深对产品商标的记忆，提升品牌在消费者心中的知名度。

（4）利用消费者从众、炫耀的心理，强调产品能提升消费者形象，提高身份地位；或者显示产品能给消费者带来的精神愉悦等。

针对企业形象展开发散思考来进行主题创意，指的是通过阐述企业在某个领域引领的形象来制定主题，发散思考如何强调品牌为提高消费者生活水平所做的贡献，突出品牌的市场地位，宣扬品牌文化和价值观等，从而制定有利于树立或强化企业形象的活动主题。

针对消费者的购买行为展开发散思考来进行主题创意，指的是通过发散思考消费者的购买行为来制定主题，例如以流行时尚引发消费者效仿，以试用产品促使消费者体验和购买，通过买赠、满减等主题促使消费者增加消费的数量或次数，以及通过独特的产品卖点刺激消费者消费等。

利用相关的营销策略展开发散思考来进行主题创意，指的是通过活动的营销策略，如新会员注册有礼、品牌跨界联动、销售买赠或满减、会员专项服务或价格、针对性软文或硬广曝光等，展开活动主题的思考和创意制定。

2. 利用抽象思维思考主题创意

抽象思维是借助概念、判断、推理等抽象形式来反映现象的概括性、论证性的思维活动。抽象思维可能贯穿于活动的全过程，除了主题的设定，在用户信息收集和分析阶段需要运用抽象思维进行分析、综合、概括、归纳、演绎、比较、推理评估，也需要运用抽象思维对创意进行条理化、系统化的梳理和选择。例如，2021 年广州市发布新版城市宣传片《花开广州，幸福绽放》。广州是珠三角国家自主创新示范区的龙头城市，对世界友好包容、开放、敢于冒险。如何借助抽象思维创意展示广州这座城市？宣传片以"永不萎靡英雄广州，如木棉般伟大"作为开场，分为 3 个篇章主题"古今交融　老城焕新""创新引领　与城共舞""幸福乐章　与城共鸣"展开，抽象演绎枢纽之城、实力之城、创新之城、智慧之城、机遇之城、品质之城的崭新形象和独特魅力。

3. 利用形象思维思考主题创意

形象思维又称直觉思维，指借助于具体形象来进行思考，通过某一具体事物引发想象而产生创意，具有生动性、实感性等特点的思维活动。例如，中秋之夜，网易云音乐与象山县旅游集团合作开启"把乐评写在月亮上"活动，发动用户集体的力量，将用户共同挑选出的网易云音乐优质乐评投射在船帆的月亮投影上。合作双方从各自的优势出发，将网易云音乐独有的乐评文化与象山渔港古城的风景结合起来，并利用中秋佳节之际海上升圆月的具体形象（见图 5-7），以一种美轮美奂的方式为中秋夜色增添了别样风情，创造出一场视觉与文化上的盛宴，实现品牌活动的多方共赢。

图 5-7　网易云音乐利用海上升圆月的具体形象开展中秋主题活动

4. 利用逆向思维思考主题创意

思维有顺向和逆向之分，顺向思维是常规的、传统的，而逆向思维则是反常规、反传统的。在活动主题设定时采用顺向思维是一条熟悉而顺畅的路，但它往往会使主题创意思维陷入一种固定的方向。当大家都从顺向思考时，逆向探索往往能找到出奇制胜的创意。例如，2022 年七夕节，饮品品牌柠季喊出"今天不酸，单身也甜"的口号，并与脱口秀厂牌合作，逆向举办一场"专属单身人士"的脱口秀活动，为单身人士"过节"，惊喜感满满。

5. 利用移植思维思考主题创意

把某一领域的成果运用到其他领域的一种创造性思维技法就是移植思维法。移植思维归

根结底是跨界思维的一种。在活动策划领域，移植思维运用得当可以有效助力品牌活动和产品的差异化，例如各大品牌跨界合作的活动。

需要注意的是，活动策划中的创意思考不是简单的标新立异、稀奇古怪、随意发挥，创意提炼活动主题需要遵循以下 3 点：一是在合法的基础上建立新意，二是在合理的基础上进行创新，三是在合情的基础上创造新意。

创意推广

"月来越爱"蓝月亮中秋之夜

从 2013 年起，每个中秋季蓝月亮都会举办蓝月亮节。而 2020 年的中秋季，对于蓝月亮来说有些特别——2020 年不仅是中秋和国庆睽别 19 年后再次相逢，10 月还出现了两次月圆，其中，10 月 1 日为中秋月圆，而 10 月 31 日则是浪漫的"蓝月亮"天文现象。正是借助这两轮明月，蓝月亮品牌策划"月来越爱"中秋之夜活动，在中秋季两度"刷屏"网络。

首先是 10 月初的中秋节，蓝月亮独家冠名中央电视台和湖南卫视两台中秋晚会，并在中秋当晚送出了十万余份洁净好礼，为消费者送上独特的中秋祝福。同时，蓝月亮通过举办线上线下互动体验活动，推广普及蓝月亮洁净生活方式。而在 10 月末的"蓝月亮"天文现象当天，蓝月亮借势出圈，又火了一把。

针对媒体和网友对蓝月亮热点的自发传播，蓝月亮先是联合媒体进一步向民众科普"蓝月亮"这一天文现象，随后还发起"向蓝月亮许个愿"等微博话题互动，引发了广大网友的热情参与，很多人在微博晒出自己拍摄的天上的"蓝月亮"，对着月亮许下了美好心愿：有人祈愿祖国国泰民安，有人希望家人朋友平安健康，更有不少人玩起了"P 图"大赛，把蓝月亮洗衣液送到了天上，花样十足。最终这一话题阅读量飙升到 8000 万次，数万网友加入话题讨论。

在这场借势天然传播热点的营销活动中，蓝月亮传达了以"洁净"为核心的品牌价值，倡导与推广了洁净生活方式，极大地扩大了品牌影响力。

案例启示：品牌可以借势天然传播热点策划活动主题，提炼品牌活动亮点，打造品牌个性。

任务二　活动内容的设计

任务分析

活动内容的设计是活动策划的核心。在完成活动主题的制定后，活动策划者需要掌握活动时间的选择、活动形式的选择、活动流程的制定，才能完成活动策划的核心——活动内容的设计。

本任务的主要内容如下。

（1）活动时间的设定：综合考虑活动参与者、活动嘉宾或 KOL、天气、生活或风俗习惯、时事热点、适当选择节日等情况来设定活动时间，并做好活动时间安排。

（2）活动形式的选择：分析常见的品牌活动形式，包括促销型活动、公关型活动、内部型活动、众筹型活动和叠加型活动等。

（3）活动流程的制定：在了解活动流程制定的要点和要素的基础上，制定活动流程的规则说明。

知识储备

活动内容的设计具体包括 3 个方面：活动时间的设定、活动形式的选择、活动流程的制定。

一、活动时间的设定

在设计活动内容时，活动时间的设定非常重要。时间的选择是否合理、时间安排是否恰当，都会影响活动效果。活动时间设定合理，对目标用户友好，会成为促进活动成功的利器；反之，活动时间设定不合理，活动效果会大打折扣，甚至直接导致活动的失败。

1. 明确活动时间

一场成功的品牌活动，不管是线下活动还是线上活动，首先要明确活动时间。

活动策划者在明确活动时间时，除了要考虑活动的具体日期、什么时候开始、什么时候结束、活动时长多长，还要考虑活动参与者、活动嘉宾或 KOL、天气、生活或风俗习惯、时事热点、适当选择节日等情况。

（1）活动参与者。根据活动参与者的职业特征和时间安排，尽可能避开参与者不方便参与活动的时间，例如某些线下活动会选在周五晚上或周末。

（2）活动嘉宾或 KOL。活动嘉宾或 KOL 对活动参与者有较高的号召力，某些嘉宾或 KOL 能否出席甚至直接决定了活动效果，所以明确活动时间时需要参考嘉宾或 KOL 的时间安排。

（3）天气。根据天气情况灵活地安排活动时间主要是针对线下活动，尤其是户外的线下活动。如果是线下活动，尽可能选择天气较好的活动时间。

（4）生活或风俗习惯。举办活动的时间要符合参与者的生活或风俗习惯，时间不宜过早也不宜过晚，活动时长不宜太短或太长。若面向的参与者有外国人，还需要避开他们风俗习惯中的禁忌。

（5）时事热点。根据时事热点来制定活动的时间，这要求活动策划者必须有一定的市场敏锐度，对重要的时事热点提前做好规划和筹备。

（6）适当选择节日。借助某些节日，包括近些年各大平台的线上狂欢节的氛围烘托，可以更好地发挥活动的推广效果；而在春节这样的重要传统节日，活动参与者、活动嘉宾或 KOL 的出席都会受到一定的影响，不适合举办线下研讨会或沙龙等活动。

2. 活动时间的安排

一般情况下，品牌活动安排分为 4 个阶段：活动筹备期、活动协调期、活动期、活动后期。活动筹备期和活动协调期都属于活动前期，活动前需要预留足够的时间做好准备和协调相关方面。活动期也就是活动开始到结束的时间。需要注意的是，对外公布的海报、邀请函等宣传物料要将活动的开始时间和结束时间标注清楚，这样既有利于参与者准时参与，又有利于活动时长的有效控制。对于某些促销优惠，也要明确时间段，尽可能避免不必要的争议。活动后期主要是进行活动的复盘及活动后的延伸宣传，以便巩固和加强活动的效果。

在具体实践中，活动时间安排通常以活动时间表或流程表的形式制作，具体包含活动的负责部门、负责人、具体时间等信息，从而将活动安排到合适的部门。图 5-8 所示为某公司春季展销活动安排表。

×××春季展销活动安排						×××有限公司 2024年01月14日 星期日	

展销会名称：×××展会
展销会地点：广州广交会展馆E区　E8展位
展销会时间：2024年*月*日—2024年*月*日

当前时间 2024年1月 14

活动安排节点	节点任务说明	负责部门	负责人	开始日期	结束日期	任务天数	备注
展览目标确定	● 了解市场，完成参展营销计划	营销部	×××	2024/01/02	2024/01/07	5	
	● 与各部门沟通，确定参展目标	营销部	×××	2024/01/05	2024/01/07	2	
展前协调 展品选择方案	● 产品部提出展品推荐方案	产品部	×××	2024/01/07	2024/01/11	4	
	● 内部协商确定展品方案	相关部门	×××	2024/01/11	2024/01/15	4	
	● 展品准备	产品部	×××	2024/01/13	2024/01/18	5	
参展人员确定	● 参展人员确定	营销部	×××	2024/01/27	2024/01/29	2	
	● 明确参展人员分工	营销部	×××	2024/01/29	2024/01/30	1	
展台搭建方案确定	● 展台搭建预算	营销部	×××	2024/02/04	2024/02/05	1	
	● 确定展台设计和搭建初步方案	营销部	×××	2024/02/10	2024/02/13	3	
	● 展台搭建商确定	营销部	×××	2024/02/12	2024/02/17	5	
	● 展台搭建协议签订	营销部	×××	2024/02/16	2024/02/19	3	
展前预热I	● 联系老客户	营销部	×××	2024/01/15	2024/01/17	2	
	● 联系新客户	营销部	×××	2024/01/19	2024/01/25	6	
	● 两微一抖软文推广	营销部	×××	2024/01/25	2024/01/26	1	
参展方案要求相关工作协调	● 参展方案确定	营销部	×××	2024/02/19	2024/02/22	3	
	● 召开各部门协调会	营销部	×××	2024/02/23	2024/02/25	2	
展前预热II	● 邀请函邀约客户	营销部	×××	2024/02/27	2024/03/02	4	
	● 两微一抖软文推广	营销部	×××	2024/03/03	2024/03/05	2	
	● 新品信息预告	营销部	×××	2024/03/07	2024/03/10	3	
布展 展台布置	● 展品、宣传物料的运输和布置	营销部	×××	2024/03/12	2024/03/13	1	
	● 展台搭建验收	营销部	×××	2024/03/14	2024/03/15	1	
展销活动	● 产品展示、客户接待	营销部	×××	2024/03/16	2024/03/19	3	
	● 召开新品发布会、经销商大会	营销部	×××	2024/03/17	2024/03/18	1	
撤展	● 客户信息更新	营销部	×××	2024/03/22	2024/03/24	2	
	● 展品、宣传物料运输	营销部	×××	2024/03/25	2024/03/27	2	
活动后	● 感谢新老客户参加展销活动	营销部	×××	2024/03/28	2024/03/31	3	
	● 参展效果新闻推送	营销部	×××	2024/04/02	2024/04/05	3	
	● 活动复盘	相关部门	×××	2024/04/04	2024/04/06	2	

图 5-8　某公司春季展销活动安排表

二、活动形式的选择

品牌的活动宣传形式多种多样，尤其是线上渠道、新媒体渠道的加入极大地丰富了品牌活动的形式。活动策划者要从多种活动形式中选择合适的形式，需要多角度进行考虑，如图 5-9 所示。

活动策划者要了解常见的活动形式，才能对活动形式做出正确的选择。

1. 促销型活动

促销型活动是以产品或服务促销为目的的活动，这类型的活动主要围绕提高产品或服务的销量来开展。

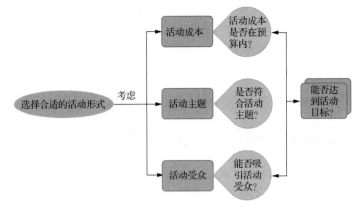

图 5-9　选择合适的活动形式需要考虑的要点

促销型活动可以通过线下实体店、沙龙、宣讲会、展销会等，也可以通过线上各大网络渠道、新媒体渠道举办。不同渠道举办的活动在活动形式的选择上也不尽相同。

2．公关型活动

公关型活动的主要目的是提升品牌的知名度和信誉度，提升品牌在用户群体中的形象。公关型活动主要包括新闻发布会（新品发布会）、公益活动等。

（1）新闻发布会（新品发布会）。在品牌披露重大信息或发布新产品时，新闻发布会往往是第一选择，有时也会和品牌的粉丝见面会、会员沙龙等活动相结合，或者直接以粉丝见面会、会员沙龙等形式开展活动。

（2）公益活动。公益活动呈现甚至代表了企业的社会责任感，有助于树立品牌良好的社会形象，能显著提高企业品牌的美誉度。公益活动的主题和形式丰富，如关爱大山儿童、慰问孤寡老人、义诊、植树造林等，品牌要根据自身能力和产品特点选择合适的公益活动形式，如支付宝的蚂蚁森林活动不仅推动超过 3 亿用户种树，还探索推动环保公益行为的可持续发展，树立了良好的社会形象。

3．内部型活动

针对企业内部员工的活动，既能奖励答谢内部员工，又能增强品牌的内部凝聚力，还能展现企业的社会责任感。内部型活动的典型形式有品牌年会、品牌经销商答谢会等，可以以会议的形式开展，也可以以各种各样的团建形式开展。

4．众筹型活动

众筹型活动指的是在特定时间内向潜在用户提供要众筹产品的性能、亮点、新技术等信息，发起新品研发的筹款活动，若筹款成功则会给筹款人赠送礼物或新品特价权利等，是比较特殊的活动形式。

通过众筹型活动，品牌能够让更多潜在用户深入了解产品，可以收集到筹款人的信息以及他们对产品的反馈信息，提高产品研发效率，同时提升品牌和产品的认可度和知名度。部分创业型企业、新入市品牌或品牌新产品推广时会采用这种形式。

5．叠加型活动

随着线上活动占据的地位越来越重要，各类活动的叠加型活动应势而生，不仅有各种形式的线上活动叠加，还有线上活动和线下活动多种形式的叠加。图 5-10 所示为某打车 App 的叠加型促销活动。

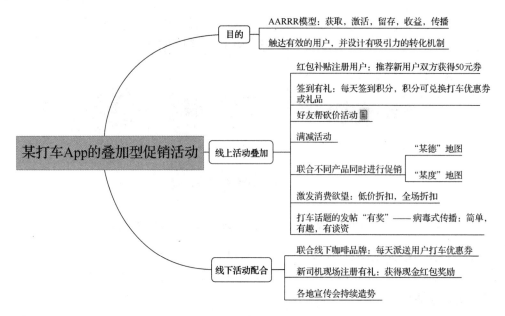

图 5-10　某打车 App 的叠加型促销活动

三、活动流程的制定

活动流程是指一次活动中所需要完成的一系列步骤和过程。活动流程使得活动在整个执行和运行方面具有逻辑关系。活动流程是否合理、是否严谨直接影响整个活动的可操作性。活动流程不仅是执行流程，还是活动策划的整体流程。

1. 活动流程制定的要点

制定活动流程时，需要掌握以下 4 个要点。

（1）流程应当全面，活动流程要对整个活动内容进行全面覆盖和说明。

（2）流程应当有序，活动流程要有逻辑性，以确保活动执行井然有序。

（3）流程方法应得当，力求以合理的成本达到最佳的活动效果。

（4）流程是否符合活动要求应可衡量、可操作。

2. 活动流程制定的要素

在制定活动整体流程时，活动策划者主要从活动的目标、主题、形式、安排及流程细化等方面入手，如图 5-11 所示。

（1）活动目标。活动策划者要明确活动的目标，确保活动流程的制定和执行能够达成活动目标。

（2）活动主题。活动主题引领整个活动流程，是贯穿整个活动流程的主线。

（3）活动形式。活动策划者要根据活动的类型确定活动的具体形式，不同的活动形式，活动流程不尽相同。

（4）活动安排。活动安排是活动流程的核心部分，不仅包括了活动时间、地点、环节设置、人员安排，而且包括了从活动筹备期到活动后期的安排，是活动流程制定的基础。

（5）活动流程细化。活动流程细化是指针对活动制定每个活动环节的细则，以保证活动顺利进行，最大限度地增强活动的体验感。

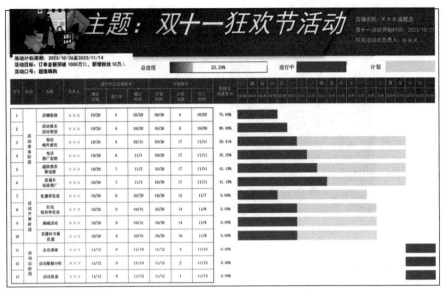

图 5-11　某品牌旗舰店"双十一"活动流程

3. 活动流程的规则说明

活动流程的规则说明，一方面确保活动流程的有序进行，另一方面尽量避免不必要的纠纷，从而使活动顺利进行。活动流程的规则要以合法合规为前提，同时要规范、全面、简明扼要。活动流程的规则说明一般包括参与方式、活动玩法、奖牌或促销规则说明、注意事项、活动声明。

 **AIGC 赋能**

智享味界，雀巢 AI 嘉年华

"雀巢 818 宠粉节"以科技和创新为驱动，深度融合 AIGC 技术，凸显了 AIGC 在内容创作上的无限可能，极大地提高了生产效率。

AIGC 策划的"美味玩出界"主题不仅强调美食的多样性，还通过云游的方式，让用户轻松畅游其中，领略雀巢美食的无限魅力，如图 5-12 所示。

拓展阅读

2024 年生成式人工智能进化成什么样了？

图 5-12　雀巢利用 AIGC 技术策划的"美味玩出界"主题

图 5-12 雀巢利用 AIGC 技术策划的"美味玩出界"主题（续）

本次活动雀巢集团联动旗下 11 款来自不同产地的经典产品，用"好内容+好福利"打造出"无须假期，不用经费，11 天 11 站畅玩全球"的活动概念。在这个"雀巢美食世界"里，用户追溯每款产品的原产地。同时，每一款产品都被赋予了生动的形象和故事。

策划阶段，雀巢团队运用 AIGC 技术，分析消费者的口味偏好、购买行为和社交互动数据，以精准洞察消费者需求。基于这些洞察，团队设计了多款互动游戏和虚拟体验。

活动中，雀巢创新性地利用 AIGC 生成了个性化的营销内容。通过 AI 算法，为每位消费者生成专属的购物清单、优惠信息和健康饮食建议，使消费者在享受购物乐趣的同时，也能感受到品牌的贴心关怀。

此外，雀巢还结合开学季等热门话题，推出了一系列与消费者需求紧密相关的营销活动，有效促进了品牌销量的增长。

通过这次活动，雀巢成功地将 AIGC 技术与品牌创意相结合，为消费者带来了全新的体验，也展现了品牌对科技与创新的不懈追求，为品牌营销注入了新的活力。

案例启示：大数据时代，品牌需要善于运用 AIGC 等先进技术，创新策划方式，以科技驱动营销变革，实现品牌价值的最大化。同时，这也要求策划人员不断提升自身技能，以适应市场的新需求和新挑战。

任务三 宣传媒体的选择

任务分析

活动策划与媒体渠道之间有着密切的关系，活动宣传需要利用媒体渠道，媒体自身的公信力和知名度有利于提升活动的声誉，某些品牌甚至专门设置媒体渠道管理岗位。随着互联网电商平台的强势发展，以微信、微博、抖音、快手、视频号、新闻客户端等为代表的新媒体也应势而生，互联网新媒体从初露锋芒发展到与传统媒体半分江山。

活动策划者既要了解传统媒体和互联网新媒体的特点，也要结合活动特点，充分发挥传统媒体和互联网新媒体的效力。

本任务的主要内容如下。

　　（1）传统媒体渠道：了解传统媒体的重要性，分析选择传统媒体渠道所需要考虑的要点。

　　（2）互联网新媒体渠道：了解互联网新媒体渠道的种类，分析互联网新媒体渠道的优势，以及如何应对网络暴力、水军破坏、信任危机和渠道效果管理的挑战。

知识储备

一、传统媒体渠道

　　传统媒体是指媒体行业历史较长、发源于传统媒介技术（如印刷媒体、广播、电视等）的媒体形式，主要包括报纸、电视、广播、杂志、户外广告、交通广告等。传统媒体渠道在信息传播方面具有权威性、专业性、客观性、公正性等特点。相比互联网新媒体渠道，传统媒体渠道具有采编流程严谨、内容深度优质、贴近用户生活等优点，具有较高的公信力和影响力，对社会舆论的影响仍然非常重要。传统媒体渠道仍然是活动宣传时重要的渠道之一。

1. 传统媒体渠道的重新回归

　　近些年，互联网新媒体渠道的激烈竞争及信任危机等弊端，让不少品牌传播渠道开始更多地选择户外广告、电视等传统渠道，传统媒体渠道重新回归。一方面，传统媒体渠道也能做出出人意料的、有创意的广告；另一方面，传统媒体渠道深入用户的生活，更能吸引用户结合线上的工具进行品牌互动，从而带来意想不到的效果。

　　例如，2021年底，名创优品以广州的一栋大楼为模型，非常有创意地打造了一幅"巨型日历"。巨型日历上展示的"满100减40"的活动预告成为人们走出家门就能感知到的"视觉惊喜"，这远比在线上进行广告轰炸要惊喜得多，如图5-13所示。

图 5-13　名创优品的"巨型日历"

2. 选择传统媒体渠道的要点

（1）符合传统媒体的信息发布和传播规律。传统媒体具有较高的公信力和影响力，也更贴近用户。一方面，传统媒体的覆盖面具有一定的局限性，对城镇区域的用户影响力更高，有利于品牌下沉，提升在城镇区域的影响力。另一方面，传统媒体渠道更多的是信息的发布和传递，缺乏互动性，适合对互动性要求相对不高的活动。

（2）符合活动宣传需要。并不是所有活动都适合选择传统媒体渠道进行宣传。选择传统媒体渠道本质上是为了达到向活动目标用户宣传活动和品牌，因此必须结合活动目的、主题、目标用户等综合考虑，以确保实现活动目标。

（3）符合品牌理念。通过传统媒体渠道宣传活动，要在原有的基础上融合品牌的设计和理念，以促使品牌理念深入人心，提升品牌美誉度。例如，称呼用户为小红薯的小红书，于 2022 年冬天在全国通过在小门店、小摊上加入一些简单的文案物料，开设了 46 家"小红薯慢闪店"，把线上的温暖通过一个个真实的红薯传递到用户的手中。"小红薯慢闪店"活动传达的正是品牌的寓意：小红书内容社区就是一个这样的存在，想把温暖传递给所有用户。

拓展阅读

"小红薯慢闪店"海报

（4）与互联网新媒体渠道相互配合。传统媒体渠道虽然能深入用户的生活，但无法迅速传播。传统媒体渠道和互联网新媒体渠道各有利弊，活动宣传时要选择联合推动，基于传统媒体渠道进行活动创意和营销，并联动互联网新媒体渠道进行活动传播，更能充分发挥传统媒体渠道和互联网新媒体渠道的合力效果。

二、互联网新媒体渠道

在互联网持续快速发展的大背景下，各种互联网新媒体纷纷亮相，成为大众生活中不可或缺的部分。当品牌活动搭上互联网新媒体这一高速列车，活动不再受限于时间和空间，释放出了更大的影响力，展示了更加多样的形式和魅力，让品牌活动的边际无限扩大。面对互联网新媒体渠道，活动策划者要正确把握互联网新媒体的特点，使其正确地为品牌活动宣传服务，实现品牌不断发展的目的。

1. 互联网新媒体渠道的种类

互联网给品牌活动的推广提供了多种多样的线上渠道，不同的线上渠道用户有差异。大部分活动在宣传时会综合选择多个线上渠道同步宣传，并根据品牌活动的需求和目标用户，确定互联网新媒体宣传渠道网络。例如，某品牌的活动宣传建立了以官方微信、微博、抖音为中心，串联多个直播短视频平台、社交媒体平台，利用各个互联网新媒体和传统媒体的互补和结合，形成一种传播覆盖面广、传播效果较好的合力，如图 5-14 所示。

在各种各样的互联网新媒体渠道中，电商交易平台、社交媒体平台和直播短视频平台对于品牌活动宣传而言尤为重要。在选择互联网新媒体渠道时，活动策划者要重点了解这 3 种平台。

（1）电商交易平台。电商交易平台上的活动直接面向用户，较为适合品牌的促销型活动。随着互联网的发展，电商交易平台越来越多样化，既有综合交易平台，又有垂直型的专业交易平台。

图 5-14　某品牌的媒体宣传矩阵

（2）社交媒体平台。社交媒体如微信、微博、知乎、小红书、哔哩哔哩等是以用户为中心，结合社交网络，通过社会化的方式来促进品牌宣传、产品销售和用户体验的平台。它不仅包含电商交易平台的交易和营销功能，而且在此基础上添加了社交化的功能，例如产品分享、社交互动、用户团购等，增强了用户的信任感和购物体验，更重要的是促进用户的口碑传播。

（3）直播短视频平台。如今抖音、快手、视频号、西瓜视频等多个直播短视频平台已经成为互联网用户生活中不可或缺的一部分，其参与性强、门槛低、传播速度快的特点迅速吸引用户，有图有真相的短视频以更小巧、更轻松、更直观、更快捷的方式迅速进入大众生活。

不同的互联网媒体渠道，其平台活动的时间、主题、规则要求等也不相同。这就要求品牌首先要根据活动的目的、主题、形式等，结合不同平台的特点，为品牌活动选择合适的互联网新媒体渠道。

2. 互联网新媒体渠道的优势

互联网让人们的生活变得更加便捷，也为活动宣传提供了更多便利和更多的可能性。互联网新媒体渠道的优势主要表现在 5 个方面：庞大的用户群体、较少的活动限制、极高的传播速度、较低的活动成本、精准的数据分析，如图 5-15 所示。

3. 互联网新媒体渠道给活动策划带来的挑战

任何事情都有两面性，互联网新媒体渠道有着明显的优势，给活动策划带来了许多的便利，同时也给活动策划带来了以下 4 个方面的挑战。

（1）网络暴力。展示和社交属性让互联网成为部分网民的发泄窗口。有的人通过网络游戏缓解压力，有的人通过网络社交来调节情绪，还有的人通过在网络上释放自己内心的暴力和无理来表现不满，例如心情不好给个差评、无故投诉客服等。面对这种情况，活动策划者应仔细考虑活动规则的制定，将出现问题和争议的可能性降到最低。

（2）水军破坏。网络水军是指为了某些利益而在网上制造或引导舆论的人员。他们通常在网络营销中发挥作用，配合营销进行造势，但同时也常常在暗中搞破坏。例如，通过无意义的弹幕"刷屏"、发布具有攻击性的弹幕、挑起与活动主题无关的话题等方式，影响直播或社交平台活动的正常进行。在活动策划中，要对网络水军有一定的防范，利用好权限正确引导用户，避免活动偏离主题。

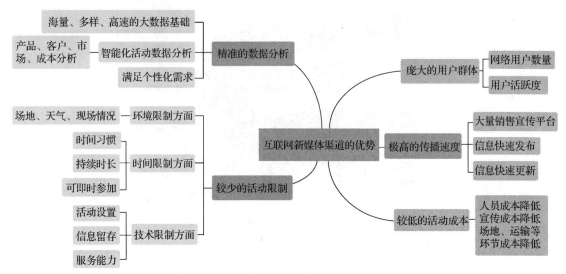

图 5-15　互联网新媒体渠道的优势

（3）信任危机。在互联网新媒体迅速发展的环境下，人人都是评论者，网上存在大量虚假甚至有害的信息、账号、数据等。当人们发现已经无法靠眼睛和耳朵鉴别真伪、好坏时，就会对互联网新媒体逐渐失去信任，继而产生信任危机。避免失去信任是选择互联网新媒体渠道需要把控的事，最根本的办法还是减少虚假信息的产生，同时尽量提高活动的透明度，选择具有一定公信力的宣传平台。

营销伦理

曾经的快手台柱子——某美妆品牌虚假宣传被罚

互联网新媒体打破了媒介之间的壁垒，消融了传播者与接收者之间的边界。直播平台更是以其便利性、时效性和社交性，获得了广泛的用户基础，但同时也出现了内容低俗、虚假广告、不实宣传、侵犯版权等乱象，催生了一些用户无法辨别真伪的"网红"品牌。

2022年，某美妆品牌在快手的年GMV超10亿元，排名第二。其核心营销策略：一是依托快手平台的"红人"和"老铁"文化，打造系列IP人设；二是在多个专卖店和直播间里采用破价的营销手段，使产品落地价骤减至几百元，以迅速走量，实现短期内超常发展。

该品牌曾公开表示，其产品均由ODM厂商代工，本身并无自主研发创新的能力，但这并不能掩盖其多项虚假宣传、隐瞒事实、产品实际功效失真的事实，更不能成为其逃避处罚的借口。

2023年，该品牌因在其微信公众号发布多项虚假广告宣传文案，又因违规发布推广性文章，被上海市虹口区市场监督管理局处罚。在一个又一个虚假剧本之后，品牌美誉度必严重受损，影响品牌的长远发展。

案例启示： 互联网时代，品牌推广活动不再受限于时间和空间，释放出了更大的影响力。这对产品、品牌、企业的诚信宣传提出了更高的要求。诚信宣传既是企业的责任，又是企业及其品牌获得用户认可的基础。

（4）渠道效果管理。活动策划者要对各个互联网新媒体渠道的效果进行跟踪、评估、优化，如图 5-16 所示，形成良好的管理机制，不断优化互联网新媒体渠道的选择。

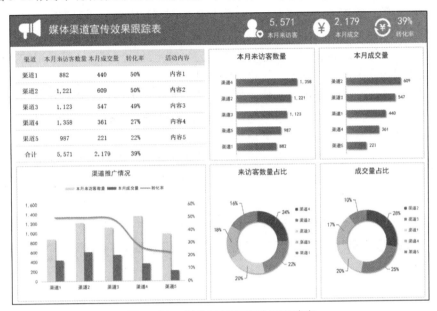

图 5-16　媒体渠道宣传效果跟踪表

任务四　活动效果的预估

任务分析

活动效果预估是对活动方案进行执行落实的"前哨站"，一方面，要对整个方案的可行性与操作性进行必要的事前预估和分析，另一方面，要对事后的执行进行监督的前期铺垫。活动效果预估是衡量活动可执行性、可操作性的重要指标，活动策划者应该对活动策划保持敬畏之心，慎之又慎，在活动执行前对活动效果进行预估，根据效果的预估适当地调整活动安排。

本任务的主要内容如下。

（1）活动预算的制定：了解 4 种常用的制定活动预算的方法，包括量入而出法、竞争对等法、业绩百分比法、目标任务法。

（2）活动效果的定性指标：区分活动过程的定性目标和活动结果的定性目标。

（3）活动效果的定量指标：了解常见的活动效果定量指标，分析定量指标体系的内容和要点。

知识储备

一、活动预算的制定

活动预算是以品牌活动支出为核心的预算，把特定的一场活动所需开支的费用详细列明，从活动、时间、组织环节、成本控制进行预算的制定和管理。活动支出既是一种费用，也是一种投资，费用预算过低可能会影响促销效果，过高又可能会影响品牌的利润，需要根据活动的目标、主题、内容、宣传渠道等合理制定。制定活动预算有 4 种常用的方法：量入而出法、竞争对等法、业绩百分比法、目标任务法。

量入而出法是以品牌能负担得起的活动费用为预算，量力而行。竞争对等法以主要竞争对手的或行业平均的活动费用支出水平为活动预算，如在推广 App 注册活动时经常会参考行业中吸引一名注册会员的平均费用，来预估活动的大概成本。业绩百分比法是指以目前或预估活动能带来的销量为基准乘以一定的百分比作为促销预算，以产出作为制定预算的标准。

目标任务法根据活动推广的目标制定预算，是目前最为常用的方法，也是对前面 3 种方法的综合应用。例如，某新品牌的新品发布会预算既要量力而行，也要参考行业场地、表演等费用平均水平，还要紧密结合活动的各个环节，以达到活动目标为导向，如图 5-17 所示。

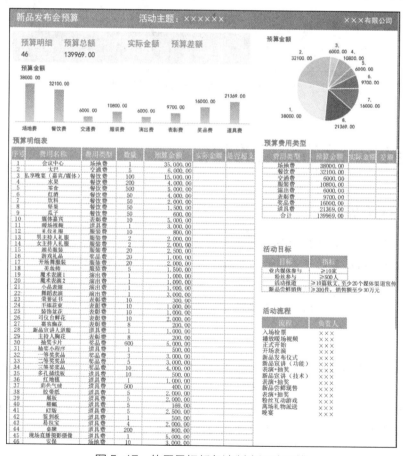

图 5-17　使用目标任务法制定活动预算

二、活动效果的定性指标

预估活动效果时，其中主观性较强、不能量化或难以量化的部分，例如活动创意、主题的制定、宣传海报等物料的制作等，通常需要通过定性指标来预估。

活动效果的定性指标主要依靠预估人员的丰富实践经验以及主观的判断和分析能力，推断出活动执行情况、发展趋势和活动效果，因此一般需要活动策划人员具有一定的实战经验和品牌敏锐度，以便做出较为准确的活动效果预估。

活动效果的定性指标主要分为两种：活动过程的定性指标、活动结果的定性指标，如图 5-18 所示。

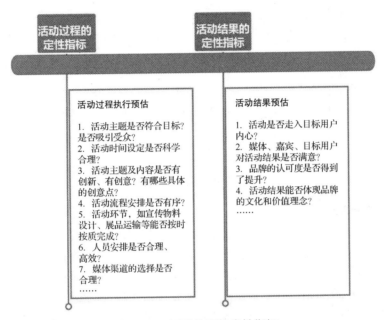

图 5-18　活动效果的定性指标

三、活动效果的定量指标

定量指标是可以准确地以数量定义、精确衡量的考核指标，通常参考活动的可量化目标制定，活动效果的预估大部分可以通过定量指标来实现。

1. 常见的活动效果定量指标

通常来说，综合线上和线下的活动，主要的定量指标体现在以下 7 个方面。

（1）软文浏览、点赞、转发量。

（2）信息触达用户的数量，例如群发邀请函的打开率。

（3）视频的播放量，例如直播、视频广告。

（4）投放媒体渠道的浏览量、留存量、转化率。

（5）线下活动到场用户的数量。

（6）活动期间成交量。（最核心数据）

（7）其他数据指标。

品牌活动主要通过传播行为维度、传播结果维度、业务增长维度、品牌价值维度 4 个维度的定量指标来预估活动效果，如图 5-19 所示。

	曝光类	互动类
传播行为维度	包含： 曝光量、 曝光成本控制、 阅读量、 播放量、 ……	互动类指标更关注用户对活动的互动反馈。例如： 点赞数量、 收藏数量、 评论数量、 转发数量、 ……
传播结果维度	通过传播行为产生的阶段性效果预估，包括： 用户的搜索行为（如关键词的搜索指数上升幅度）， 渠道媒体的传播行为引流到品牌的自媒体平台， 微信、微博、抖音等自有账号的粉丝量增加的数量， ……	
业务增长维度	关乎品牌业务增长的直接指标，如： 电商交易平台的流量、 用户数据销售线索增加的数量、 交易数量和交易额、 投入产出比（ROI）； ……	
品牌价值维度	品牌价值维度，主要指品牌知名度、美誉度、推荐度等，主要指标： 品牌用户推荐指数的提升幅度， 或用户推荐指数排行榜中的排名提升	

图 5-19　活动效果 4 个维度的定量指标

2. 定量指标体系

活动效果预估的本质是活动的执行能否达到活动的目标，而不仅每个活动目标不同，即使是同一个活动，其效果预估的各个定量指标的重要程度也有一定的差异，这就需要我们对效果预估的定量指标进行等级排序，也就是建立定量指标体系，以便更好指导和监督活动的执行。

值得注意的是，定量指标并不是越多越好，活动效果的预估最忌讳搞很多个指标，做非常复杂的效果预估公式。活动效果要有逻辑清晰的预估体系，包括最主要的定量指标，以及辅助的 1~2 个定量指标来预估活动效果。例如，某视频平台策划了"会员卡买一年送一年"的线上活动，围绕活动目标"提高会员卡销量"，按照相关的活动效果预估的定量指标，构建了定量指标体系，如图 5-20 所示。

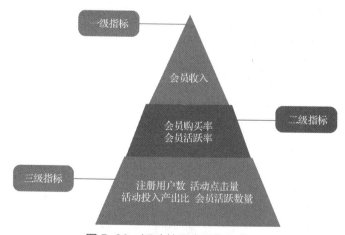

图 5-20　活动效果定量指标体系

品牌强国

响应国家品牌号召，逐步做大，走向高质量发展

2023 年，中粮品牌福临门食用油走过了 30 年的成长与蜕变，焕发出传统品牌的全新活力，这与近年来福临门响应国家品牌号召，不断开展品牌建设活动，在消费者心中建立起大国品牌形象有着莫大的关系。下面，我们来看福临门品牌如何通过近年来的活动策划，怀揣实业兴国梦，焕发品牌新动力。

在活动主题方面，福临门品牌深挖中国特色文化"福文化""家文化"，创新产品营销的同时提升品牌的高度。多个活动主题，如春节花式"送福到家""有家就有福临门""幸福临门时""福将计划""致敬与传承""让年更有幸福味"等打造出独特的传统文化内涵，也彰显了一种文化自信。

在活动内容方面，中粮福临门不仅是中国女排赞助商，也是中国航天事业赞助商，配合体育赛事和国家重大项目的营销活动是其重要的活动组成部分。中粮福临门与文化节目、文化集群开展联合营销活动，如与故宫跨界联动，为产品注入更深厚的文化底蕴和底气；深入产地直播，开展互联网新媒体线上活动互动，围绕产业发展、农民帮扶等创新营销活动，助力乡村振兴的同时吸引更多消费者深入了解福临门产品。

在媒体宣传方面，中粮福临门重视传统媒体的公信力和权威性，"大媒体+新媒体"双管齐下。福临门选择以央视传媒为主，从传统硬广到多渠道多栏目的植入广告合作、与互联网新媒体互动，2020 年以来，更是通过参与央视"品牌强国工程""品牌行动""品牌故事"等宣传活动和资源，与互联网新媒体渠道矩阵互补，线上线下打造"有家就有福临门"体验场景，持续提升品牌美誉度，传递大国品牌形象。

案例启示：越来越多的企业积极响应国家品牌号召，不断开展品牌建设、品牌活动策划与执行，跨过"不会说""不愿说""不敢说"的状态，不断强化讲好中国品牌故事的能力，逐步做大，走向高质量发展。

知识考核

一、单选题

1. 活动策划的核心任务是（　　　）。
　　A. 活动主题的制定　　　　　　　　　　B. 活动内容的设计
　　C. 宣传媒体的选择　　　　　　　　　　D. 活动效果的预估

2. 以下属于传统媒体渠道优势的是（　　　）。
　　A. 权威性　　　　　B. 覆盖面广　　　　C. 互动性强　　　　D. 成本低

3. 以下不属于品牌活动目的的是（　　　）。
　　A. 用户获取　　　　B. 用户激活　　　　C. 用户留存　　　　D. 用户价值

4. 以下不属于主题提炼的创意思考方法的是（　　　）。
　　A. 利用发散思维思考主题创意　　　　　B. 利用逆向思维思考主题创意
　　C. 利用顺向思维思考主题创意　　　　　D. 利用移植思维思考主题创意

5. 以下属于互联网新媒体给活动策划带来的挑战的是（　　）。

  A. 病毒传播　　　　　B. 流量激增　　　　　C. 公关危机　　　　　D. 信任危机

二、多选题

1. 以下属于活动主题制定方法的是（　　）。

  A. 基于活动目标定主题　　　　　　　　B. 基于活动受众定主题

  C. 基于活动流程定主题　　　　　　　　D. 基于活动效果定主题

2. 以下属于活动方式的是（　　）。

  A. 促销型活动　　　B. 公关型活动　　　C. 内部型活动　　　D. 众筹型活动

3. 以下属于活动流程制定的要素的是（　　）。

  A. 活动时间　　　B. 活动主题　　　C. 活动形式　　　D. 活动安排

4. 活动效果预估使用的指标是（　　）。

  A. 定性指标　　　B. 不定性指标　　　C. 定量指标　　　D. 不定量指标

5. 以下属于互联网新媒体宣传渠道的是（　　）。

  A. 微信　　　B. 微博　　　C. 抖音　　　D. 地铁广告

三、判断题

1. 活动主题的创意是魔法，是天才广告精英的专属。（　　）

2. 活动策划者在明确活动时间时，除了要考虑活动的具体日期、什么时候开始、什么时候结束、活动时长多长，还要考虑活动参与者、活动嘉宾或 KOL、天气、生活或风俗习惯、时事热点、适当选择节日等情况。（　　）

3. 活动支出既是一种费用，也是一种投资，费用预算过低可能会影响促销效果，过高又可能会影响品牌的利润。（　　）

4. 活动效果的定性指标不能量化，不具备参考价值。（　　）

5. 活动效果的定量指标越多越好。（　　）

四、案例分析

伊利集团位居全球乳业五强，连续九年蝉联亚洲乳业第一，是我国规模最大、产品品类最全的乳制品企业，也是在亚洲、欧洲、美洲、大洋洲实现产业布局的国际化企业。

要问我国哪家企业赞助体育赛事的经验最丰富，伊利一定是佼佼者之一。从北京奥运会，到武汉军运会，在万众瞩目的体育盛事舞台上，总是能看到伊利的身影。在成功赞助北京冬奥会后，伊利马不停蹄，2023 年又携手杭州亚运会，成为杭州亚运会官方乳制品独家供应商。

请根据杭州亚运会伊利一系列的赛事营销活动分析：伊利采用了哪些方法制定活动主题？举办了哪些线上线下活动？又是如何选择媒体宣传渠道几乎触达所有潜在消费者的？

 **AI 辅助实操**

为网易有道策划一次宣传活动

实训背景

网易有道成立于 2006 年，打造了一系列深受用户喜欢的口碑型大众学习工具产品和服务，包括有道词典、有道词典笔等软硬件学习工具，以及素养类课程、大学与职场课程等在线学习平台。目前，全线产品月活跃用户超 1.2 亿人。

实训目标

1. 通过搜集网易有道的活动，分析活动形式及特点。

2. 通过搜集网易有道的公益活动，分析活动的创意。

3. 通过网易有道的品牌活动分析，培养活动策划的实践能力和创新能力。

实训操作

借用常见的 AIGC 平台（如豆包、智谱清言等），综合运用智能对话和创意智能体辅助实训操作完成以下要求。（提示：可以使用品牌"发现 AI 智能体"功能找到已有的公开发布的智能体，过滤标签"创意""创作"等指示词，搜索合适的智能体进行试用。）

1. 开展在线教育市场分析，了解网易有道的受众、行业竞争、市场定位等。

2. 分析网易有道活动策划的流程，完成以下分析项目：活动目标、活动主题、活动内容、宣传媒体、活动效果预估。

3. 举例探讨网易有道活动策划的可操作性，完成活动流程及其规则说明至少一份。

实训成果

1. 品牌活动策划的流程表及规格说明。

2. 品牌活动策划方案。

项目六 活动实施　实现品牌增长

学习目标

知识目标

1. 掌握活动实施的管控方法
2. 掌握活动数据跟踪的方法
3. 熟悉危机事项的处理方法
4. 掌握品牌活动总结的方法

能力目标

1. 能够建立活动实施的整体策划
2. 能够综合评价销售数据指标
3. 能够组建危机管理团队
4. 能够撰写活动总结报告

素养目标

1. 培养品牌策划操作流程
2. 培养对危机管理的理解能力
3. 培养品牌活动策划能力
4. 加深对品牌与商标概念与内涵的理解

思维导图

【数字营销技术应用】（高级）

工作领域	工作任务	职业技能要求
营销关系交易与回报	营销关系交易与回报分析	1. 能合法、合规地使用营销数据，利用费用效益分析法量化分析数字营销效果，完成营销效果评估 2. 能遵循合法、正当、必要的原则使用触达客户数据，分析信息触达效果，完成客户触达渠道方案优化 3. 能遵循合法、正当、必要的原则使用客户交易数据，完成客户关系连接方案优化，提高营销投资回报率

片仔癀化妆品的"跨年霓彩秀"

2023年12月31日，在新年钟声即将敲响之际，福建片仔癀化妆品有限公司（以下简称"片仔癀化妆品"）东方新国妆系列"跨年霓彩秀"亮相长沙、福州、南昌等国内重点城市核心地段新华屏媒。同时，其皇后宣娇锦绣礼盒也登录新华社客户端、新华财经App等新媒体的首页开机屏及焦点图，依托其媒体资源、传播渠道和智库力量，加快提升片仔癀化妆品品牌的知名度和影响力，让更多消费者了解到片仔癀化妆品的产品特色、核心价值与企业情怀。

以往品牌的线下宣发多以传统媒体为主，但在社交流量时代，年轻消费者很难通过传统媒体转化，而本次片仔癀化妆品"跨年霓彩秀"主题营销覆盖线上线下，可以全方位地实现品牌曝光，吸引更多类型的消费者。图6-1所示为片仔癀化妆品"跨年霓彩秀"登录新华社客户端、新华财经App等新媒体平台。

拓展阅读

片仔癀化妆品与多家门店联动，助力终端营销

图6-1 片仔癀化妆品"跨年霓彩秀"主题营销登录各大媒体平台

案例启示： 片仔癀化妆品将精准的情绪捕捉、创新整合营销全面造势、数字化+沉浸式终端体验相结合，引发消费者与品牌的共鸣，从而实现品牌增长。

任务一 活动实施的管控

任务分析

活动实施的管控是指通过科学的方法，以实现特定目标，有效地组织和管理活动的过程。活动实施的管控对活动成功起着至关重要的作用。在活动实施前，首先需要明确活动的目标和内容，使活动更具有针对性和可操作性。因为活动通常处于复杂多变的环境中，所以组织者需要建立有效的实施管控，落实活动策划案。

本任务的主要内容如下。

（1）活动任务分解：综合运用 WBS 和责任分配矩阵开展活动任务分解。

（2）活动时间管理：综合运用甘特图计划和关键路径法进行活动时间的把控。

（3）活动费用管控：了解活动费用管控的内容和依据。

（4）活动进度控制：分析活动偏差，了解活动变更的原因并有针对性地开展活动变更管理。

（5）活动团队管理：掌握团队管理的 6 个步骤。

知识储备

一、活动任务分解

活动任务分解是活动实施管控的基本方法，它能够使活动根据目标进一步分解为具体的工作职责。活动任务分解是将活动分解成较小的更便于管理的多项工作，再辅以工作职责进行管控。

1. 使用 WBS 分解活动任务

常用的活动任务分解方法是工作分解结构（Work Breakdown Structure，WBS）法，分解思路主要有结构化分解、过程化分解和模板法分解 3 种。

（1）结构化分解是将活动总目标分解为子目标、可执行目标，分解结果通常是树形结构。

（2）过程化分解是将活动分解为许多相互依赖的子过程或阶段，每一子过程或阶段再进一步分解成许多工作过程。

（3）模板法分解是借用活动所需专业技术领域中的标准化和通用化的活动工作分解结构模板，然后根据活动的具体情况和要求，进行必要的增加和删减而得到活动工作分解结构的方法。

WBS 的使用要点主要有以下 6 点。

（1）分解自上而下，逐级进行分解。

（2）对于小活动，分解层级一般4～6级就足够了，层级越多越不易于管理。

（3）节点最终分解到一个人一天的工作量为宜。

（4）相同任务只能在WBS的一个节点上出现，不能出现工作重复的节点内容。

（5）一个任务节点也只能一个人负责，其他人配合。

（6）分解的任务节点应该与实际工作情况一致，这样才能对活动进行指导。图6-2所示某新产品发布会的活动WBS，首先分解为准备阶段、发布会现场和结束阶段3个阶段，每一个阶段再具体细分相关工作，分解思路主要是过程化分解。

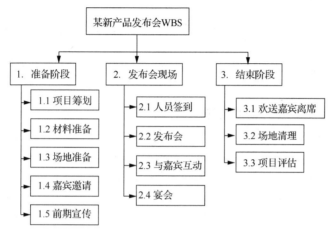

图6-2　某新产品发布会的活动WBS

2. 运用责任分配矩阵分配任务

责任分配矩阵是一种将所分解的工作任务落实到活动有关部门或个人，并明确表示出他们在组织工作中的关系、责任和地位的方法和工具。责任分配矩阵在工作分解结构的基础上建立，以表格形式明确地表示出工作分解结构中的每项工作由谁负责、由谁具体执行，并且明确了每个人在整个活动中的地位。

在活动实施的过程中，如果活动中某个子活动出现了问题，很容易从责任分配矩阵中找出该活动的负责人和具体执行人，还可以针对某个子活动分别制定不同规模的责任分配矩阵。

责任分配矩阵通常是一种矩阵图，行表示组织单元，列表示工作单元。矩阵中的符号表示活动组织单元在每个工作单元中承担的角色或责任。表示工作任务参与类型的符号有多种形式，例如数字、字母或几何图形。活动的管理角色和责任可用符号表示。表6-1所示为某新产品发布会的工作责任矩阵。

表6-1　某新产品发布会的工作责任矩阵

时间	议程	礼仪组	主持人	总经理	产品经理	技术经理
13:30—14:00	人员签到	▲	○			
14:00—14:20	主持人上场	○	▲			
14:20—14:50	开场节目	▲	○	○	○	○
14:50—15:10	领导致辞	○	●	▲	○	○

续表

时间	议程	礼仪组	主持人	总经理	产品经理	技术经理
15:10—15:30	产品介绍	○	○	○	▲	●
15:30—15:45	抽奖环节	○	▲	○	○	○
15:45—16:30	现场沟通	○	▲	○	○	○

注：▲——负责　●——辅助　○——参与

二、活动时间管理

活动时间管理是指在规定的时间内，制订合理且经济的时间计划，进而执行该时间计划。在执行该计划的过程中，需要经常检查实际进度是否按计划要求进行。若出现偏差，就要及时找出原因，采取必要的补救措施或调整、修改原计划，直至活动完成。常用的时间管理方法包括甘特图计划和关键路径法等。

1. 使用甘特图计划进行时间管理

甘特图又称条线图或横道图，是最原始的表示工作进度的一种方法，可以表示工作的开始和结束时间，但是不能反映工作之间的相互限制关系，但是其具有直观、易读的特点。甘特图是一个二维平面图，横维表示进度或活动时间，纵维表示工作内容。图 6-3 所示为某产品市场调研活动甘特图。

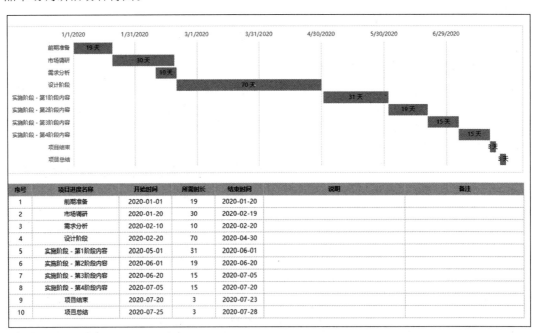

图 6-3　某产品市场调研活动甘特图

2. 运用关键路径法把控重要活动时间

运用关键路径法可以确定出活动各工作的最早、最迟开始和结束时间，通过最早与最迟时间的差额可以分析每一个工作相对时间的紧迫程度及工作的重要程度。这种最早与最迟时间的差额称为时差，时差为零的工作通常称为关键工作。运用关键路径法的主要目的是确定活动中的关键工作和关键路径，以保证实施过程中能抓住重点工作和主要矛盾，从而保证活动的如期完成。

例如，唐僧师徒从长安出发去西天取经，佛祖规定只有四人一起到达西天方能取得真经。假如师徒四人分别从长安出发，走不同的路去西天：孙悟空一个筋斗云十万八千里，一盏茶的工夫就到了；八戒和沙和尚稍慢点也就一天左右的时间；而唐僧最慢需要 14 年左右。徒弟到达后是要等着师傅的。那么用时最长的唐僧所走的路，就是取经任务中的关键路径。其他人走的路径属于非关键路径。

图 6-4 所示为关键路径法示意，a_i 代表活动中的细分任务，a_1、a_2 和 a_3 可以并行进行，所以要估算完成活动的时间，就要找到从源点到汇点的最长路径，这条路径就叫作关键路径（Critical Path）。V_1 是源点，V_9 是汇点，关键路径的长度为 a_1、a_4、a_7 和 a_{10} 的总和，即 $6+1+9+2=18$。

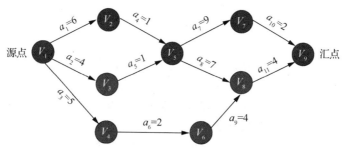

图 6-4　关键路径法示意

品牌强国

华发年中现房节活动

珠海华发集团在 6 月进入年中业绩冲刺的关键时期，借助"6·18"营销主题活动，举办"聚惠 6·18 华发年中现房节盛典"四盘联动活动，通过线上品牌发声、营销造节等形式开展线上线下促销活动，释放福利优惠。图 6-5 所示为华发年中现房节活动安排。

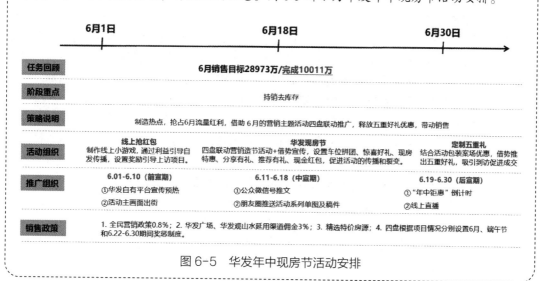

图 6-5　华发年中现房节活动安排

6月16日至19日活动期间，各项目开始发动宣传，进行朋友圈单图、小视频和公众微信号等密集"轰炸"，刺激围观，浏览人次大幅上升，留电人数呈轻微起伏，成功引流意向客户。6月26日至27日华发现房节线上直播，置业顾问以"五重好礼"吸引客户，实现来访增长。

线上活动效果：直播期间合计观看量为9477人次，共点赞12345个，共评论98次；其间直播间被10人分享12次；获电人数113人，购房优惠券22批，核销数量20批。线下活动效果：累计到访37组，参与惊喜好礼29批、现房优惠16批、分享有礼8批、推荐有奖12批、现金红包11批。

案例启示：营销活动通过到访有礼、邀请好友参与获得现金红包，成功引流意向客户。活动形式受到好评后，后期可考虑结合大节点阶段性地举行类似活动，扩大宣传信息覆盖面。

三、活动费用管控

活动费用管控就是在活动实施过程中，通过开展活动费用的监督和管理，努力使活动的实际费用处于受控状态，同时将活动费用控制在活动预算范围内的管理工作。因为随着活动实施的开展，活动实际发生的费用会不断发生变化，所以实施者需要不断监督和控制活动的实际花费并修正活动的成本估算和预算。

活动费用管控的具体工作是监测活动实际费用的发展变化，发现活动实际开销中出现的各种偏差，积极采取各种纠偏措施，从而削减活动开销，以及确保活动实际发生的开销及其变更都能够有据可查，防止不正当或未授权的活动费用变更和不合理费用被列入活动实际成本，做好活动不可预见费用的使用管理等。

活动费用管控的依据包括活动实际费用情况报告、活动各相关方的变更请求，以及活动费用管理计划。

四、活动进度控制

1. 活动偏差分析

偏差是指品牌活动实际发生的状态与计划、标准相比较所存在的差异。有利于活动目标实现的偏差称为有利偏差，也叫正偏差，如进度提前、费用节约和质量提高等。不利于活动目标实现的偏差被称为不利偏差，也叫负偏差，如进度延误、费用超支和质量下降等。

活动实施过程中要不断进行偏差分析，对所出现的偏差应按照如下步骤处置。

（1）原因分析：分析产生偏差的原因。

（2）系统分析：站在活动全局的角度分析所出现的偏差，判断偏差对活动整体所产生的影响。

（3）对策分析：根据不同的偏差采取不同的对策。出现有利偏差一般采取引导措施，出现不利偏差一般采取纠正措施。

（4）采取对策：将所确定的对策加以贯彻、落实。

（5）总结、评估：对偏差处置的效果进行总结、评估，判断是否已经解决了所出现的问题。如果仍未见效，则应进入下一个回合。

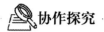

协作探究

常用的进度偏差分析方法

在活动执行过程中，为了更好地管理活动，分析进度偏差是必不可少的。下面介绍几种分析进度偏差的方法。

（1）实施图表分析：利用图表分析，从活动的计划和实际时间表的角度，对比计划进度和实际进度，可以及时检测和分析进度偏差，从而及时掌握活动进度困境，采取积极措施及时纠正。

（2）应用百分比计划：通过比较活动的实际完成情况和计划完成情况，实现对活动进度的控制，进而对活动进度偏差进行分析，提出相应的纠正措施。

（3）利用故障树分析：在故障树分析中，将活动进度分析作为前提条件和控制措施，以更全面的视角，定义时间的关键点，分析问题原因，有效地控制和管理活动进度，以及及时发现和分析进度偏差。

（4）建立风险响应模型：在活动计划执行过程中建立风险响应模型，进行定期的风险评估，分析活动执行过程中的偏差，分析潜在的风险，有效地控制活动的进度。

协作任务： 请以小组为单位，查找相关资料，讨论如何进行活动管理中的进度偏差分析。

2. 活动变更控制

在活动实施过程中，客户需求变更、技术改进、其他外部环境变化、活动中突发状况、风险管理、资源限制、团队变动等情况会引发活动变更请求。活动管理团队要及时识别和应对活动实施中的变更请求，做好规范的活动变更控制，以确保活动的顺利进行和成功交付。

（1）识别变更请求：活动变更可以来自活动团队、客户、管理层等。在开始变更控制之前，活动经理需要建立一个识别变更请求的机制，以确保所有变更请求都得到适当的处理。

（2）评估变更请求：活动经理需要对所有变更请求进行评估，确定其对活动的影响，包括成本、进度和质量等方面。在评估过程中，活动经理需要与活动利益相关者和团队成员进行沟通和协调，以确定最佳的变更方案。

（3）批准变更请求：一旦确定变更请求，活动经理需要将其提交给活动管理委员会或其他相关方进行审批。审批程序应该包括对变更影响的详细分析和评估，以及对变更请求的最终批准或拒绝决定。

（4）更新活动计划：批准变更请求后，活动经理需要更新活动计划，包括进度、成本和质量等方面的变化。更新计划需要与活动利益相关者和团队成员进行沟通、协调，以确保所有人都了解变更后的计划和目标。

（5）实施变更请求：在更新活动计划后，活动经理需要确保变更请求得到正确实施。这可能涉及与团队成员和供应商进行沟通、协调，以确保所有任务都得到适当的处理。活动经理还需要对变更请求进行监控和跟踪，以确保变更请求得到正确执行。

（6）控制变更范围：在变更控制过程中，活动经理需要确保变更请求不会导致变更范围的不断扩大。为了控制变更范围，活动经理应该制订清晰的变更管理计划，并与活动利益相关者和团队成员进行沟通、协调，以确保所有人都了解变更范围的限制和约束。

（7）跟踪和记录变更请求：在变更控制过程中，活动经理需要跟踪和记录所有变更请求，包括变更的原因、影响和结果。跟踪和记录变更请求可以帮助活动经理识别趋势和模式，并

提供数据支持活动绩效评估和决策。

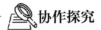**协作探究**

活动变更控制的常见技巧

（1）建立变更管理流程：建立一个明确的变更管理流程，确保所有变更请求都得到适当的处理。这可以包括规定变更请求的提交方式、评估和批准程序、更新计划和实施变更请求的方法，以及如何跟踪和记录变更请求等方面。

（2）确保变更与活动目标一致：所有变更请求都应该与活动的目标和计划一致。如果变更请求可能会导致活动目标的变化，活动经理需要与活动利益相关者进行沟通，并在更新计划前获得批准。

（3）建立优先级：在处理多个变更请求时，建立优先级可以帮助活动经理决定哪些变更请求应该得到优先处理。优先级可以基于影响、成本、紧急性等因素进行划分。

（4）跟踪变更影响：在变更控制过程中，活动经理需要跟踪变更的影响，包括成本、进度和质量等方面。这可以帮助活动经理及时调整活动计划和预算，以确保变更不会对活动产生负面影响。

（5）沟通和协调：在变更控制过程中，活动经理需要与活动利益相关者和团队成员进行沟通和协调，以确保所有人都了解变更请求和计划的变化。沟通可以通过会议、电子邮件、文档等方式进行。

总之，活动变更控制是活动管理中不可或缺的一部分。一个好的变更控制机制可以确保活动的目标得到实现，并最大限度地减少活动的风险。通过建立明确的变更管理流程、确保变更与活动目标一致、建立优先级、跟踪变更影响以及沟通和协调等技巧，活动经理可以有效地管理和控制活动的变更。

协作任务：请以小组为单位，查找相关资料，分析活动变更的常见原因和应对方法。

五、活动团队管理

团队是指在工作中紧密协作并相互负责的一群人，他们拥有共同的目的、绩效目标及工作方法，且以此自我约束。或者说，团队就是指为了达到某一确定目标，由分工与合作及不同层次的权利和责任构成的人群。

在活动实施中，管理好团队是至关重要的。管理团队一般包括以下6个步骤。

（1）明确目标和分工：确保每个团队成员都清楚地了解产品的营销目标和计划。明确每个成员的职责和分工，使他们能够专注于自己的任务，并为实现整体目标做出贡献。

（2）建立良好的沟通机制：鼓励团队成员之间的积极沟通和协作。定期召开团队会议，分享进展、交流想法和解决问题。同时，建立有效的沟通渠道，以便团队成员可以随时向活动经理反馈问题和建议。

（3）激励和奖励机制：设定明确的奖励机制，以激励团队成员努力工作并实现目标。这可以包括提供绩效奖金、晋升机会、表彰和奖励等。确保这些奖励与团队和个人的绩效直接相关，以增强激励效果。

（4）提供培训和支持：为团队成员提供必要的培训和支持，以提高成员的知识和技能水平。这可以包括内部培训、外部研讨会、在线课程等。不断提高团队的专业水平，以便更好地应对市场挑战并实现营销目标。

（5）监控和评估绩效：监控和评估团队成员的绩效，以便及时发现问题并采取相应措施。设定明确的绩效指标，确保每个团队成员都了解自己的工作目标和预期成果。定期与团队成员进行一对一的反馈和指导，帮助团队成员改进工作并提高绩效。

（6）培养团队精神：鼓励团队成员之间的合作，培养团队精神。组织团队建设活动，增强团队凝聚力和归属感。通过共同的努力，企业将能够建立一个高效、协作和富有创造力的团队，从而实现活动实施的成功。

AIGC 赋能

泰摩咖啡：利用 AI 评论助力品牌提升引流转化

泰摩咖啡，以其独特的咖啡文化和优质的咖啡产品，在咖啡市场中独树一帜。2023 年，泰摩咖啡在著名众筹平台 Kickstarter 上发起一款电动磨豆机的众筹，且收到 10000 多名支持者的筹资，总金额达 670 万美元。

这次众筹活动的创纪录表现通过引入"AI 评论"技术，成功实现并有效提高了品牌的引流转化效率，展示了 AI 技术在品牌营销中的巨大潜力和价值。

配套视频

泰摩咖啡机广告

AI 评论的应用：通过 AI 技术对用户的行为和偏好进行深入分析，并利用"AI 评论"功能生成个性化的评论内容。这些评论不仅具有高度的针对性和互动性，还能准确捕捉用户的兴趣点，引发用户的共鸣。AI 评论还具备实时更新的能力，能够根据众筹活动的进展和用户的反馈，及时调整评论内容和策略，确保评论的时效性和有效性。

提高引流转化效率：AI 评论的引入使得泰摩咖啡的众筹活动在社交媒体等平台上获得了更高的曝光度和关注度。用户通过浏览和与 AI 评论互动，对泰摩咖啡的新品产生了浓厚的兴趣，进而增强了参与众筹的意愿。同时，AI 评论还能根据用户的反馈和互动情况，为泰摩咖啡提供精准的用户画像和市场需求分析，帮助品牌更好地了解用户需求，优化产品设计和营销策略，进一步提高引流转化效率。

实现品牌增长：通过 AI 评论的助力，泰摩咖啡的众筹活动取得了空前的成功，不仅筹集到了足够的资金用于新品研发和生产，还成功吸引了大量新用户的关注和参与。这些新用户成为泰摩咖啡的忠实粉丝，为品牌的长期发展奠定了坚实基础。

案例启示：品牌在未来的发展中，需要更加注重数据与技术的融合。通过利用先进的数据分析技术和人工智能技术，品牌可以更好地洞察市场趋势，优化产品和服务，实现更高效的营销和增长。

任务二　活动数据的跟踪

**任务分析**

随着互联网和信息技术的发展，市场营销方式发生了巨大变化。营销策划的核心已经由传统的产品推送转变为基于消费者需求的精准营销。而活动数据跟踪作为精准营销的基

石，对于营销策划来说，是至关重要的。企业通过数据跟踪，可以了解消费者行为，从而为营销策划提供准确的目标人群；可以评估营销效果，优化营销策略，提升营销效果；可以加强品牌管理，及时发现问题并进行调整，提升品牌形象。

本任务的主要内容如下。

（1）品牌数据指标的跟踪：了解品牌跟踪的 5 个维度，并在此基础上分析品牌数据常见指标，包括达标率、同期业绩增长率、坪效、人效等指标。

（2）销售数据指标的跟踪：分析常见的销售数据，包括销售额、平均销售额、销售增长率、销售利润率、客单价、客户数增长率、销售渗透率等数据。

知识储备

在商业活动中，关键绩效指标（KPI）可帮助分析大局并评估战略。品牌活动比任何其他形式的营销都更依赖于使用 KPI 来分析品牌活动的达成情况。

一、品牌数据指标的跟踪

1. 品牌跟踪的 5 个维度

在时间上的品牌跟踪需全面监测和分析品牌接触点数值按时间序列的变化情况和趋势，从而探知品牌生态位的变化情况，为品牌建设提供数据支持。在空间上的品牌跟踪需要截取一个时间点或时间段，全面检测品牌母体各个结构（包括品牌树冠、树干、树根）的"健康状况"，评估品牌所处的生态环境状况（国家政策、行业现状），描述处于同一个生态群落的竞争者和合作者的生态位并评估其对品牌母体的影响。

品牌跟踪的 5 个维度包括品牌表现、品牌形象、品牌价值、广告宣传的有效性、消费者需求，如图 6-6 所示。

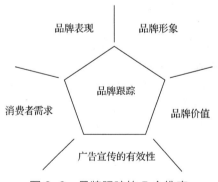

图 6-6　品牌跟踪的 5 个维度

（1）品牌表现

品牌知名度、使用率（消费者过去 7 天、过去 1 个月或者过去 3 个月内使用的品牌以及不同品牌使用的量，具体的时间段视产品的类型而定，例如对于快速消费品相对设定的时间会短一些，而对于耐用消费品相对设定的时间会长一些）和购买意向是用来进行品牌检验的关键绩效指标。除此之外，在这一部分还会结合品牌区隔和品牌转换两个方面作为品牌表现的另一层面的检验指标。

（2）品牌形象

品牌形象是指品牌在消费者心目中的印象，或者说消费者认为它是一个具有什么样特点的品牌。对于品牌形象的跟踪可以帮助企业评估广告宣传在树立品牌形象方面的有效性，也可以让企业了解广告的诉求是否可以被消费者很好地理解并有助于建立品牌形象。通常来说，对于品牌形象的评价会从功能性和情感性两个角度考虑。企业会通过定性研究收集消费者在评价一个品牌时的具体感受，并在定量研究中通过对应分析、交叉分析等方法获取消费者对于产品品牌形象的评价。

（3）品牌价值

品牌价值是唯一可以量化的评估品牌能够被消费者所感知的情感利益和功能利益的一个指标。品牌价值可以从品牌表现和消费者对于品牌的忠诚度两个角度进行衡量，品牌在各指标上的表现可以通过询问和打分的形式获取。除此以外，从品牌的质量、相关性、流行性、独特性及熟悉度等5个角度也可以进行品牌价值的衡量。

（4）广告宣传的有效性

品牌跟踪还包括了广告宣传的有效性维度。对于广告宣传有效性的评估，不仅可以帮助企业衡量广告的投入和产出，确定投入的有效性，还能够评估广告在提升品牌认知度方面的有效性。

（5）消费者需求

消费者需求研究主要包括需求研究、消费趋势研究（产品品类延伸的趋势）、产品可替代性研究等。具体分析时可以首先使用定性研究的方式，循消费者产品购买及消费行为链中的环节逐一进行需求的深度挖掘，并以需求树的形式对消费者需求进行分类和分级。然后可以通过定量研究，逐一确定消费者对各需求点的重要性及满意度评价，并通过因子聚类等高级分析模型进行消费者重要未满足需求的分析，在此基础上对目标市场进行细分，为品类规划和品牌建设提供数据的支撑。

2. 品牌数据分析常见指标

（1）达标率公式

达标率是指计划或任务在规定时间内完成的百分比。它是一个衡量个人、团队或组织工作效率和执行力的重要指标。达标率的高低可以反映计划执行的效果和任务完成的质量。达标率的计算公式：达标率=一定时期内营业额÷一定时期内业绩指标×100%。例如，一月份的业绩指标为40万元，实际完成额为38万元，则一月份的达标率=38万÷40万×100%=95%；若一月份的指标为40万元，实际完成额为42万元，则一月份的达标率为105%。达标率反映门店业绩达成的能力，达标率越高，门店的业绩达成能力也越高。

（2）同期业绩增长率公式

同期业绩增长率是指当前数据与上一期同一时间段的数据相比的增长率。同期业绩增长率的计算公式：同期业绩增长率=（年\月\周当期营业额－同期营业额）÷同期营业额×100%。例如，某店2022年营业额为320万元，2021年营业额为200万元，则2022年的业绩增长率=（320－200）÷200×100%=60%，即表示相比2021年，2022年同期业绩增长了60%。又如，某店二月份的营业额为20万元，一月份的营业额为35万元，则二月份相比一月份的业绩增长率=（20－35）÷35×100%=－43%，即表示相比一月份，二月份的业绩下滑了43%。当同期业绩增长率为正数时，表示业绩增长；当其为负数时，表示业绩下滑。当同期业绩增长率＞0，企业的营业收入有增长，指标值越高，增长速度越快，市场前景越好；当同期业绩增长率＜0，则说明存在产品或服务不适销对路、质次价高等问题，市场份额萎缩。

（3）坪效公式

坪效是一个衡量商业场所经营效益的指标，它指的是每平方米面积上所产生的营业额。坪效的计算公式：坪效=营业额÷门店营业面积。坪效分为日坪效、月坪效。日坪效的计算公式：日坪效=当日营业额÷门店营业面积。例如，某店的营业面积为100平方米，当日营业额为8000元，则这个店铺的日坪效=8000÷100=80（元/平方米）。月坪效的计算公式：月坪效=当月营业额÷门店营业面积。例如，某店的营业面积为1000平方米，当月营业额为50000元，则这个店铺的月坪效=50000÷1000=50（元/平方米）。坪效可以用于分析门店营业面积的生产力。

（4）人效公式

人效是指企业或组织在一定时间内人力资源利用效率的体现，是衡量企业人力资源效益的核心指标。人效的计算公式：日人效=日营业额÷当日总人数；周人效=周营业额÷当周总人数；月人效=月营业额÷当月总人数。例如，某店某天的营业额为9000元，某店的总人数为9人，则当日人效=9000÷9=1000（元/人）。人效反映门店员工销售能力与排班用人的合理性。根据人效指标，有针对性地对那些能力弱的员工进行培训，可以提高他们的销售能力。

二、销售数据指标的跟踪

销售数据分析是企业管理中非常重要的环节之一，可以帮助企业了解市场需求、制定销售策略、优化销售流程等。在进行销售数据分析时，常常需要使用一些公式和指标来计算和评估销售绩效。

1. 销售额（Sales Revenue）

销售额是指企业在一定时期内通过销售产品或提供服务所获得的总收入。计算销售额的公式如下：销售额=单价×销量。例如，某公司在某月份共销售了100件产品，每件产品的单价为100元，则该月份的销售额=100×100=10000（元）。

2. 平均销售额（Average Sales Revenue）

平均销售额是指企业在一定时期内的平均每笔销售的收入。计算平均销售额的公式如下：平均销售额=销售额÷销量。例如，某公司在某月份的销售额为10000元，销售了100件产品，则该月份的平均销售额为10000÷100=100（元/件）。

3. 销售增长率（Sales Growth Rate）

销售增长率用于衡量销售额在不同时间段之间的增长情况。计算销售增长率的公式如下：销售增长率=（当前销售额－前期销售额）÷前期销售额×100%。例如，某公司在去年某月份的销售额为5000元，今年同一月份的销售额为10000元，则销售增长率为（10000－5000）÷5000×100%=100%。

4. 销售利润率（Sales Profit Margin）

销售利润率用于衡量销售利润占销售额的比例。计算销售利润率的公式如下：销售利润率=销售利润÷销售额×100%。例如，某公司在某月份的销售额为10000元，销售利润为2000元，则销售利润率为2000÷10000×100%=20%。

5. 客单价（Average Order Value）

客单价是指平均每个订单的销售额。计算客单价的公式如下：客单价=销售额÷订单数量。例如，某公司在某月份共有 10 个订单，销售额为 10000 元，则该月份的客单价为 10000÷10=1000（元/个）。

6. 客户数增长率（Customer Growth Rate）

客户数增长率用于衡量客户数量在不同时间段之间的增长情况。计算客户数增长率的公式如下：客户数增长率=（当前客户数－前期客户数）÷前期客户数×100%。例如，某公司去年某月份的客户数为 1000 个，今年同一月份的客户数为 1500 个，则客户数增长率为（1500－1000）÷1000×100%=50%。

7. 销售渗透率（Sales Penetration Rate）

销售渗透率用于衡量企业在特定市场或客户群体中的销售份额。计算销售渗透率的公式如下：销售渗透率=销售额÷市场潜力×100%。例如，某公司在某市场的销售额为 10000 元，该市场的总潜力为 50000 元，则销售渗透率为 10000÷50000×100%=20%。

通过以上的销售数据分析公式，企业可以更好地了解自身的销售情况和销售绩效，并根据分析结果制定相应的销售策略和决策。在实际应用中，企业还可以结合其他指标和数据进行综合分析，以获得更全面的销售数据分析结果。

 **协作探究**

某房地产楼盘营销活动案例

1. 活动策略

线上活动推广+线下氛围包装+特惠房及折扣逼定。

2. 活动计划

（1）利用"6·18"现房节活动的额外 2%折扣优惠及定制三重礼，利用线上天猫好房、视频号、置业通公众号、朋友圈广告等多渠道进行线上活动宣传。

（2）线下进行盛夏风车节活动包装，给予外部渠道及拓客邀约口径，营造案场热销氛围。

（3）包装天地特价房源，以价格优势吸引客户到访后，利用优惠折扣进行逼定。

3. 活动效果

（1）6 月总来访 386 批，环比 5 月 355 批，客户增长率 8.7%。总成交金额 7653 万元，环比 5 月 6623 万元，销售额上升 15.6%。已超额完成 6 月销售指标。

（2）活动整体参与人数 490 人，销售线索 4 条，整体购房优惠券数为 17 个，核销数 14 个。活动举办较为成功。

4. 活动亮点

（1）费用低。总花费 5583 元，发放礼品 168 份，吸引 1985 人参与，其中有效可跟进客户 120 组。

（2）礼品选择抢热点、抓痛点、强时效。抓住当下热点电视剧均为腾讯视频收费播出契机，选择"腾讯视频会员卡"作为礼品，线上兑换及时拿到奖品，活动可信度得到验证，从而刺激转发分享。

（3）线上预热、线下激活。线上线下充分结合，联动社群传播、4 场看房直播引流，持续 7 天不断发声。图 6-7 所示为该房地产楼盘线上线下营销活动。

| 活动流程说明界面 | 朋友圈推广设计 | 腾讯视频VIP礼卡包装 |

图 6-7　某房地产楼盘线上线下营销活动

协作任务：请以小组为单位，通过网络搜索某产品营销活动的数据，对该品牌销售数据指标进行分析，并进行交流。

任务三　危机事项的处理

任务分析

危机事项的处理是公共关系活动中被日益重视的管理思想和生存策略，特别是在全球化加剧的今天，企业或组织一个小小的意外或事故就会被扩大到全国甚至更大的范围，产生严重的后果。

本任务的主要内容如下。

（1）品牌危机预警：了解品牌危机处理的 7 个原则，以及品牌危机处理的流程。

（2）组建危机管理团队：了解构建企业危机管理团队的 6 个关键步骤。

（3）品牌危机响应：了解遭遇品牌危机时企业应采取的应对措施。

（4）持续监控反馈：分析如何为品牌建立持续监控并设计反馈机制。

知识储备

一、品牌危机预警

品牌预警是指对品牌动向和实时动态进行监测、检测和警示，并针对品牌的现状提出解决方案。品牌预警是品牌管理的一个必要辅助系统，其重要性体现在对品牌的动态掌握及提高企业品牌的快速应对能力。

品牌预警的目的是及时发现品牌操作中存在的各种偏差、在国内外所受到的侵权或威胁，并果断地采取措施予以制止。其中，全程性、全面性、全员性、观念性和互动性是品牌预警系统的重要特征。

1. 品牌危机处理的 7 个原则

（1）主动性原则：任何危机发生后，不可回避和被动应付，要积极直面危机，有效控制局势。

（2）快速性原则：对危机的反应必须迅速，无论是对受害者、消费者、社会公众还是对新闻媒体。

（3）诚意性原则：企业要有诚意，保护消费者利益，减少受害者损失。

（4）真实性原则：企业必须向公众陈述事实的全部真相。

（5）统一性原则：危机处理必须协调统一，宣传解释、行动步骤统一到位。

（6）全员性原则：员工不是危机处理的旁观者，而是参与者，应发挥其宣传作用。

（7）创新性原则：危机处理既要充分借鉴过去成功的经验，也要根据危机的实际情况，借助新技术、新信息和新思维，大胆创新。

2. 品牌危机处理的流程

（1）迅速组成处理危机的应变总部。

（2）搞好内部公关，取得内部公众的理解。

（3）迅速收回不合格的产品。

（4）设立一个专门负责的发言人。

（5）主动与新闻界沟通。

（6）查清事实，公布造成危机的原因。

（7）处理危机中的谣言。

二、组建危机管理团队

一个强大的危机管理团队可以帮助企业在面对危机时更好地应对，并减少损失。构建有效的企业危机管理团队有以下 6 个关键步骤。

1. 明确团队的角色和职责

危机管理团队的成员应该具备不同的专业背景和技能，以应对多种类型的危机。危机管理团队组建之前，需要明确团队的角色和职责，包括指定团队的领导者、危机沟通专家、法律顾问等。团队成员应该清楚自己在危机管理中的具体职责，并能够迅速行动。

2. 建立有效的沟通机制

沟通是危机管理的核心。一个有效的危机管理团队应该建立起高效的沟通机制。这包括定期召开会议，及时更新信息，并建立一个有效的内部沟通系统。团队成员之间需要保持密切联系，并及时分享危机信息和处理进展。此外，团队还应该培训员工如何正确报告危机事件，并提供相应的沟通渠道。

3. 制定应急预案

应急预案是危机管理的基础。一个成功的危机管理团队应该制定详细的应急预案，并定期进行演练。这包括收集和整理相关的危机信息，建立应急联系人名单，与当地政府、社区及其他相关组织建立联系等。制定应急预案需要全面考虑各种不同类型的危机情况，并制定相应的解决方案。

4. 培训团队成员

团队成员的培训和学习是构建有效危机管理团队的关键。团队成员应该接受相关领域的培训，不断提升自己的技能。培训内容可以包括危机管理的各个领域，例如危机沟通、应急处置、心理疏导等。此外，团队成员还可以参加相关的研讨会和培训课程，与其他行业专家交流学习。

5. 建立跨部门协作机制

一个有效的危机管理团队应该能够与不同部门进行紧密的协作。危机往往不是一个部门的问题，而是涉及多方的。因此，团队成员需要与其他部门建立合作关系，并共同制定危机管理的策略和行动计划。跨部门协作可以加强团队的危机管理能力，提高应对危机的效率。

6. 定期评估和持续改进

危机管理是一个持续不断的过程，需要定期评估和不断改进。团队成员应该定期回顾和评估之前的危机事件处理情况，总结经验教训，并根据实际情况进行调整和改进。持续改进可以帮助团队更好地适应变化的危机环境，并不断提高自己的能力。

构建一个有效的企业危机管理团队需要明确团队的角色和职责、建立有效的沟通机制、制定应急预案、培训团队成员、建立跨部门协作机制以及定期评估和持续改进。一个强大的危机管理团队可以有效地避免和应对潜在危机，保护企业的利益并确保业务的持续发展。

三、品牌危机响应

网络媒体时代，随着传播主体多样化、传播内容多元化以及传播方式多渠道化，品牌主有了更广阔的发声、宣传渠道，这对企业来说当然是一件好事。不过，由于网络媒体的开放性和匿名性，网络空间成了品牌危机发酵的温床，给很多品牌带来了名誉管理方面的困扰。"互联网＋"时代，当遭遇品牌危机时，企业应当采取以下措施来应对。

（1）第一时间响应。发生品牌危机时，企业反应的速度要快，因为危机正在吞噬企业、品牌的信誉。在事件发生后的第一时间，企业要把所有质疑的声音与责任都承接下来，而后拿出负责任的态度与实际行动，迅速对事件做出处理，既不能速度迟缓，也不能态度暧昧。

（2）勇于承担责任。对危机事件所构成的损失和伤害，企业要勇于承担义务，并尽力争取公众和当事人的原谅。由于危机事情发生时，企业就是行动的中心，这时的一举一动都会惹起公众的关注，如果采取逃避或推脱的态度，必然惹起人们的恶感，并引发媒体的大范围报道，使负面影响扩大化。

（3）注意沟通方式。很多事只要能恰当地沟通就能顺利解决。企业发生危机时若自身没有问题，通常会急于反驳，与媒体、消费者，甚至政府打口水仗，这样做的结果往往是，即使企业说清楚了事实的真相，也会失去公众的好感。有数据显示，品牌危机案例中，大部分的矛盾源于缺乏沟通。因此，当遭遇品牌危机时，企业除了要第一时间响应并勇于承担责任外，还要与相关当事人积极沟通，争取将品牌的损失降到最低。

（4）积极与媒体协作。遭遇品牌危机后，积极与媒体协作十分必要。通过媒体，积极地向外界传递品牌的正面信息，一来可以对外表明态度和立场，二来可以澄清事件原委。不要一味地回避，否则会酝酿出更大的品牌危机。

总之，危机公关不是去掩饰，也不是去辩驳，而是工具。因而，网络时期的危机公关需要有效应用网络的及时传播和互动作用，或中止负面压制，整合资源和传播，关注细节，从而构成完善的基于网络的危机公关处置计划。

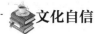 **文化自信**

胖东来危机公关三板斧

2024年龙年春节，胖东来因一起员工尝面事件意外成为舆论焦点。面对突如其来的公关危机，胖东来展现出高超的危机应对和公关能力。

第一板斧：严处罚不袒护，平息负面舆论

在事件曝光之初，胖东来迅速做出反应。客服第一时间承认员工行为违规，并宣布已闭店整改。这种不回避、不袒护的态度有效地平息部分消费者的不满和质疑。紧接着，胖东来通过官方账号发布详细情况说明，将事件定性为严重食品加工安全事故，并依据企业管理制度对涉事员工做出初步处理决定——解除劳动合同。这一严厉举措展示胖东来对食品安全和消费者权益的坚定立场，进一步稳定公众情绪。

第二板斧：让舆论发酵，公众评议

胖东来并没有急于求成，而是选择让舆论进一步发酵。伴随着媒体的纷纷跟进，以及"律师称胖东来开除当事员工处罚过重"等话题的讨论，公众开始对这起事件进行更为深入的思考和评议。公众的讨论并未因胖东来的舆情处置而减弱，舆论声量反而持续发酵。对此，2月19日凌晨，胖东来发布关于"餐饮部员工制作员工餐未按标准试吃"事件的重新民主讨论、审议、决议。这种民主评议的方式不仅让公众感受到了企业的开放和包容，还为胖东来后续的处理提供了更为广泛的民意基础。过后，多数公众认为"此次处置更加人性化"。

第三板斧：保全员工工作，赢得掌声

经过充分的舆论发酵和民主评议后，胖东来再次出手，公布了此次事件的最终处理结果：涉事员工进行三个月学习，调离本岗位，转岗为非食品加工岗位。这一决定既体现了企业对食品安全制度的严格执行，又彰显了对员工的人文关怀。

案例启示： 从最初的严厉处罚到后续的公众评议，再到最终的人性化处理，每一步都体现了企业对消费者、员工和社会的尊重与关怀。这样的处理方式不仅成功地化解了危机，还提升了企业的品牌形象，展现了企业的社会责任感。

四、持续监控反馈

品牌舆情监控是现代企业品牌管理的重要组成部分，对于企业而言，它如同品牌形象的"守护神"，时刻监测着品牌在公众心中的形象和声誉。

（1）品牌舆情监控的核心目标是维护和提升品牌形象。企业通过实时监测网上的舆论动态，尤其是针对品牌的各类评论和反馈，全面地了解自身品牌在公众心中的位置。当发现负面信息时，企业可以迅速采取危机公关措施，及时回应和引导舆论，避免负面影响扩散。

（2）品牌舆情监控具有预警功能。通过对品牌相关信息的全网监控，企业可以预判到潜在的危机和风险点，从而制定相应的预警方案和应对措施。这种未雨绸缪的工作方式有助于企业防范于未然，确保品牌形象的安全。

（3）品牌舆情监控有助于企业洞察市场动态和消费者需求。通过分析舆情数据，企业不仅可以了解消费者对品牌的看法，还可以洞察市场的趋势和变化，为产品研发和营销策略提供数据支持。

（4）品牌舆情监控是企业了解竞争对手的重要途径。通过监控竞争对手的舆情信息，企业可以了解对手的市场策略、品牌形象和市场反应，从而更好地制定自己的竞争策略。

在实际操作中，品牌舆情监控需要借助专业的工具和平台。随着人工智能和大数据技术的发展，舆情监控工具的精准度和效率都有了显著提高。企业可以通过设置关键词、监测社交媒体、分析数据报告等方式，实现对品牌舆情的高效监控。

任务四　品牌活动的总结

任务分析

品牌活动实施方案总结扮演着至关重要的角色，它不仅可以总结活动过程中的经验教训，还可以为未来的活动提供指导和参考。对实施的品牌活动进行总结，并提出改进建议，这样才能更好地推动品牌活动的成功执行。

本任务的主要内容如下。

（1）分析活动亮点：通过分析活动定位和品牌形象、分析市场调研的情况、分析活动策略和传播方式等综合分析活动亮点。

（2）撰写总结报告：根据主要内容撰写总结报告。

知识储备

一、分析活动亮点

品牌活动策划的亮点可以帮助企业吸引潜在消费者、增强品牌影响力，从而提高销售业绩。

1. 分析活动定位和品牌形象

品牌活动策划的亮点之一是独特的定位和品牌形象。在竞争激烈的市场中，企业需要通过明确的定位和独特的品牌形象来突出自己的特色。营销方案可以帮助企业确定定位，明确目标市场，并通过有效的推广活动塑造品牌形象，使企业在竞争中脱颖而出。

2. 分析市场调研的情况

品牌活动策划的亮点还包括全面的市场调研和分析。在制定营销方案之前，企业需要充分了解市场环境、竞争对手和消费者的需求。通过科学的市场调研和数据分析，企业可以获得准确的市场信息，为制定有效的营销策略提供依据，并避免盲目行动和资源浪费。

3. 分析活动策略和传播方式

品牌活动策划的亮点还体现在创新的活动策略和传播方式上。传统的广告宣传渠道已经不能满足现代消费者的需求，企业需要通过创新的方式吸引消费者的注意。例如，通过社交媒体平台、内容营销和互动体验等方式，企业可以更直接、更个性化地与消费者进行互动，提升品牌知名度和消费者参与度。

此外，差异化的产品或服务特点、有效的销售渠道和合作伙伴、有针对性的促销活动等亮点，也都可以帮助企业赢得竞争优势，提升品牌价值，增加市场份额。

 **创意推广**

喜茶上线《繁花》联名饮品

2024年1月31日，喜茶与热门剧集《繁花》的联名饮品正式上线。围绕"至真至喜"联名主题，喜茶推出与剧集同名的联名饮品繁花（白兰香），以及包括杯贴、纪念票根、黄河路贴纸在内的特别设计联名包材、周边。双方联名的首波活动于上海区域喜茶门店展开。

配套视频

联名广告视频

作为热播剧集《繁花》的首个新茶饮合作品牌及首次联名合作对象，喜茶正式官宣联名后便引来广泛关注。图6-8所示为喜茶上新"繁花"（白兰香）。《繁花》剧集粉丝表现出对于联名饮品和设计的极大期待，喜茶也凭借自身的产品研发实力与品牌设计实力，以新茶饮的形式再次表现出《繁花》的光影艺术与隽永魅力。

图6-8　喜茶上新"繁花（白兰香）"

双方联名主题"至真至喜"灵感源自剧集《繁花》中重要的故事场景——位于上海黄河路的至真园饭店。"至真至喜"既是《繁花》剧集中呈现的真与喜，也是喜茶"真品质"产品与"喜悦发生"品牌精神的体现。双方以"至真至喜"为主题展开联名，带领观众在龙年开年之际，一同庆祝和迎接"至真至喜"的发生。

案例启示：品牌联名活动可以拓宽目标消费群体，提升品牌的知名度，强化品牌形象，增加销量和收入，将消费心理转化为消费行为。

二、撰写总结报告

写营销活动总结是一个非常重要的过程，它可以帮助策划人员回顾活动的成功与不足，以便于未来更好地组织活动。

（1）明确总结目的：开始撰写总结之前，明确总结的目的。是为了向赞助商、参与者或社区报告活动的情况，还是为了总结经验，改进未来的活动？

（2）概述活动：在总结的开头，简要介绍活动的主题、目的、日期、地点及参与人数等基本信息。这部分内容应精简，让读者对活动有大致的了解。

（3）活动亮点：详细描述活动的亮点，包括但不限于嘉宾表现、创新环节、公众的热烈反应等。这部分内容应突出活动的成功之处。

（4）反馈与改进意见：收集并整理参与者、工作人员和其他利益相关者的反馈，了解他们对活动的看法和建议。这部分内容应包括正面和负面的反馈，以便全面了解活动的优缺点。

（5）财务总结：列出活动的预算、收入和实际支出，对比盈亏情况。如果可能，也应列出赞助金额和赞助商名单。

（6）总结经验教训：根据上述的反馈和财务情况，总结组织活动过程中的教训和经验，包括可以改进的地方及值得继续保持的做法。

（7）未来计划：基于活动的反馈和总结的经验教训，提出对未来类似活动的计划或愿景。

（8）附录：如有必要，可以附上一些额外的材料，如照片、活动日程、参与者名单等，以增加总结的可信度和详细性。

（9）审阅与修改：写完初稿后，仔细审阅总结，检查是否有遗漏或错误的信息。也可以请其他人帮助审阅，以便从不同的角度获得反馈。

（10）发布与分享：根据写总结的目的，选择合适的发布方式。例如，如果是向赞助商报告，可能需要发送电子邮件或制作一个详细的报告文档；如果是为了分享活动经验，可能需要将总结发布在组织或社区的网站上。

 协作探究

产品推广活动总结报告

活动总结报告是一份对于活动进行反思、评估和总结的文档，它记录了活动的过程和效果，是组织者和参与者不可或缺的重要参考。在撰写活动总结报告时，需要按照一定的格式和内容来进行。下面是活动总结报告所包含的格式和内容。

（1）封面：包括标题、活动时间、地点、主办方等信息。

（2）前言：介绍活动的背景、目的、参与者和组织者等情况。

（3）活动概述：简要概述活动的主要内容、流程和亮点等，引起读者的兴趣。

（4）活动回顾：详细反思活动的组织过程，包括预算、策划、宣传、人员安排、场地布置等方面，以及活动期间的问题解决和应对方法等。

（5）活动效果：根据活动的目标和期望效果，对活动的实际效果进行评估和总结，包括参与人数、参与者反馈、社会影响等方面。

（6）心得与体会：总结活动的经验和教训，提出改进和发展的建议，分享组织者和参与者的心得和体会。

（7）附录：包含活动照片、视频、评价表格等相关资料，使报告更具可读性和可信度。

协作任务：请以小组为单位，针对模拟分析的某产品推广活动撰写一份总结报告，并进行交流。

知识考核

一、单选题

1. （　　）是最原始的表示工作进度的一种方法，可以表示工作的开始和结束时间。
   A. 甘特图　　　　　　B. 竖道图　　　　　　C. 鱼骨图　　　　　　D. 饼状图

2. （　　）用于衡量销售额在不同时间段之间的增长情况。
   A. 销售总额　　　　　B. 销售增长率　　　　C. 销售利润率　　　　D. 客单价

3. （　　）是一种将所分解的工作任务落实到活动有关部门或个人，并明确表示出他们在组织工作中的关系、责任和地位的方法和工具。
   A. 责任分配矩阵　　　B. 活动费用管控　　　C. 品牌危机管理　　　D. 活动团队管理

4. 以下不属于消费者需求研究内容的是（　　）。
   A. 需求研究　　　　　　　　　　　　B. 消费趋势研究
   C. 品牌设计研究　　　　　　　　　　D. 产品可替代性研究

5. 全程性、全面性、全员性、观念性和互动性是（　　）的重要特征。
   A. 品牌名称　　　　　B. 品牌标志　　　　　C. 品牌预警系统　　　D. 品牌包装

二、多选题

1. 以下属于工作分解结构法的分解思路的是（　　）。
   A. 结构化分解　　　　B. 过程化分解　　　　C. 模块法分解　　　　D. 图纸分解

2. 活动费用管控的依据包括（　　）。
   A. 活动实际费用情况报告　　　　　　B. 活动各相关方的变更请求
   C. 活动费用管理计划　　　　　　　　D. 活动人员工资

3. 活动偏差包括（　　）。
   A. 正偏差　　　　　　B. 负偏差　　　　　　C. 有效偏差　　　　　D. 无效偏差

4. 以下属于危机事项处理的内容的是（　　）。
   A. 品牌危机预警　　　　　　　　　　B. 组建危机管理团队
   C. 品牌危机响应　　　　　　　　　　D. 持续监控反馈

5. 以下属于品牌活动策划的亮点的是（　　）。
   A. 独特的定位和品牌形象　　　　　　B. 全面的市场调研和分析
   C. 创新的活动策略和传播方式　　　　D. 撰写总结报告

三、判断题

1. 品牌危机管理不一定要第一时间响应。（　　　）
2. 运用关键路径法不能把控重要活动时间。（　　　）
3. 激励和奖励机制可以包括提供绩效奖金、晋升机会、表彰和奖励等。（　　　）
4. 撰写活动总结报告的目的在于分析本次活动的成本和收益。（　　　）
5. 大多数情况下管理者更希望活动偏差中出现正偏差。（　　　）

四、案例分析

在 2006 年，联想笔记本电脑被指责存在安全漏洞、预装了间谍软件。面对媒体报道和消费者的质疑，联想立即采取了公开透明的方式应对危机。他们迅速发表了正式声明，承认了这个问题，并表示将积极采取措施解决。

联想还与专业的安全公司合作开展彻底调查，发布了结果并提供了详细的技术解释。该安全公司免费提供了一个用于检测和删除间谍软件的工具，并提供了 24 小时的客户支持。此外，联想还邀请了行业专家和媒体代表参观其生产线，以展示产品的安全性。

这种积极、透明的公关策略有效地恢复了联想的声誉，并赢得了用户的信任。联想的及时反应、公开透明的态度和积极解决问题的行动被认为是一个成功的品牌危机公关案例。

请分析当品牌面临危机时，企业可以采取哪些措施进行危机管理，以及具体步骤有哪些。

 **AI 辅助实操**

为云南某普洱咖啡制作活动方案书

实训背景

云南普洱市是我国著名的咖啡产区之一。这里的咖啡色泽好，品质优，风味独特，吸引了世界各地的咖啡爱好者。

普洱咖啡的种植历史悠久，可以追溯到清朝末年。当时，普洱地区的农民开始尝试种植咖啡。经过多年的发展，普洱咖啡逐渐成为当地的特色产业。如今，普洱市的咖啡种植面积已经达到了数十万亩，年产咖啡豆数千吨，产值数亿元。

实训目标

1. 掌握品牌活动实施的操作流程。

2. 加强对品牌数据指标和销售数据指标的跟踪。

3. 掌握活动总结报告的撰写方法。

实训操作

请用常见的 AIGC 平台（如豆包、智谱清言等）以"智能体"方式编制活动实施"智能体"体例，通过"智能体"辅助实训操作完成以下要求。

1. 撰写活动实施进度表、建立活动应急预案。

2. 制定活动目标，并列出销售数据指标。

3. 分析活动线上线下的交互、媒体渠道的投放以及活动人员安排，进行活动实施方案制定。

实训成果

1. 品牌的活动实施进度表。

2. 品牌活动总结分析报告。

推广运用　借势发力

精准推送　链接品牌用户

● 知识目标

1. 掌握品牌用户数字识别的方法
2. 理解品牌用户数字触达的思维
3. 懂得用户关系互动链接的策略
4. 熟悉数字投放效果分析的过程

● 能力目标

1. 能运用数据分析技术进行用户识别
2. 能运用数字推广思维进行用户触达
3. 能运用数字化方法和工具进行用户互动
4. 能开展数字投放效果分析

● 素养目标

1. 培养数字化营销思维
2. 培养人群洞察力和数据分析能力
3. 培养运用数字化工具开展营销工作的能力
4. 培养工匠精神

思维导图

岗课赛证

【数字营销技术应用】（高级）

工作领域	工作任务	职业技能要求
客户关系链接	客户关系链接规划	1. 能根据不同链接方式的特点与适用条件，结合目标客户需求与特征，制定全渠道营销策略，完成全方位客户链接方式布局 2. 能根据社交传播特性，策划符合广告内容准则与行为规范的社交传播内容，完成基于社交的客户精准链接策划 3. 能根据应用程序营销特性，策划符合广告内容准则与行为规范的应用程序内容，完成基于应用程序的客户精准链接策划

案例导入

安踏虚拟冰雪灵境，数字链接品牌用户

　　2022 年的北京冬奥会，很多观众无法亲临现场。安踏打破时空限制，以冰雪之名，打造了一个全民互动的冬奥虚拟数字场景——安踏冰雪灵境（见图 7-1），让每一位关注冬奥会的观众都能拥有"亲临现场"的独特体验感，同时还推出了首套中国冰雪国家队数字藏品，延续冬奥精神，实现概念转化。

图 7-1　安踏冰雪灵境

　　安踏冰雪灵境及奥运数字藏品是用数字营销视角打造的全新品牌推广方式，使中国品牌和世界体育盛事激情碰撞，在现实和虚拟交融之间重建品牌和用户的新链接。

　　首先，用户在淘宝/天猫搜索"安踏冰雪灵境"，就能从活动页面进入安踏虚拟数字互动空间，体验"超能炽热空间""安踏数字博物馆""灵境冰雪天宫"三重虚拟空间。在虚拟数字场景里，用户能从第一视角出发，沉浸式参与和见证冬奥数字盛会，并可通过 VR 技术 360°云游，全景浏览安踏品牌与中国体育发展的光辉历程，再通过冰雪天宫的大型互动现场，点击观看名人 ID 视频，在万人助威墙上为冬奥健儿们加油，并参与数字藏品抽奖活动。

其次，安踏首创 12 个中国冰雪国家队数字藏品，通过"融雪特效互动"号召用户进行数字藏品解锁，演绎解锁前后雪雕向银雕华丽蜕变的精彩过程，借此互动传递冬奥精神，将其转化为可持续、可收藏、独一无二的个人藏品。

再次，安踏联动天猫超品日，引爆全民参与"数字藏品解锁"活动。活动分为两个阶段：第一阶段，用户在主阵地"超能炽热空间"完成任务获得勋章，收集炽热加油值点数，每满 2022 点即可触发融雪，从而解锁获得中国冰雪国家队数字藏品；第二阶段，全面开放"安踏数字博物馆"与"灵境冰雪天官"空间，用户持续收集炽热加油值，当集满 12022 点时，就有机会获得北京 2022 年冬奥会中国体育代表团领奖服数字藏品。此外，一二阶段还设有抽奖环节，参与者有机会赢取安踏高端礼盒产品。

安踏冰雪灵境数字空间首发上线之日，共发出 7000 份中国冰雪国家队数字藏品，引发了网络用户的疯抢热潮，60 万人次参与数字藏品解锁活动，话题互动超过 1.3 亿次，达到了良好的品效双赢效果。

案例启示：虚拟现实是一个全新的用户体验入口，牵动着众多年轻用户群体的眼球。安踏冰雪灵境及奥运数字藏品通过独特的中国式浪漫引起用户的认知和认同，从全新数字创作视角进行品牌内容表达，用最新颖独特的方式开展用户互动，在现实和虚拟交融之间构建品牌和用户的新链接。

任务一　品牌用户的数字识别

任务分析

人群洞察是品牌推广的重要内容，是产品和服务创新的源头。筛选目标人群有助于企业明确品牌定位和业务模式。数字营销时代，品牌用户的数字识别需要建立在数据分析的基础上，借助一系列的数据分析工具和模型来完成。

本任务的主要内容如下。

（1）用户数据洞察：按用户数据的类型把数据归类，运用用户数据洞察技术分析用户。

（2）用户标签构建：从原始标签、事实标签、模型标签和预测标签 4 个层面构建用户标签。

（3）用户数字化识别：借助用户画像和用户生命周期进行用户数字化识别。

知识储备

一、用户数据洞察

用户数据洞察是通过对用户数据信息的收集、整理和分析，得出品牌用户策略的过程。用户洞察技术让企业了解用户行为背后的原因和目的，帮助企业制定更合理的业务策略，优化品牌的营销互动方式，从而建立良好的用户关系，提升品牌用户忠诚度。

了解用户数据洞察，需要认识用户数据的类型、了解用户数据洞察技术，以及掌握用户数据洞察分析流程。

1. 用户数据的类型

（1）人口属性。人口属性是关于用户各方面背景的个人信息，通常直接从用户交易过程中获得，如用户注册、产品和服务购买、内容下载等。人口属性数据主要包括身份数据、联络数据、背景数据、信用数据及历史数据等。

由于人口属性涉及许多用户个人隐私信息，因此对于这类信息的收集和使用要非常注意和谨慎，一旦用户信息泄露可能会给企业品牌带来巨大的伦理风险和负面的社会影响。政府和企业都非常注重保护这类信息的安全。人口属性数据的具体内容如表 7-1 所示。

表 7-1　人口属性数据的具体内容

数据类型	数据内容
身份数据	关于用户的个人信息，如姓名、性别、年龄、籍贯、证件号码等
联络数据	包括用户的工作地点、家庭住址、电话号码、电子邮箱、社交账号等联络数据
背景数据	用户的家庭背景、教育经历、职业背景等信息
信用数据	用户的信用评分、资信等级、信用记录等
历史数据	上述信息在不同时期的状态和变化数据

（2）行为数据。行为数据是记录和描述用户行为及相关特征的数据，主要是从用户和品牌之间进行的各类互动或活动中搜集而来。行为数据可以辅助企业更好地理解用户的意图和触点，主要包括设备数据、浏览数据、行为偏好、生活方式等。

数字营销时代行为数据获取的渠道极大地丰富起来。用户浏览网站、在线购物、在线社交等行为被各类平台和工具以数据的方式采集下来。行为数据的具体内容如表 7-2 所示。

表 7-2　行为数据的具体内容

数据类型	数据内容
设备数据	关于用户登录平台的设备类型、品牌型号、频次等
浏览数据	用户的登录时间、浏览时长、浏览页面、浏览方式、访问深度等
行为偏好	平台偏好、内容偏好、浏览偏好、停留时长、关注和收藏内容、评论互动偏好等
生活方式	社交方式、购物渠道、信息获取方式、认知与态度、人生阶段等

（3）定量数据。定量数据包含通过计数或测量获得的用户数据，主要通过社会媒体监控工具、数据分析工具、用户关系管理（CRM）系统和营销自动化工具收集而来。以用户的交易消费数据为例，交易数据是用于记录用户购买产品和使用服务的交易、消费或使用记录，通常由企业的业务系统搜集，包括交易信息和行为记录，如消费记录、支付数据、消费特征、服务交互等。

（4）定性数据。定性数据是非结构化数据中的一种，是从用户研究项目中获得的用户反馈信息，是不能直接转换为数据的其他类型的用户信息。这类文本数据通常篇幅较大，单条数据记录中便包含着大量信息，其分析手段也以定性分析方法为主。定性数据可以通过用户访谈和可用性测试获得。

用户访谈是用户洞察的常用手段，是通过一对一或一对多的形式和用户进行面对面的交流和沟通，通过与用户进行深入的沟通交流来全面了解用户需求，但成本较高，样本数量较少。

可用性测试是邀请忠实用户对产品进行体验，根据用户在现场的使用情况和反馈结果得出对产品的真实需求。所以在测试过程中不要引导用户，也不要在中途打断用户，要尽量给他们营造安静、舒适、放松的体验环境，通过对现场情况的观察和对用户的倾听来获取与用户需求相关的信息。

2. 用户数据洞察技术

（1）用户聚类技术。聚类分析是一种非常常见的数据分析手段，它根据样本之间的距离或相似性，将相似度高、差异化小的样本聚成一类，相似度低、差异化大的样本分开，使同类内部的样本相似度高，不同类之间差异性高。这种方法能帮助营销人员从成百上千的数据中发现具有相近个性特征和社群特征的用户族群。常见的用户聚类分析有基于产品、品牌和行为的聚类分析。

① 产品聚类分析。产品聚类分析能够帮助发现产品之间的关联性，如可以发现不同品类产品之间可能存在的关联性，也可以研究某个产品与其他产品销量之间的关联性，从而帮助企业确定用户偏好的产品或产品组合，设计适合用户的产品推荐策略。

② 品牌聚类分析。品牌聚类分析可以帮助识别具有较高品牌偏好度或忠诚度的用户群体，可用于识别偏好某一特定品牌的用户群体，或识别偏好特定品牌新品的用户群体，也可用于聚合对某个品牌具有较高忠诚度的用户群体。

③ 行为聚类分析。行为聚类分析通过对用户购买行为的聚合分析，可以识别出具有相同购买行为偏好的用户群体，如线上线下购买方式的偏好、社交媒体平台消费的行为偏好；还可以识别用户对促销活动的行为反应，从而聚合出不同促销敏感度的用户群体。行为聚类分析可以帮助企业了解现有用户，发现潜在用户，加深对用户消费行为的理解，调整和优化相应的产品和服务营销策略。

（2）RFM 模型预测技术。RFM 模型是衡量用户价值和用户创造利益能力的重要工具和手段。在众多的用户关系管理（CRM）的分析模式中，RFM 模型被广泛提到。该模型通过用户的近期购买行为、购买的总体频率及花了多少钱 3 项指标来描述该用户的价值状况。R（Recency）表示最近一次消费时间间隔，时间间隔短，则 R 值高；F（Frequency）表示消费频率，消费频率高，则 F 值高；M（Monetary）表示消费金额，消费金额高，则 M 值高。基于这3 个指标的组合，将用户分为 8 种类型，并根据分类制定更具个性化和针对性的用户沟通方案。

RFM 模型如图 7-2 所示，RFM 用户分类及用户运营策略如表 7-3 所示。

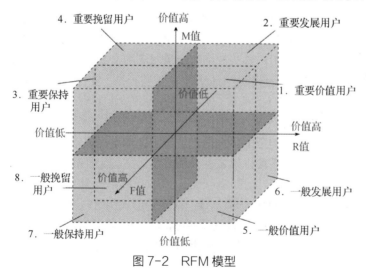

图 7-2　RFM 模型

表 7-3　RFM 用户分类及用户运营策略

R 值	F 值	M 值	用户分类	运营策略
高	高	高	重要价值用户	重点维护，给予用户独特的体验
高	低	高	重要发展用户	提供专属优惠、新品试用，吸引用户加入会员
低	高	高	重要保持用户	
低	低	高	重要挽留用户	
高	高	低	一般价值用户	日常维护，多发福利优惠，可开展裂变活动、"种草"分享
高	低	低	一般发展用户	
低	高	低	一般保持用户	
低	低	低	一般挽留用户	

3. 用户数据洞察分析流程

用户数据洞察分析流程如图 7-3 所示。

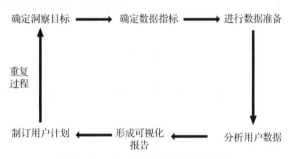

图 7-3　用户数据洞察分析流程

（1）确定洞察目标。明确用户数据洞察任务要实现的目标，是首要步骤。数据分析是个非常庞杂、时间和精力成本非常高的工作，盲目地开展全量数据挖掘和分析是不可取的，也无法获得有效的数据分析结果。明确定义任务目标，如老用户价值分层、新用户人群偏好、流失用户归因分析等。

（2）确定数据指标。基于洞察目标选择合适的数据指标，可结合用户数据类型，或者基于业务场景，如产品或服务的组合及生命周期等确定指标类型。然后对相关用户特征变量进行梳理。

（3）进行数据准备。这是最耗费时间、精力的工作环节。从原始数据或二手数据的提取开始，经过数据清洗、验证、排错，再经过数据排重和归并操作，最终形成有价值的数据集。在数据分析过程中，尽可能使用大数据处理工具或数据管理软件，以提高工作效率。

（4）分析用户数据。应用数据分析工具和模型进行用户分群。数据分析结果与变量的选择和分析工具的选择高度相关，需要对不同的模型变量组合进行测试和学习，才能最终确定具备统计效用和商业价值的用户分群。

（5）形成可视化报告。选用合适的可视化软件工具对分析结果进行处理，形成便于展示的可视化分析报告，让数据效用最大化，以便营销人员更直观地理解、掌握分析结果，实现用户数据洞察的目标。

（6）制订用户计划。结合洞察目标与数据分析结果，识别出现有的机遇与挑战、优势与劣势，制订切实可行的用户计划，持续优化面向不同用户分群的营销策略。

 营销伦理

华为 HarmonyOS 纯净模式，守护用户隐私安全

保障用户隐私安全已成为社会各界的共识，用户对于自己在数字空间的行迹愈发重视，并逐步认识到保护个人信息的重要性。每年 1 月 28 日是国际数据隐私日，旨在唤醒全球用户的隐私保护意识，使用户有机会积极参与到个人数据的管理中来。

作为保护用户隐私的领头羊，华为 HarmonyOS 构建纯净安全的系统底座，全方位保护用户隐私安全。强调用户数据的安全性高于一切的立场助力华为在商业层面成为标杆，也在社会层面释放出积极的社会责任感。华为 HarmonyOS 在如下方面提供全场景智能保护，为用户隐私安全保驾护航。

第一，华为用户隐私中心。通过智能算法集中用户的个人信息管理，用户可以在这里查看哪些应用访问了自己的信息，有针对性地掌握和管理隐私权限，减少了用户信息泄露的风险。

第二，华为应用管控中心。用户可自主设置应用权限，限制应用获取个人信息的范围，使用户能够更好地掌握自己的隐私。

第三，用户照片保护功能。为用户提供图像隐私保护和 AI 隐私保护功能，以确保用户图片隐私得到充分保障，有效防止个人照片被滥用，提供了更加安心的照片管理体验。

第四，华为座舱隐私保护。问界 M9 的 HarmonyOS 采用 3D 人脸账号识别登录、隐私保护显性化显示、主驾隐私模式等一系列创新功能，使车内隐私得到全方位的保障。系统会根据相应账号的设置进行个性化调整，包括后视镜、座椅、抬头显示系统（HUD）、香氛、驾驶模式等，满足用户个性化驾驶需求。

数据隐私安全需要用户和终端厂商共同努力，共同守护用户的个人信息安全，这样才能构建一个更加安全、透明、可信赖的数字社会。

案例启示：大数据时代，用户数据的透明化、易得性让个人的隐私无所遁形。个人用户的数据保护和隐私安全不仅是企业需要承担的社会责任，也是品牌走近用户，获得用户认同与信赖的关键。

二、用户标签构建

1. 用户标签的含义

用户标签是用户画像构建的基本单元。用户标签是指原始的用户洞察数据经过数据的业务化封装等加工处理，形成的具有价值的数据载体。用户标签的构建就是根据一定的维度，对用户某一方面的显著特征进行分类、提炼和总结的过程。

用户标签的构建能帮助企业自海量数据中形成可应用的数据资产，更好地把握用户的需求和行为，开展精准营销或个性化营销，进而提高数字营销活动的效用。用户标签形式多样，可以是性别、年龄、职业、学历等人口属性标签，也可以是浏览内容、收藏偏好、购物偏好等兴趣属性标签，还可以是登录时间、浏览时长、浏览页面、浏览方式等行为数据标签。不同类型的标签都是对用户某个方面显著特征的描绘，让品牌能更直接地识别和获取用户信息。

2. 用户标签的维度

基于用户数据的分类，企业可以从原始标签、事实标签、模型标签和预测标签 4 个层面

由浅入深地构建多维度用户标签体系。

（1）原始标签。原始标签是基于原始数据而描述的用户基本信息、历史交易记录等情况。

（2）事实标签。事实标签是指基于定性或定量数据描述用户的人口属性、行为属性、背景身份，并结合专业人员的经验积累进行处理、分析和构建的标签。

（3）模型标签。模型标签是基于一定的数据分析模型对用户内在偏好及外在行为属性的抽象和聚类。模型标签通常包含标签和指数，标签代表用户的偏好、需求、习惯等，指数代表用户的偏好程度、需求程度和习惯频次等。

（4）预测标签。预测标签代表了用户的潜在需求，是综合用户的属性、行为、信用情况、消费能力等形成的标签，方便品牌根据潜在需求给用户推送适宜的品牌广告。

三、用户数字化识别

1. 构建用户画像

用户画像又称用户角色，是一种标签化的用户模型。每一个标签及标签权重即为用户的一个向量，一个用户画像可以理解为超维空间的多个向量（标签）之和。用户画像在用户筛选、品牌定位、精准营销、个性化推荐等领域得到了广泛应用，是用户数字化识别的工具。

用户画像的构建过程大致可以分为以下4个步骤。

（1）明确画像目标和维度。构建用户画像前，要明确画像目标。不同的目标需要不同的画像维度，影响数据搜集的方向和偏重，最终会影响画像构建的效果。因此，第一步需要明确画像目标，确定画像的信息维度。

（2）制订计划与调研方法。在明确目标与维度后，需要对工作进行任务分解，制订具体的行动计划。同时，需要综合考虑用户、时间精力、经费等因素，选择合适的调研方法收集信息，如访谈法、二手资料等定性研究法，以及问卷调研、田野调查等定量研究法。

（3）分析数据与模型构建。收集整理到有效数据后，需要进行数据清洗、缺失值处理，使数据具备使用价值。然后进行数据分析，采用统计分析、聚类分析、关联分析等技术，提取显著差异化特征数据，并根据数据分析结果建立画像模型，采用 RFM 模型等技术进行用户分层或分群，识别不同价值的群体。

配套视频

"00后"用户画像
报告

（4）生成用户画像。基于用户聚类和分层结果，梳理每个群体的画像维度，建立用户标签，形成画像基本框架，并对每个群体的基本属性、行为特征、兴趣爱好等方面进行详细描述，让用户画像更完整。将初步建立的用户画像与实际情况进行验证，并根据验证结果进行修正和完善，确保用户画像的准确度和有效性。

2. 识别用户生命周期

对品牌而言，识别用户的生命周期跟分析产品和服务的生命周期同等重要。用户处于生命周期的不同阶段代表不同的商业价值。例如，品牌忠诚用户的商业价值比流失用户的商业价值明显更高。因此，识别不同用户群体所处的生命周期，有助于品牌投入相应的资源和策略，从而使价值收益最大化。

目前尚未有适用于所有行业和品类的用户生命周期分析框架，但用户生命周期分析具备相似的关键要素。

（1）确定核心指标。首先要确定用户生命周期中的核心指标，即企业需要从用户身上获得的价值指标，如用户的购买频次、购买金额、裂变能力等，并以此为依据进行指标确定。

企业在不同的发展阶段对经济价值有不同的诉求，应当据此调整核心指标，以匹配合适的用户资源。

（2）确定关键阶段。结合企业产品和服务的特点，确定用户所处的生命周期的关键阶段，以便企业投入相应的资源、制定对应的策略。用户生命周期通常可以分为潜在用户、新用户、活跃用户、忠诚用户、不活跃用户和流失用户 6 个阶段。

（3）确定关键阶段中的成功指标。在确定了用户生命周期中经历的核心指标和关键阶段后，需要了解用户生命周期中每个关键阶段的成功指标。例如，忠诚用户的成功指标可以是购买金额、购买频次等。

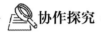

协作探究

瑞蚨祥用户画像构建

"瑞蚨祥"——高级定制的中国领导品牌，1862 年（清同治元年）创建于济南，获得"中华老字号""中国丝绸第一品牌""非物质文化遗产""中国消费者信赖的著名品牌"等多项殊荣。瑞蚨祥将百年积淀的中国传统文化与勇于突破的创新精神结合，用高瞻远瞩的高度、远见卓识的视野，再次揭开崭新的历史篇章。

拓展阅读

"GZ046 市场营销"赛项赛题——瑞蚨祥

经营宗旨：至诚至上、货真价实、言不二价、童叟无欺。

经营范围：绸缎、呢绒、棉布、皮货、化纤、民族服装服饰等。

经营特点：商品齐全、货真价实、服务热情。

经营种类：水獭、貉绒、黄狼皮、灰鼠皮等皮货，进口的各种"洋布"，河北、山东、江浙等地自制的花布、青布、绫罗绸缎等。

瑞蚨祥展示产品系列有璀璨和金凤玉钗格格装等；定制产品系列有传统喜服、格格装、敬酒服、西式喜服、唐装、晚礼服等。

协作任务：请以小组为单位，结合品牌网站、百度指数等工具，构建瑞蚨祥的用户标签及用户画像。

任务二　品牌用户的数字触达

任务分析

完成了品牌用户的数字识别任务后，品牌需要通过合适的渠道传播推广内容，并成功触达目标用户。数字营销的核心要义是品牌用户的"精准定位"和"精准触达"。这就要求实现品牌推广内容的精准推送和精准触达。

本任务的主要内容如下。

（1）品牌数字推广思维：推广精准化是品牌数字推广的主要思维，要做到推广内容、推广服务、推广受众的精准化。

（2）品牌已知受众定向：运用品牌已知受众定向策划推广方案。

（3）品牌未知受众触达：运用品牌未知受众触达策划推广方案。

知识储备

营销传播策略必须精准定位目标受众，并在此基础上实现广告、营销内容等的精准推送和精准触达，才能够在精细化营销的时代提高品牌推广的效率。

一、品牌数字推广思维

人群定位越发精准和细分的情况下，数字广告的传播推广方式也更加精细，甚至可以精准到以个人为基本单位，进行个性化、定制化的内容推广和传播。传播推广精准化是品牌数字推广的主要思维，主要分为以下 3 种类型。

1. 推广内容精准化

推广内容精准化体现在内容定位上。内容生产方结合产品和推广平台的定位，面向服务的对象、应用的场景、受众的问题和痛点，创作相应的内容，提供核心功能和服务，并能根据内容的差异性打上具备个性和风格的标签，精准对接人群标签。

2. 推广服务精准化

平台的品牌数字广告推广服务越发精准化。一方面以用户为中心，基于用户标签推送用户最喜欢的高质量内容，争取高浏览量和订阅率；另一方面对接品牌方，培养品牌频道，根据细分市场推出高品质、专业化、垂直度深的推广内容，做好内容标签。平台以大数据分析为基础，精准对接用户标签和内容标签，提高推广服务精准化水平。

3. 推广受众精准化

根据平台用户画像，内容生产方可以借助人群标签的兴趣偏好，确定内容选题的方向，提供更能戳中用户痛点的内容，并促使内容的裂变和传播；然后根据用户画像选择内容表现方式，让内容更迎合用户喜好。

品牌强国

伊利×航天："携漫天星辰，赴人间一夏"主题营销活动

品牌联合航天话题做传播推广，往往趋向于"弘扬太空探索精神，致敬中国航天事业"的宏大叙事范式，让普通受众觉得遥不可及。为了融入新一代消费圈层，伊利带着"把遥不可及的绚烂星辰带进人间烟火"的沟通思维，面向"Z世代"年轻消费群体定制"携漫天星辰，赴人间一夏"的初夏限定航天主题，把"宇宙—伊利—消费者"三者之间的价值点成功连接起来，达成了伊利品牌与年轻消费者的双向对话。

配套视频

伊利主题宣传片

在神州十六号上天的背景下，伊利洞察都市年轻人追求浪漫自由的心理偏好，以"携漫天星辰，赴人间一夏"作为传播主题，并提取六大星系元素，选用色彩鲜艳的厚涂油画风格焕新母品牌纯牛奶的包装，推出航天限定款"漫天星辰"装，并通过海报（见图 7-4）与 CG 产品大片的方式放大漫天星辰带来的视觉震撼感，以宇宙美学带给消费者极致视觉冲击。

图7-4　伊利航天主题营销活动海报

以主流社交平台抖音作为传播主阵地，"漫天星辰"的包装创意转化为浪漫有趣的手势特效，通过线上抖音发起#奔赴你的星辰大海#互动挑战赛，调动年轻潮人广泛参与，首次试点品牌曝光+产品"种草"+转化赋能的完整链路，以硬广+KOL资源助力业务撬动抖音顶级资源包。抖音、京东、天猫三端官方旗舰店联动，"漫天星辰"限定装霸屏星级点位，创意店铺、优质直播间、特色好货资源加持，带动品牌系列销售翻倍增长。

抖音话题短短两周阅读量超过34亿次，直播间曝光量高达2700万次，带动品牌系列销售增长80%，打造了一套极致浪漫的多场景、沉浸式立体营销矩阵，引领了国内航天营销新趋势。

"把遥不可及的绚烂星辰带进了人间烟火"亦是把蕴含宇宙能量的鼓舞治愈传递，号召大众仰望星空勇敢奔赴生活的过程。伊利品牌联合航天主题，引导年轻消费者将六大星系的演化想象与探索融入对人间烟火的"宇宙级理解"，让航天议题真正走入普通人的生活，成为浪漫、疗愈的代名词。

案例启示：伴随着民族自信、文化认同的潮流日益高涨，"国货×强国主题"的联名数字化推广非常容易吸引年轻消费者的注意力，再结合创意主题，通过社交媒体渠道传播，往往能达到事半功倍的品牌推广效果。

二、品牌已知受众定向

已知受众即目标受众。已知受众定向是指在付费推广平台上，品牌愿意为指定的受众人群标签设置溢价比例。当内容标签与受众人群标签匹配时，系统会在原价的基础上以一定的比例溢价出价，使品牌广告排名更加靠前，优先触达目标受众，提高品牌推广的精准度和效用。

在进行品牌已知受众定向时，需要结合产品或服务的人群画像，以及目标受众的行为标签、消费偏好等信息，结合付费推广广告平台提供的内容标签进行定向推广。品牌已知受众定向的方法有以下4种。

1．基础属性定向

基础属性定向是指通过人群的性别、年龄、收入、学历、职业、商圈地域等维度定位目标受众。其中商圈地域定向指的是根据目标受众的实时地理位置或常驻地理位置进行定向，以帮助企业触达目标区城内的受众。

2．受众行为定向

受众行为定向是指根据目标受众的历史行为进行定向，包括 App 行为定向、电商行为定向、资讯行为定向、再营销人群定向等。App 行为定向主要是定向安装了某类 App 的目标受众；电商行为定向主要是定向点击、收藏、加购、购买了某些商品的目标受众；资讯行为定向主要是定向对某些文章等资讯有浏览、收藏、转发、点赞等行为的目标受众；再营销人群定向是定向历史互动人群，主要是指有过广告展现、点击、转化等行为的目标受众。

3．受众场景定向

受众场景定向主要是针对节日场景、活动场景的定向，如春节、中秋节、端午节等，定向对特定场景感兴趣的目标受众。

4．兴趣偏好定向

兴趣偏好定向主要是通过目标受众关注的行业、兴趣标签分类进行定向，如浏览兴趣、购买偏好等，定向具有特定兴趣偏好的目标受众。

三、品牌未知受众触达

未知受众主要是指公域流量的目标受众。公域流量也叫平台流量，主要指初次主动或被动参与到开放平台的内容曝光中的流量。例如，搜索引擎中关键词的自然排名和竞价排名，电商平台或网站中的直通车广告、轮播图或商品的列表排名等。公域流量的范围包括线上线下的各类商业传播推广平台。在公域流量中，目标受众不依附于企业而存在于平台方，企业无法获取他们的信息数据、目标和行为习惯，所以这部分目标受众又称未知受众。

品牌未知受众触达可借鉴全渠道营销思维。全渠道营销是品牌整合采用线下实体渠道、线上电商渠道、社交媒体渠道的方式传播品牌和推广产品的营销活动。因为在传播渠道越来越丰富的时代，单一渠道的受众数量、辐射范围、影响力都有限。数字营销时代，受众在哪里，品牌就要在哪里；哪里的受众更多、更优质，品牌的传播触点就要建设在哪里。因此要充分利用线上线下的各类营销触点，使品牌与受众产生全方位的联系和接触。

但是全渠道营销不是所有渠道无差别地投入和营销。不同平台和推广渠道的定位、调性和功能都不一样，吸引不同的受众。因此，品牌需要对目标受众有清晰界定，并且要选择合适的平台制作合适的推广内容。全渠道营销体系的搭建步骤如下。

1．确定用户画像

企业可借助公域流量后台的数据分析工具或第三方数据平台，了解公域平台的用户情况，确定品牌需要面向的目标受众，以便品牌聚焦推广内容投放的形式，设定投放计划。

2．选择要投放的渠道

品牌需要结合用户画像，根据渠道的定位、调性和功能集中选择合适的投放渠道，并且根据渠道的性质制定合适的营销推广内容。采用循序渐进的方式，先筛选几个渠道投放，再逐步拓展到其他渠道，最终达到全渠道覆盖。在此过程中，要注意控制营销成本和团队，以便在可控的范围内达到最佳效果。

3．实施营销自动化

企业在进行全渠道营销时，需要运用营销自动化工具，对用户的来源和行为轨迹进行追

踪，然后针对不同渠道的用户采取不同的营销策略。营销自动化工具可以帮助企业做出决策，并采取个性化的营销策略，优化渠道匹配。

4. 复盘渠道营销效果

由于全渠道营销活动会投放多个渠道，企业需要仔细计算不同渠道投放对最终用户转化的贡献，确定每个渠道的贡献度，为后期的营销投放提供数据支撑。

可口可乐"未来3000年"之旅：AIGC引领无限想象，共创难忘瞬间

近年来，AIGC技术快速发展。作为一直致力于创新营销策略的全球知名饮料品牌的可口可乐看到了其巨大的潜力，尝试利用AIGC更精准地把握消费者的需求，以个性化的内容吸引和留住用户。

"未来3000年"可口可乐是可口可乐公司推出的一款具有前瞻性和创新性的产品，如图7-5所示。这款产品不仅代表了可口可乐对未来饮料市场的探索和设想，还体现了其在数字科技与创意设计结合方面的全新尝试。

配套视频

可口可乐主题
宣传片

图7-5 "未来3000年"可口可乐

产品设计方面：可口可乐结合市场数据分析和消费者口味偏好，创造了一种全新的、层次丰富的口感。这种口味的研发过程体现了AI的深度参与，使得产品更加符合未来消费者的口味需求。

包装设计方面：将未来感的风格引入AI图像生成器，为主视觉设计提供了灵感，使得包装整体色调轻松明快，动感十足。同时，包装上不断流变的液体形态及颜色变化呈现出未来图景，与"未来3000年"的概念相呼应。

营销策略方面：首先，它采用了限定上市的策略，只在特定的电商平台和线下渠道进行销售，这种策略不仅提升了产品的稀缺性和吸引力，还进一步推动了市场的热度。其次，可口可乐携手国内智能科技品牌小度，打造了别具匠心的AI体验。消费者可以通过扫描瓶身或罐身的二维码，开启AIGC体验，上传照片并畅想自己在未来3000年世界的模样。

这种交互方式不仅增强了消费者的参与感和体验感，还进一步加强了品牌与消费者之间的情感联系。

这是可口可乐公司在创新领域的一次大胆尝试。通过将数字科技与创意设计结合，创造了一种全新的、符合未来消费者需求的产品和体验。这款产品的推出不仅彰显了可口可乐在创新领域的坚持与执着，还展示了其在满足新生代消费诉求方面的积极努力。

案例启示：创新是品牌持续发展的关键。通过结合 AIGC 等前沿技术，可口可乐成功打破了传统饮料行业的边界，为消费者带来了前所未有的体验。这不仅彰显了品牌对未来趋势的敏锐洞察，还展示了其勇于探索和突破的精神。品牌需要不断创新，紧跟时代步伐，这样才能在激烈的市场竞争中脱颖而出，赢得消费者的青睐和忠诚。同时，这也为其他品牌提供了宝贵的启示：品牌在数字化转型和智能化升级的过程中，要敢于尝试、勇于创新，以打造更具吸引力和竞争力的品牌形象。

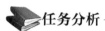 任务三　用户关系互动与链接

**任务分析**

数字营销时代，品牌的互动营销可以依托各大社交媒体平台，通过社群营销、口碑营销、体验营销、内容营销等多种方式提升互动营销效果。互动营销是精准营销模式的核心部分，是实现和用户互动的主要手段之一。数字互动营销能依托数字媒体形式，最大限度地传播品牌价值，提升品牌知名度。

本任务的主要内容如下。

（1）社交互动链接：利用社交媒体平台来进行营销已经是数字营销的必要内容。想要在社交媒体成功营销，必须制定有效的社交互动营销策略。

（2）App 互动链接：App 营销是通过应用程序来开展的营销活动，是移动营销的核心，是品牌与用户之间形成消费关系的重要渠道，也是连接线上线下的天然枢纽。

（3）小程序互动链接：小程序主要是依托一些移动互联大平台而存在，它的营销场景依托于大平台的功能定位。

知识储备

一、社交互动链接

1. 社交营销含义与特点

社交营销是指利用社交媒体平台向目标用户传播品牌信息、增加品牌知名度、塑造品牌形象、提高产品销量等的一种网络营销方式。社交营销已成为品牌推广和营销的重要渠道，具有覆盖面广、互动性强、成本低等优势。

社交平台指互联网上基于用户关系的内容生产与交换平台。社交平台传播的内容形式主

要有图文、互动问答、短视频、长视频和直播等。品牌可以利用微博、微信公众平台、视频号、小红书、今日头条、抖音、知乎、哔哩哔哩等社交媒体平台，打造垂直领域的社交媒体矩阵。

社交营销具备如下特点。

（1）目标人群集中。在私域流量或社群中，品牌可以直接面对目标人群开展推广、促销、宣传等各种活动，内容针对性强，营销效果好，更有利于口碑宣传。社交营销中的用户数据较为真实，品牌可掌握程度高。品牌可根据地域、收入、兴趣爱好等进行用户筛选，从而有针对性地对这些用户进行宣传并与其互动。

（2）有效降低品牌营销成本。社交营销的"一对多"或"多对多"信息交互传递模式具有更强的互动性，更容易产生裂变传播。与传统的广告推广形式相比，社交营销的广告投入精准且高效，广告投入成本相对较低，具有很强的用户参与性、分享性与互动性，很容易加深用户对品牌和产品的认知，进而让用户产生认同甚至转化为认购。品牌广告的投入产出比较高。

（3）及时掌握用户反馈的信息。社交营销的强交互性使得品牌能第一时间获得用户反馈的信息，及时调整营销策略、产品和服务策略，从而提高用户满意度，提高品牌口碑和传播效用。

2. 社交互动营销策略

对于品牌和企业，利用社交媒体平台来进行营销已经是数字营销的必要内容。想要在社交媒体成功营销，必须制定有效的社交互动营销策略，具体包括以下主要操作。

（1）确定营销目标。制定社交互动营销策略的第一步是确定营销目标。一个好的营销目标应该既具有可实现性，又具备明确性，如提升品牌知名度、扩大受众范围、提高转化率等。在确定营销目标的同时，还要考虑营销目标的实际可行性和数据支持。

（2）制作社交互动内容。好的社交互动内容能实现社交媒体平台的快速裂变和传播。内容营销应该精准对接目标受众的兴趣偏好、问题和痛点，结合当下流行话题、节日活动、时事热点等主题开展创作，并选择合适的传播渠道和社交媒体平台，以图文、视频、问答互动等形式传播营销内容，以期引发受众的关注、讨论、评论、转发、分享等裂变行为。

（3）建立互动营销社群。社群营销就是把具备相同兴趣爱好的受众聚集到一起，形成品牌的私域流量。根据不同维度，社群可以分为兴趣社群、人际关系社群、交易社群、地域型社群、人口结构型社群、主题社群等。品牌建立社群的目的是加强与受众的互动沟通、增加用户黏性和品牌忠诚度、提升受众服务体验，以实现更高效的流量转化。

（4）维护社群互动效果。品牌应有专业团队负责管理和运营社交媒体账号与品牌社群，持续发布新鲜内容并及时回应用户的留言和评论，积极参与互动话题讨论，同时利用数据分析优化社群互动效果。

二、App 互动链接

1. App 营销含义与特点

App 营销是指通过应用程序（App）来开展的营销活动。App 是安装在移动设备如智能手机和平板电脑上的应用程序，通常提供特定的功能或服务，如社交媒体、娱乐、电子商务等。

App 营销是移动营销的核心，是品牌与用户之间形成消费关系的重要渠道，也是连接线上线下的天然枢纽。App 营销主要具备以下 3 个特点。

（1）互动性。现代 App 设计注重用户体验，包括用户间的互动、用户与开发者之间的互动。例如，用户可以在热点新闻下发表评论、点赞或分享，或者在遇到问题时向开发者反馈意见。这种互动性有助于 App 不断改进和完善，以满足用户的需求。

（2）用户黏性。一旦用户习惯使用某个 App，就容易对该 App 产生强烈的依赖性，从而减少卸载的可能性。这种依赖性有助于增强用户黏性，使得 App 成为用户在生活中不可或缺的一部分。

（3）精准性。App 营销能够更精确地将产品和服务传递给目标用户群体。通过分析 App 的用户数据，开发者可以了解到哪些功能和特性最受用户欢迎，并据此制定更有效的营销策略。

2. App 互动营销策略

（1）广告互动模式。这是最简单、最直接的互动方式。商家在 App 中植入品牌广告，当用户点击广告栏时，会自动跳转到品牌详情页链接，用户可以从中了解品牌详情或参与活动。这种模式操作简单，只要将广告投放到那些下载量比较大的 App 上就能达到良好的传播效果。

（2）线上线下联动模式。企业利用在线商城和 App 的特色功能吸引用户下载企业 App，再配合线下门店的体验和服务，线上线下结合，提供更周到、便利和个性化的服务给用户。例如盒马鲜生的新零售模式，就是很好的例子。

（3）购物网站模式。将购物网站转移到 App 上，用户可以随时随地地浏览网站，获取商品信息，放入购物车。这种模式的特点是快速便捷，产品选择丰富，并伴随很多优惠信息。

三、小程序互动链接

1. 小程序营销含义与特点

小程序是一种不需要下载安装即可使用的应用，它实现了应用"触手可及"的梦想，用户扫一扫或搜一下即可打开应用。小程序也体现了"用完即走"的理念，用户不用关心是否安装太多应用的问题。应用将无处不在，随时可用，但又无须安装卸载。对于用户来说，小程序能够满足简单的基础应用，能够节约使用时间成本和手机内存空间，适合生活服务类线下商铺及非刚需低频应用的转换。小程序具备以下 3 个特点。

（1）使用简单方便。小程序搭建完毕之后，用户可以通过搜索功能，或者扫描识别二维码等方式直接跳转，无须另行下载安装即可使用，比 App 更简单易用。

（2）营销门槛低。小程序开发门槛相对较低，难度不及 App，对于开发者来说也能节约开发和推广成本。品牌可以借助小程序进行用户测试并获取反馈，从而改进优化产品和服务。

（3）传播扩散力强。小程序便于分享、传播和推广，并适应多场景传播推广。以微信小程序为例，用户可以轻松分享给朋友、朋友圈或微信群，传播成本低廉，扩散能力强大，适合品牌进行社群裂变。

2. 小程序互动营销策略

小程序主要是依托一些移动互联大平台而存在，因此它的营销场景依托于大平台的功能定位。各个小程序依托自身平台优势，迅速发展，在数字互动营销中占据一席之地。

（1）小程序+社交电商。微信小程序可以与社交电商平台进行结合，通过社交化营销手段，让用户在社交平台上看到推荐的小程序，从而引流到小程序上。品牌可以通过微信群、朋友圈、公众号等社交渠道，将小程序分享给更多的用户。同时，可以在小程序中设置社交分享功能，让用户可以通过分享获得优惠券、积分等奖励，进一步促进小程序的传播。

（2）小程序+O2O。O2O 是指线上与线下的结合，小程序可以通过与线下实体店合作，实现 O2O 营销。品牌可以通过小程序提供线上订餐、预约服务等功能，让用户可以通过小程序直接下单支付，提高购买效率。同时，线下实体店也可以通过小程序提供优惠券、会员卡等福利，吸引更多的用户到店消费。

（3）小程序+短视频。小程序可以与短视频平台进行结合，通过短视频的传播吸引用户到小程序上。品牌可以通过短视频平台发布有趣、实用的短视频内容，吸引更多的用户观看和分享。同时，可以在小程序中设置短视频展示功能，让用户可以通过小程序直接观看短视频内容。

（4）小程序+AR 互动。AR 互动是一种新颖的互动方式，可以让用户通过手机与虚拟场景进行互动。小程序可以与 AR 技术结合，提供有趣的 AR 互动功能，吸引更多的用户使用小程序。例如，在小程序中设置 AR 扫码功能，让用户可以通过扫描二维码进入 AR 场景，进行有趣的互动体验。同时，可以在 AR 场景中设置广告展示区，展示品牌形象和产品信息。

（5）小程序+LBS 定位。LBS 定位是一种基于地理位置的服务技术，可以通过定位用户的地理位置提供相关的服务。小程序可以与 LBS 定位结合，提供基于地理位置的服务功能。例如，在小程序中设置地图导航功能，用户可以通过地图导航找到品牌的实体店位置，同时也可以在地图上标注品牌的位置信息。

 **创意推广**

OPPO Reno7：新品上市的创意互动营销活动

OPPO Reno 系列推出新一代产品 Reno7，成功塑造了新品上市的登场感和话题性，吸引了大量用户关注和参与。营销人员从 OPPO 手机产品本身出发，聚焦产品外观的亮眼工艺，挖掘出"流星雨"这一创意主题来抓住用户眼球，从"搜索热度电商转化"这一营销目标着手，把"搜索"作为创意的关键动作。

OPPO Reno7 以"流星雨的宝藏"为主题串起一系列品牌推广活动，整合全渠道营销资源开展一场全网参与的互动解谜挑战。品牌方根据 OPPO Reno7 的产品信息策划了 77 道谜题，以图像、符号、文字、声音等各种形式呈现，并在微信和天猫 OPPO 店铺开放答题小程序，每道题的首位解谜者可以获得 Reno7 流星雨手机，如图 7-6 所示。

图 7-6 "流星雨的宝藏"活动

　　品牌方还同时联合多个机构调动多位知名艺人发布内容，并在微信、微博、哔哩哔哩、小红书、抖音等各大新媒体平台藏入不同的谜题，并设立兑奖终端+谜题聚合的小程序、总裁另类官宣视频、知名艺人/品牌/行业机构跨界联动事件，叠加各类实时话题，吸引更多用户持续参与解谜，引爆搜索热度。用户在互动解谜中主动搜索产品，无形中加深品牌认知。

　　活动上线30分钟内挑战人数突破2万，活动截止时共获得解密数据词条28万个，吸引答题超53万人次，全网各社交平台相关话题阅读超1亿次。新品首发当天，OPPO Reno7斩获天猫平台手机单品销量、销售额双料冠军，新品访客数67.8万，品牌新会员同比增长288%，其中"流星雨的宝藏"礼盒预售活动"Z世代"年轻群体占比提高53%。

　　案例启示：新产品上市首销的关键节点需要用高效的方式快速建立用户认知，提升产品相关的搜索热度，从而帮助品牌引流并实现转化。

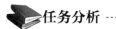

任务四　数字投放效果的分析

 **任务分析**

　　数字营销时代，数字投放效果分析已成为品牌数字化精准营销闭环中的关键环节。品牌不仅可以通过数字投放效果分析与数据洞察发现营销过程中的问题，而且能利用数据分析结果优化营销活动方案，不断升级迭代品牌营销推广的模式。

　　本任务的主要内容如下。

　　（1）投放效果数据获取：数据获取方式主要有数据获取技术、企业内部数据、线上线下调研数据、信息共享数据。

　　（2）评估指标体系搭建：评估效果包括内容效果、广告效果的评估。

　　（3）投放效果分析方法：投放效果分析方法主要包括营销漏斗分析法、四象限分析法、TOP-N分析法。

知识储备

一、投放效果数据获取

　　数字投放效果分析是品牌数字化运营和推广的重要环节。品牌通过分析数字营销数据，客观而正确地研判营销活动的效果，分析优缺点，优化营销活动方案，进行下一轮更高效的投放。数据获取需要遵循科学、客观、严谨的原则，并能服务于最终的应用分析，这样的数据分析结论才具有应用价值。具体的投放效果数据获取方式有以下4种。

　　（1）数据获取技术。常见的数据获取技术包括数据埋点、数据库导入、系统日记、应用程序接口（API）等。利用技术获取的数据较为系统、全面、细致，方便企业从全局的角度分析营销推广效果。

　　（2）企业内部数据。企业内部数据相对容易掌握。分析企业的销售数据、财务数据、运

营数据等，判断数字投放效果的情况，及时调整和优化企业的资源配置。

（3）线上线下调研数据。线上调研是普遍采用的方式，匿名、方便、安全。相对于线下调研，线上调研数据会更客观，更反映调研对象的真实想法。对于线下推广的产品和服务而言，线下调研虽然有些烦琐，却是必不可少的调研方式。

（4）信息共享数据。两家企业如果不存在竞争关系且存在共同的目标群体，就可以进行数据共享。例如，女鞋和女装的目标群体契合度很高，相互之间不存在竞争关系，就可以进行数据共享。

二、评估指标体系搭建

1. 内容效果评估

内容效果反映了内容制作的质量、受众的反馈、受众的偏好等信息，可以从以下指标进行评估。

（1）展示数据指标。展示数据指标包括内容点击量、页面跳失率、页面停留时间等。通过分析内容被点击、浏览的情况，了解内容与用户需求的契合度。内容点击量高、跳失率低、页面停留时间长，说明内容质量高、推广效果好，反之亦然。

（2）转化数据指标。常见的转化数据指标包括付费链接点击次数、付费成功次数、广告点击次数、二次转化成功率等。

（3）黏性数据指标。统计展示数据时，如果进一步分析用户重复阅读的次数，并结合页面停留时间，就可以得到黏性数据。常见的黏性数据指标包括阅读页停留时长、单位阅读数量、用户重复活跃次数等。

（4）分享数据指标。内容的分享频率及后面带来的流量可以说明内容的质量，这对需要通过分享转发带来口碑和爆点的品牌有着重要意义。常见的分享数据指标有分享渠道、分享次数、回流率等。

2. 广告效果评估

广告效果直观的评估指标包括点击量、点击率、转化量、转化率、用户参与度等，因为这些数值直接反映广告投资收益。

（1）点击量与点击率。用户点击推广内容的次数叫点击量，一般来说，展现量越大，点击量也会越大。点击量与展现量的比例叫点击率，点击率代表了推广内容的质量高低，反映了内容的吸引力。

（2）转化量与转化率。转化量是指受推广内容影响最终产生购买或注册的次数，转化率是转化量与点击量的比例。转化率是广告投放效果的重要评估指标之一。分析和优化广告投放的渠道、时间、内容等方面，可以提高广告的转化率，从而降低广告成本并提高收益。

（3）用户参与度。用户参与度是指用户与广告内容互动的程度，包括评论、分享、点赞等。高参与度意味着广告引发了用户的兴趣和共鸣。

三、投放效果分析方法

（1）营销漏斗分析法。该方法是运用数字营销中的营销漏斗模型进行分析，根据用户转化路径，从展现—点击—访问—咨询—成交（成交）5 个步骤搜集数据，进行广告投放效果分析和控制，如图 7-7 所示。展现阶段，首要任务是产品曝光，提高品牌认知度；点击说明引起了用户的关注，有进一步了解品牌的可能；访问和咨询说明激发了用户的购买欲望，这时要保证购买流程顺畅，以便实现最后的转化。

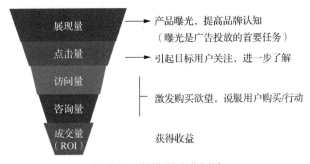

图 7-7　营销漏斗分析法

（2）四象限分析法。四象限分析法也叫矩阵分析方法，是指利用两个参考指标，把数据切割为 4 小块，从而把杂乱无章的数据分成 4 个部分，然后针对每一个小块的数据进行针对化的分析，如图 7-8 所示。该分析法用于观察和分析广告投放指标，简单易操作，能通过不同指标之间的相互关系决定优化策略。

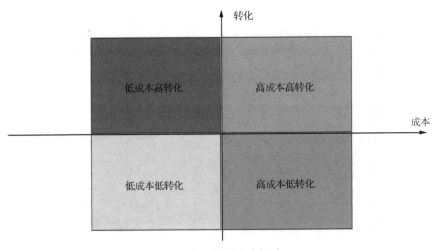

图 7-8　四象限分析法

（3）TOP-N 分析法。TOP-N 分析法指基于数据的前 N 名汇总，与其余汇总数据进行对比，从而得到最主要的数据所占的比例和数据效果。一般在搜索引擎广告营销数据分析中使用。其原理类似二八原则，找到消费/转化占比 80% 的数据，定位出需要持续关注消费或转化的重要关键词。例如，根据关键词报告，消费降序排列，选取消费 Top 前 50 的关键词，筛选掉与产品或服务相关性弱的关键词，对出价高的广泛和短语匹配的关键词进行适当调整。

文化自信

理象国致敬做饼手艺人：来自弄堂里的 100 封"油"件

　　理象国是近几年成长飞速的预制菜品牌，品牌旗下葱油饼系列尽力复刻还原地道滋味，专注于致敬巷子里的传统饼店，以展现品牌对传统做饼手艺的传承。

　　在冬至来临之际，理象国希望用一波品牌活动，拉近消费者与传统饼铺和手艺人的距离。线下计划与上海 100 家以上传统饼店合作，帮助做饼手艺人售卖 10 万张葱油饼；线上创造上亿级声量，同时带动品牌旗舰店销量暴涨。

做饼手艺人的饼铺常常"藏在"不起眼的巷弄里，这些群体也往往年龄偏大，在这个社交发达时代里，逐渐"失声"。品牌方认为，推动传统饼铺更受关注，应当聚焦每个手艺人的心声。

营销人员发现，当手艺人将饼递给消费者的时候，装饼的一张张油纸袋就成为他们对外沟通的主要"媒介"，可以借助装饼的油纸袋，转化为和消费者沟通的"邮"纸袋。

理象国联合上海 100 家饼铺打造 10 万份油纸袋，将手艺人做饼的心里话写在上面，和消费者真诚沟通。同时以"上海饼铺地图"为话题，为手艺人制作专属海报、视频等，在多平台投放。

活动期间理象国针对葱油饼进行推广投放，抖音"达人"曝光超 5000 万次，微信推文曝光超 20.5 万次；对上海多家葱油饼小店店主进行拍摄，并进行抖音信息流的投放，总曝光 600 多万次，如图 7-9 所示。理象国与上海 100 家弄堂里的饼铺进行合作，制作了上海饼铺地图进行线上线下投放，获得超过 1 亿次的曝光；为 100 家弄堂里的饼铺免费制作了专属的油纸袋，促进小店销售 10 万多张饼。

配套视频

理象国主题宣传片

图 7-9 "理象国致敬手艺人"活动数据

案例启示：有的放矢、步步为营的品牌线上线下推广活动，通过普通的油纸袋传递品牌浓厚的人情味，拉近了与消费者的距离，收获了优质的流量数据和数字化推广效果。

知识考核

一、单选题

1. 用户标签的维度由浅入深的构建顺序是（   ）。

A. 原始标签—模型标签—事实标签—预测标签

B. 事实标签—模型标签—原始标签—预测标签

C. 原始标签—事实标签—模型标签—预测标签

D. 模型标签—原始标签—事实标签—预测标签

2. 以下属于行为数据类型的是（　　　　）。

    A. 信用数据　　　　　B. 联络数据　　　　　C. 浏览数据　　　　　D. 历史数据

3. 通过人群的性别、年龄、收入、学历、职业、商圈地域等维度定位目标受众属于（　　　　）。

    A. 基础属性定向　　　B. 受众行为定向　　　C. 受众场景定向　　　D. 兴趣偏好定向

4. 以下不属于用户关系互动与链接方式的是（　　　　）。

    A. 社交互动链接　　　　　　　　　　　　B. App 互动链接

    C. 小程序互动链接　　　　　　　　　　　D. 门店互动链接

5. 以下不属于广告效果直观评估指标的是（　　　　）。

    A. 点击量　　　　　　　B. 点击率　　　　　　C. 展现量　　　　　　D. 成交量

二、多选题

1. 用户标签构建的维度包括（　　　　）。

    A. 原始标签　　　　　　B. 事实标签　　　　　C. 预测标签　　　　　D. 模型标签

2. 用户数据洞察技术包括（　　　　）。

    A. 用户聚类技术　　　　　　　　　　　　B. 触点营销技术

    C. 地理围栏技术　　　　　　　　　　　　D. RFM 模型预测技术

3. 品牌数字化推广思维包括（　　　　）。

    A. 推广受众精准化　　　　　　　　　　　B. 推广内容精准化

    C. 推广产品精准化　　　　　　　　　　　D. 推广服务精准化

4. 品牌已知受众定向包括（　　　　）。

    A. 基础属性定向　　　B. 受众场景定向　　　C. 受众行为定向　　　D. 兴趣偏好定向

5. App 营销的特点包括（　　　　）。

    A. 互动性　　　　　　　B. 用户黏性　　　　　C. 精准性　　　　　　D. 灵活性

三、判断题

1. 未知受众主要是指私域流量的目标受众。（　　　　）

2. 对于用户来说，小程序能够满足简单的基础应用，适合生活服务类线下商铺及非刚需低频应用的转换。（　　　　）

3. 营销漏斗分析法从"展现—点击—访问—分析—成交"5 个步骤搜集数据，进行广告投放效果分析和控制。（　　　　）

4. 用户聚类技术是衡量用户价值和用户创造利益能力的重要工具和手段。（　　　　）

5. 用户画像在用户筛选、品牌定位、精准营销、个性化推荐等领域得到了广泛应用。（　　　　）

四、案例分析

在"国潮"高速发展时期，曾有不少品牌通过绑定民族情绪、文化认同获得了大步增长。这样的心智定位和品牌形象能有效获得用户的认可和追捧，因为它达成的认同不在于精致的视觉符号，而是更广泛的精神认同。

鸿星尔克就是成功的例子。自从 2021 年鸿星尔克"破产式捐款"引发大众"野性消费"潮流后，品牌持续深化人设和声量，开启了平均"一月一热搜"的社会化营销。鸿星尔克用"追热点"的方式打开流量入口，用系统化的社交媒体积累粉丝，将追热点的效益高效地沉淀下来。鸿星尔克近年提出的"粉丝养成"计划，背后的逻辑就是用产品、营销等吸引目标群体，通过品牌信息传递和趣味沟通向年轻粉丝靠拢。

主动链接目标用户，这点在这几年鸿星尔克的品牌动作中尤其明显：借势动漫、游戏等，将触角伸至"Z世代"喜欢的方方面面，强化了自己民族品牌的认知。更为重要的是，将"用户共创"列为产品研发的重要方向，增强用户的"参与感""养成感"。在一次发布会中，鸿星尔克表示会推出高端系列，但依然坚持走性价比路线。目前整体来看，优化设计之后的鸿星尔克更趋于年轻化、时尚化、"国潮"化，同时产品类目中价格相对较高的单品比重也开始提高。

请分析鸿星尔克目标消费群体的特征，以及该品牌成功沉淀流量、链接目标用户的做法。

 **AI辅助实操**

为瑞蚨祥品牌制定数字化推广方案

实训背景

改革开放以来，瑞蚨祥发扬了销售面料和帮助顾客加工服装相结合的传统，在研制中国传统服饰方面付出了很多的心血，尤其在加工展示东方女性和中国丝绸特有风韵美的旗袍上成绩斐然，一针一线精益求精，一款一式妙不可言，深受海内外华人女士的喜爱。近几年来，瑞蚨祥已有了自己的"品牌"，以神话中形似蝉的一对母子"蚨"为图案，申报注册了自己的标识。多品种的民族传统服饰已批量生产，投放市场后反应良好。

店名瑞蚨祥中的"瑞"字，是瑞气的象征；"蚨"取其青蚨还钱的寓意（青蚨原是一种水虫，因相传青蚨还钱的典故，又成为钱币的别名）；"祥"字，一方面是吉祥之意，另外店东乃山东省旧军孟家，所开商店均是祥字号。总之，是瑞气吉祥、财源茂盛的意思。

实训目标

1. 总结分析瑞蚨祥用户画像，确定目标人群特征。
2. 选择匹配品牌内涵和价值的传统节日，制定营销推广活动主题。
3. 选择合适的数字化用户触达渠道展开主题活动。
4. 选择合适的数字化用户互动方式展开主题活动。

实训操作

请在魔搭社区（Model Scope）选择B（Base）类模型平台辅助形成Python语句，应用AI形成的Python语句对目标用户进行相关数据采集、数据清洗、数据分析；在魔搭社区选择Chat类模型平台辅助研究营销活动和互动方式，通过以上AI操作辅助实训操作完成以下要求。

1. 构建用户画像，确定瑞蚨祥目标受众特征。
2. 选择传统节日，如春节、元宵、中秋、重阳节等，确定节日营销主题。
3. 选择已知受众定向或未知受众触达的方法设计营销活动。
4. 从社交、App、小程序中选择合适的用户互动方式设计活动。

实训成果

1. 品牌目标受众特征分析。
2. 品牌营销活动设计表。
3. 品牌数字化推广节日营销策划方案。

项目八　数字营销　助推品牌传播

学习目标

● 知识目标

1. 了解品牌官网建设的基本内容
2. 懂得微信公众号的内容规划方法
3. 掌握品牌故事的元素
4. 了解品牌海报设计原则和 H5 的制作流程
5. 知道新媒体营销工具的使用技巧

● 能力目标

1. 能够分析品牌官网设计效果
2. 能够建设品牌官方公众号
3. 能够根据品牌规划挖掘品牌故事
4. 能够制作品牌宣传海报和 H5 页面
5. 能够灵活运用新媒体工具进行品牌推广

思维导图

● 素养目标

1. 培养分析问题和解决问题的能力
2. 培养品牌宣传内容设计思维及创造力
3. 培养对品牌在社交媒体和在线平台上的表现和策略的理解能力
4. 培养综合使用数字营销工具的能力，为企业品牌宣传推广贡献力量

岗课赛证

【数字营销技术应用】（高级）

工作领域	工作任务	职业技能要求
数字化信息触达	触达方式策划	1. 能根据目标消费者画像，结合营销预算，不断挖掘适合产品品类的投放渠道，策划可行的数字化信息触达方案 2. 能根据数字化信息触达方案，分析消费者搜索特征，完成全方位的线上消费者主动触达方式策划 3. 能根据数字化信息触达方案，分析平台推荐模式特征，完成全方位的线上消费者被动触达方式策划 4. 能根据数字化信息触达方案，分析线下数字营销特征，完成全方位的线下消费者触达方式策划

案例导入

小米品牌：成功背后的数字营销分析

小米科技有限责任公司（以下简称小米公司）成立于 2010 年，定位于智能硬件、电子产品、芯片研发、智能手机、互联网电视及智能家居生态链建设的全球化移动互联网企业、创新型科技企业，小米官网如图 8-1 所示。小米在过去 14 年间，致力于让全球每个人都能享受科技带来的美好生活，"为发烧而生"是小米的产品概念。根据 Canalys 发布的报告，2023 年全球智能手机领先品牌 Top10 榜单中，小米排名第三。

图 8-1 小米官网

在现代数字化时代，作为土生土长的国民品牌，数字营销是引领小米公司走向成功的关键。

小米公司应用了"极客精神"做产品，对待用户真诚、真心，结合数字营销策略、产品优化和创新技术，为用户提供差异化数字体验。小米公司经过多年的发展，于 2013 年创立 Redmi 独立子品牌，Redmi 主要面向年轻消费群体，旨在为全球年轻人打造高质量、性价比高的智能消费类电子产品。Redmi 瞄准"Z 世代"，曾经上线首家将 AR 科技与新机体验结合的 Redmi 潮流快闪店，推出 AR 手机试拿功能、AR 手表试戴功能和

3D 耳机模型展示等数字体验方式，以及联合知名代言人，打造高质量趣味互动 AR 购物场景，用户可在小米 App 与小程序等端口完成新机体验。此举提升了用户体验并促使用户做出购买决策，从而为小米品牌营销带来了显著效果。

　　案例启示：在数字化时代，企业通过数字化营销策略，更容易连接品牌与用户的情感，触发用户的心理变化，使用户从"品牌认知"到"品牌喜好"再到"品牌选择"，以提升品牌辨识度，助推品牌传播，为企业在激烈的市场竞争中增加品牌竞争力。

任务一　品牌数字化建设

任务分析

　　一个优秀的数字品牌必须具备两点：辨识度与覆盖广。辨识度是指品牌在数字市场中能够被轻松、准确地识别和区分的程度。辨识度不局限于传统的视觉标识，还包括品牌在多个数字平台上的独特声音、语言风格、用户体验等方面的表现。覆盖广是指品牌在不同的电子商务、社交网络平台上有广泛的存在感和影响力。数字品牌应该通过多种形式的内容（文字、图像、视频等）来实现广覆盖。这种全方位的覆盖有助于品牌与目标人群建立深层次的联系，提升品牌的知名度和认知度。

　　本任务的主要内容如下。

　　（1）品牌官网建设：根据品牌官网设计的原则设计品牌官网内容。

　　（2）官方公众号建设：选择合适的微信公众号类型，开展官方公众号内容规划。

　　（3）企业 App/微信小程序设计：企业在选择开发 App 或小程序时，应综合考虑业务需求、目标用户、预算限制及长期战略。

知识储备

　　品牌数据化建设的基础任务主要包括品牌官网建设、官方公众号建设，以及企业 App 与微信小程序建设。基础任务建设在品牌数据化构建中发挥关键作用，成为品牌推广的重要渠道。

一、品牌官网建设

　　品牌官网建设是指在企业自身准确定位的基础上，围绕品牌定位、品牌风格、品牌调性等方面，为自身开展的官网建设，是通过视觉传达来塑造企业品牌形象、传递理念、吸引新用户并实现业务目标的重要载体。它的设计内容涵盖了对网站结构、视觉风格、品牌故事和用户体验的深入研究。

1. 品牌官网设计内容

　　品牌官网设计是品牌官网建设的关键组成部分，对于提升品牌在数字时代的关注度、影响力和用户体验起到至关重要的作用。具体设计内容可以从以下 4 个方面展开。

（1）网站结构

官网设计的第一步是构建结构清晰、容易操作的网站结构。网站结构是指网站上各种元素的组织、布局和连接形成的结构，即页面间组成的层次关系。优秀的网站结构能够提升用户访问的体验。因此，设计者需要深入了解目标人群和品牌核心信息，合理组织页面，确保用户能够在网站中轻松找到所需的信息。

 协作探究

网站视觉效果传达

研究表明，视觉是我们五感中最强大的感官，人们获取的信息中有83%是通过视觉接收的，其次依次是听觉、触觉、嗅觉、味觉。随着品牌数量的急剧增加，市场竞争日益激烈，创建吸引用户视觉效果的网站，成为品牌在同质化中脱颖而出、深入用户心智的战略手段。

网站视觉效果传达指的是通过网站的站标、导航栏、首页内容、子页面和页眉页脚等板块，向用户传递特定的信息、情感或品牌形象。网站视觉效果传达影响用户对网站的感知和理解，同时也对品牌的定位和传播产生影响。

站标是网站的标志，承载着网站的内涵和特色，通常位于首页的显眼位置，给用户留下深刻印象，在推广和宣传中具有事半功倍的效果。

导航栏是网站结构的核心，通常位于页面的顶部或侧边，包含了网站的主要导航链接，用于引导用户访问不同的页面或部分。

首页内容是网站的主体，通常根据内容的多少划分栏目，包括关于我们、新闻中心、产品/服务、联系我们等，可以根据品牌的需求和用户的关注来设计不同的主要页面。

子页面在主要页面里面，为了深入展示主题，提供更详细的信息。例如，产品页面下可能有每个产品的详细介绍、规格等子页面。

页眉指页面的上部，根据情况设置，通常在导航栏的上面，可以设计注册、登录等功能。页脚是指页面的底部，通常放置联系方式、隐私政策与服务条款，有时也会提供友情链接等。

总体而言，网站结构设计效果的好坏直接关系到用户体验和网站整体运营效果。图8-2所示为百雀羚网站视觉效果。

配套视频

百雀羚官方网站

图8-2　百雀羚网站视觉效果

图 8-2　百雀羚网站视觉效果（续）

协作任务： 请以小组为单位，举例说明不同品牌网站的结构设计，谈谈该网站视觉效果传递了什么信息，并思考网站结构设计的意图。

（2）视觉风格

拓展阅读

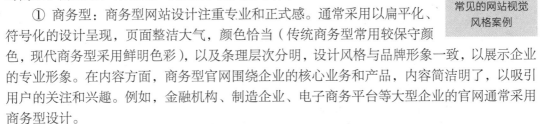

常见的网站视觉风格案例

视觉风格是品牌官网形象的外在表现，包括色彩、字体、图标、图片等元素的选择。品牌在官网上营造独特而统一的视觉风格，有助于强化品牌形象，增强用户对品牌的记忆和认知。常见的网站视觉风格包括商务型、时尚型、简约型、科幻型、卡通型、国风型 6 种。

① 商务型：商务型网站设计注重专业和正式感。通常采用以扁平化、符号化的设计呈现，页面整洁大气，颜色恰当（传统商务型常用较保守颜色，现代商务型采用鲜明色彩），以及条理层次分明，设计风格与品牌形象一致，以展示企业的专业形象。在内容方面，商务型官网围绕企业的核心业务和产品，内容简洁明了，以吸引用户的关注和兴趣。例如，金融机构、制造企业、电子商务平台等大型企业的官网通常采用商务型设计。

② 时尚型：时尚型网站设计强调创意性和独特性，通常采用大胆的颜色、时尚的排版和引人注目的图像，体现精致的视觉感和丰富的色彩感。字体和图标设计可能更具有艺术性，以凸显品牌的时尚感和个性。例如，服装、化妆品、饰品、鞋帽等时尚品牌的官网通常采用时尚型设计。

③ 简约型：简约型网站设计注重极简主义，以最有限的元素营造最无限的意境。采用清晰的排版、纯粹的色泽和简单的图标，保留自然、实用的内容，突出页面的纯粹性和直观性，减少视觉干扰，更好地突出中心。例如，服装、饰品、科技企业或创新型企业的官网常采用简约型设计。

④ 科幻型：以蓝黑灰色调为主，运用颗粒、天文宇宙等元素，巧妙运用高科技图标，旨在打造一种未来 N 次元的空间感，从而营造出科幻和未来感。此设计风格通过引入未来主义

元素，凸显先进技术和创新性产品，为用户呈现出高度科技感的视觉体验。例如，科技企业、电子产品制造企业的官网可能采用科幻型设计。

⑤ 卡通型：卡通型网站设计以卡通或插画风格的图像和图标为主，通过采用明亮的颜色和有趣的排版，营造轻松、有趣的氛围。其特点是让人们感到新鲜、界面可爱、内容充实有趣和互动性强。这种设计风格通常适用于面向年轻用户的网站或娱乐类网站，为用户提供愉悦的浏览体验。

⑥ 国风型：国风型网站设计强调传统文化元素，采用中国传统的颜色、图案和装饰，以展示出浓厚的文化氛围。网站上的字体、图标和排版尽可能融入传统的艺术元素，突出地域的特色，展示古典的韵味。例如，传统文化品牌或文化机构常采用国风型设计，通过这种风格展示深厚的历史底蕴和独特的文化传统。

（3）品牌战略

品牌官网设计应充分体现品牌战略，包括传递企业文化、核心价值、使命和愿景。将品牌的战略目标融入官网的设计中，强调品牌的独特性，从而打造出自己的品牌优势。

**品牌强国**

伊利品牌官网的企业愿景和价值观分析

内蒙古伊利实业集团股份有限公司（以下简称伊利集团）成立于 1993 年，是我国规模最大、产品品类最全的乳制品企业。它是我国首家唯一同时服务夏季奥运会和冬季奥运会的健康食品企业。

伊利集团从创立至今已经有30多年的历史了，其发展历程体现了我国乳业由小到大、由弱到强的演变过程。通过在规模、渠道、创新和供应链等方面建立核心竞争力，伊利构建了全产业链的优势。同时，它还提出"伊利即品质""全球健康生态圈"及全产业链协同发展等概念，推动着整个我国乳业向国际前进。目前，伊利集团位居全球乳业五强，连续十年蝉联亚洲乳业第一。

从官网"企业愿景"来看，伊利集团的企业愿景是一个对未来发展的愿望和规划，反映了企业对社会、用户、员工等相关方的责任和承诺，同时还体现可持续发展和全球化的承诺，树立在全球范围内建立卓越的品牌形象的远大目标。

从官网"企业价值观"来看，伊利集团的企业运营中明确了"卓越、担当、创新、共赢与尊重"为核心价值观。这些价值观不仅是伊利组织文化的基石，更是企业在市场竞争中取得成功的关键要素，反映了伊利集团的社会责任感和对全球健康问题的关注，塑造了伊利集团独特的企业文化和品牌形象。

伊利品牌官网的企业愿景和价值观如图8-3所示。

图8-3　伊利品牌官网的企业愿景和价值观

案例启示：企业品牌官网是企业品牌形象的窗口，通过官网展示企业愿景和价值观，不仅能够吸引外部用户的注意，有助于树立企业的品牌形象；还能够加强员工对企业文化的认同，提高员工的忠诚度。因此，品牌官网的企业愿景和价值观为推进企业文化、树立品牌形象起到重要作用。

（4）用户体验

用户体验是品牌官网设计最重要的内容之一。在设计品牌官网时需要深入了解目标用户的需求和行为，以创建符合用户期望、易用且愉悦的体验。这包括页面加载速度、响应式设计、交互元素、信息清晰度等。对这些影响用户体验的因素进行合理安排，才能确保用户在浏览官网时得到最佳的体验效果。

2. 品牌官网设计的原则

品牌官网设计是企业战略规划的重要组成部分，承载并浓缩了整个企业的精神内涵。企业品牌官网设计时应遵循以下 5 个基本原则。

（1）用户导向原则

用户导向原则强调将用户体验作为品牌官网设计的核心。品牌官网设计应当以用户需求和期望为依据，提供直观易懂的界面和清晰明了的操作指引，方便用户轻松找到所需信息。这样有助于提高用户对品牌官网的满意度，减少用户的操作困扰。

（2）情感共鸣原则

情感共鸣原则强调通过品牌官网设计讲述品牌故事，以加强品牌的独特性和核心价值，促使用户与品牌之间建立更为深厚的情感联系。采用引人入胜的故事叙述和吸引人的图像，搭配符合品牌价值观的设计元素，有助于引发用户情感共鸣，从而深化用户对品牌的认知、认可和情感投入。

（3）一致性原则

一致性原则强调在品牌官网设计中，包括风格形式、颜色搭配、字体使用等整体设计要与品牌形象保持一致。品牌官网的一致性设计不仅有助于夯实品牌形象，使用户更容易辨认和记住品牌，还能够传达出品牌形象的专业、可靠，进而深化用户对品牌的信任和认可。

（4）简约性原则

简约性原则强调采用清晰简洁的设计风格，避免过度装饰和复杂性，以促使用户能够迅速理解官网信息。采用简约的官网设计有助于提高用户的浏览效率，提供愉悦的用户体验，使用户更容易专注于品牌信息，从而增强用户对品牌的关注度。

（5）个性化原则

个性化原则鼓励在品牌官网设计中融入企业独特和个性化的元素，以突出品牌的特色。品牌官网设计通过采用独特的图标、配色方案、用户互动方式、品牌 IP 形象或品牌故事，提升品牌的辨识度，从而引起目标人群的注意力。独具个性的设计不仅能够让品牌在竞争激烈的市场中脱颖而出，还能将品牌植入用户心智，建立起品牌与用户之间独特的情感连接。图 8-4 所示为比亚迪汽车系列的个性化命名。

图 8-4　比亚迪汽车系列的个性化命名

二、官方公众号建设

微信官方公众号简称公众号，是指企业、组织和个人在微信公众平台注册并获得授权的媒体账号，它承载着信息传递、互动交流的功能，为用户提供了在微信公众平台上获取多样内容和服务的途径。

1. 微信公众号的类型

微信公众号作为数字营销工具，在当前市场环境中已成为企业、组织和个人进行品牌形象宣传、传递信息、吸引目标人群的重要平台。目前，微信公众号可以分为服务号、订阅号两种类型，两者的核心区别主要体现在功能定位、消息推送频率和用户交互能力上。服务号主要面向企业和组织，可以自定义服务功能，如支付、预约、客服等，以支持用户管理和交付功能，并且用户关注后出现在微信聊天列表中，增强用户互动，但每个月限制群发送 4 条消息；订阅号主要面向个人、媒体、企业和组织日常内容发布和信息传播，用户关注后被归类到微信的"订阅号"文件夹中，但允许每天群发 1 条消息。服务号与订阅号的比较如表 8-1 和图 8-5 所示。

表 8-1　服务号与订阅号的比较

公众号类型	服务号	订阅号
定义	为企业和组织提供更强大的业务服务与用户管理能力，具有支付、预约、客服等功能，主要偏向服务类交互	为媒体和个人提供一种新的信息传播方式，主要功能是给用户传达资讯，提供新闻信息或娱乐趣事
适用人群	媒体、企业、政府或其他组织	个人、媒体、企业、政府或其他组织
群发次数	每个月（按自然月）可群发 4 条消息	每天可群发 1 条消息

总之，服务号更侧重于提供便捷的服务和高效的用户管理，其功能丰富且较为复杂，因此需要较高的日常管理投入和维护成本；相反，订阅号适用于定期的内容发布和信息传播，由于功能较为简单，其维护成本相对较低。因此，企业在选择注册公众号类型时，应根据自身业务需求和目标用户群体做出明智的决策，以实现最佳的用户互动和品牌传播效果。

功能权限	服务号		订阅号	
	普通服务号	微信认证服务号	普通订阅号	微信认证订阅号
消息直接显示在微信聊天列表中	✓	✓		
消息显示在"订阅号"文件夹中			✓	✓
每天可以群发1条消息			✓	✓
每个月可以群发4条消息	✓	✓		
无限制群发				
保密消息禁止转发				
关注时验证证身份				
基本的消息接收/运营接口	✓	✓	✓	✓
聊天界面底部,自定义菜单	✓	✓	✓	✓
定制应用				
高级接口能力		✓		部分支持
微信支付-商户功能		✓		部分支持

图 8-5　微信公众号不同类型的功能对比

2. 官方公众号内容规划

官方公众号的内容规划直接影响到品牌形象的建立和传播,通过精心设计,有助于向目标用户传递一致、清晰的品牌形象。有效的内容规划能够精准地吸引目标人群,提升品牌的可信度与专业度。官方公众号内容规划一般包括账号定位、栏目规划、内容设计和视觉风格4个方面。

（1）账号定位

官方公众号的账号定位是整体战略规划的关键组成部分,其目的在于明确目标人群、传递核心信息和确定品牌定位。全面性的账号规划有助于吸引目标人群,以清晰且一致的品牌形象传达核心信息,最终建立起独特的品牌定位和整体风格。

（2）栏目规划

栏目规划涉及在官方公众号中划分不同栏目,需考虑到目标用户的兴趣和需求,确保内容结构清晰、易于浏览和理解。账号栏目需要规划的内容包括栏目主题、栏目风格、对应选题、栏目形式、栏目内容等。

（3）内容设计

内容设计是指在官方公众号的各个栏目中精心设计和策划各类选题、文案、图片、视频等内容,构建出富有创意、高质量、符合品牌特色的内容,以吸引目标人群的关注,同时有效传递品牌核心信息。

（4）视觉风格

视觉风格涉及官方公众号整体的视觉呈现,包括配色方案、字体选择、排版风格、图标设计等。保持官方公众号视觉风格的统一性有助于提升品牌辨识度,使目标人群更容易建立对品牌的信任感。

三、企业 App/微信小程序设计

随着互联网的广泛普及和移动用户的迅速增加,开发企业 App 和微信小程序已成为企业重要的营销手段。这不仅有助于企业巩固品牌形象和拓展市场份额,还能与用户建立密切的关系,提升用户体验,因而具有重要的战略意义。

1. 企业 App 与微信小程序对比

开发企业 App 和微信小程序是企业发展的必然趋势。企业 App 与微信小程序的对比如表 8-2 所示。

表 8-2　企业 App 与微信小程序的对比

对比项目	企业 App	微信小程序
定义	为企业和组织开展业务需求而开发的应用程序	是一种不需要下载安装即可使用的应用，用户只需要扫一扫或搜一下就能打开应用
用户人群	智能手机用户	微信用户
优点	独立开发；用户人群多；功能齐全；用户界面优质；运用大数据技术可以精准定位	无须下载，即点即用；不占用手机内存；加载速度快；推广难度较低；开发成本比 App 低；任何手机操作系统都可以使用；无须定期更新内容或升级版本
缺点	开发成本高；用户需要安装，占用手机内存空间，推广难度较大；需要定期更新内容或升级版本；需要根据手机操作系统开发不同版本的 App	依赖微信生态圈；不能分享到朋友圈，只能分享给朋友和群；功能相对简单

中小企业在选择开发 App 或小程序时，应综合考虑业务需求、目标用户、预算限制及长期战略。在资源有限的情况下，推荐开发成本低、周期短、维护简单且方便推广的小程序。随着业务成熟，根据市场反馈和业务发展需要，可以考虑开发功能更全面、体验更优的 App，以满足业务扩展的需要和提升用户体验。

2. 企业 App/微信小程序设计步骤

企业 App 与微信小程序各有各的优势和缺点，企业可以根据自身实际情况选择合适的开发方式。目前企业 App 与微信小程序在设计思路上有越来越多的相似之处。设计企业 App 与微信小程序的常见步骤如下。

拓展阅读

李宁官方小程序 App 网站的设计风格图

（1）开发计划制订

在设计前，企业应明确企业 App 或微信小程序的目标，同时了解目标用户的需求和行为，确保设计与用户期望高度符合。此外，对于企业 App 或微信小程序的功能设计，企业应结合所处行业开发情况和企业自身需求进行深入研究。在确定目标、用户需求和功能设计后，企业需制订一份详尽的开发计划，以确保企业 App 或微信小程序的开发符合企业需求。

（2）用户界面设计

导航栏或菜单栏等用户界面设计要求具有直观性、简洁性、易用性，确保用户可以迅速理解和轻松操作。在用户界面设计过程中，还需要综合考虑用户的交互方式，包括页面切换、按钮设计等，以提高用户的参与感和满意度。然而，企业 App 和微信小程序在用户界面设计上有不同之处，根本原因在于服务的目标群体、平台规范和用户体验的差异。App 的设计侧重于满足复杂功能需求和提供个性化服务，而小程序的设计则侧重于实现简洁和高效的用户互动。因此，在进行用户界面设计时，开发者必须综合考虑这些元素，确保无论是企业 App 还是微信小程序，都能有效地满足用户需求并严格遵循相应的平台规范。

（3）品牌风格统一

企业 App 或微信小程序的设计风格应与企业品牌形象、企业官网保持统一的视觉风格，包括颜色、字体、图标等元素的统一。这样有助于加强品牌形象在不同平台的统一性，提供一致的品牌体验，从而增强用户的信任感。

（4）数据安全与隐私保护

根据国家和行业的要求，设计企业App或微信小程序必须充分考虑数据安全和用户隐私。因此，企业需要使用技术和管理手段进行加密，并采取必要的措施以确保用户信息的保密性和完整性。

 文化自信

华为：从"中国来的小企业"到全球顶尖品牌

华为技术有限公司成立于1987年，是我国较大的信息技术公司，也是全球领先的电信设备供应商之一。近几年，华为坚定自己的技术实力和民族自信，联合中国产业链众多企业，自主研发国产技术和元件，成功发布媲美苹果的高端机型，国产化率达90%以上，彰显我国文化自信的价值。

华为成功开发了包括品牌官网、App和小程序在内的多元化官方销售渠道。小程序依托于微信平台的安全机制，可以兼容不同的手机系统，开发及维护成本相对较低，且易于推广。相比之下，不同手机操作系统的App需要分别开发，对安全性的要求较高，其开发和维护成本高于品牌官网，这导致较少企业选择独立开发App。然而，对于已拥有成熟业务系统并寻求在移动互联网领域扩展业务的企业而言，在资金和实力允许的条件下，自主开发App可以有效加强品牌形象，为企业带来更大的品牌价值和用户基础。图8-6所示为"华为商城"App和小程序界面。

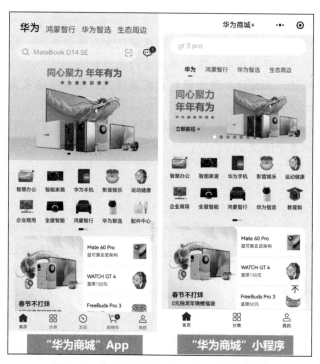

图8-6　"华为商城"App和小程序界面

案例启示：华为自主研发，成功打破芯片封锁，凸显技术实力和民族自信，体现了我国文化自信；通过丰富官方销售渠道，扩展移动互联网业务，有效加强品牌形象。

（5）性能优化

企业 App 或微信小程序的性能优化是设计过程中的重要环节，可以通过优化加载性能和渲染性能，提高 App 或微信小程序的运行响应速度。此外，还需要综合考虑硬件差异、网络环境等因素，采用有效的技术手段，确保 App 或微信小程序在不同场景下都能保持高效、稳定的性能表现。

（6）渠道推广

在推广过程中，企业可以通过分析不同渠道的特点和用户属性，有针对性地进行推广工作。企业 App 或微信小程序的宣传推广可以采用线上和线下结合的方式。常见的线上推广方式有社交媒体（包括微信、微博、抖音、小红书、知乎等）、网络广告和 SEO 等。线下推广方式主要有发宣传卡、传统线下广告和门店商家合作等。

任务二　品牌数字化推广

任务分析

品牌数字化推广是企业品牌数字化建设后，利用数字化工具对企业文化、企业故事进行加工、润色和传播，打造企业品牌故事，走进目标用户心智，更好地传达企业核心价值观和品牌故事的策略。企业通过品牌数字化推广可以实现品牌形象的传播，增强品牌自信心和企业文化认同感，从而扩大企业品牌影响力。

本任务的主要内容如下。

（1）品牌故事设计：优质的品牌故事设计通常包含人物、时间、特色和情感等元素，这些元素共同构成了一个引人入胜、富有感染力的品牌叙事。

（2）品牌海报设计：在设计品牌海报时，需要遵循的原则包括突出主题、内容简洁、视觉冲击、风格统一。

（3）品牌 H5 页面设计：H5 设计与制作流程通常分为前期策划、页面设计、制作开发、运营推广及数据分析 5 个阶段。

知识储备

品牌故事数字化推广的工作任务包括品牌故事数字化设计、品牌海报设计和 H5 页面设计。

一、品牌故事设计

1. 品牌故事的含义

品牌故事是一种有效的品牌营销方法，通过以故事的形式呈现企业内容，将品牌理念生动地传递给用户，激发共鸣，从而建立深刻的情感联系，提高用户对品牌的认知水平。因此，精心设计的品牌故事可以让用户更主动地参与、理解和记忆品牌，为企业在竞争激烈的市场中赢得独特而持久的竞争优势。

品牌故事与品牌是有区别的，做好品牌不一定能讲好品牌故事，品牌是将企业所有维度的内容按照逻辑体系进行构建，而品牌故事是将某一部分品牌内容浓缩成精华的一种输出形式。

2. 品牌故事的元素

优质的品牌故事设计通常包含人物、时间、特色和情感等元素，这些元素共同构成了一个引人入胜、富有感染力的品牌叙事。

（1）人物

人物是品牌故事的核心，通过塑造有个性和内涵的角色，能够赋予品牌故事更丰富的层次和情感。这些人物可以是品牌创始人、员工、用户，或者是有象征性的卡通形象。品牌故事通过呈现这些人物，能够促使目标用户产生共鸣，使其更容易理解和信任品牌。

（2）时间

时间元素为品牌故事提供了结构和脉络，它呈现了品牌发展的历程和变化。品牌故事按照时间顺序展开，可以清晰地向用户展示品牌成立的背景、发展的阶段、取得的成绩，能够引导用户理解品牌的演变过程。

（3）特色

特色是品牌的独特卖点，包括产品、服务、工艺、地域、文化等方面的独特性。品牌故事突出品牌的特色，有助于品牌在竞争激烈的市场中脱颖而出，吸引用户的眼球，让用户记住品牌。

（4）情感

情感是品牌故事的灵魂，富有情感的品牌故事能够引起用户共鸣。情感元素可以通过讲述企业成长过程中遇到的挑战、情感体验、成功或失败等情节来表达，让用户与品牌建立情感联系，使其更容易产生认同感。

 **AIGC 赋能**

安踏：AI 数字人虚拟走秀，助推品牌传播新篇章

在虚拟概念日益升温的当下，安踏以独特的视角和前瞻性的思维，引领了一场名为"重新想象运动"的革新之旅。携手百度虚拟偶像希加加（见图 8-7）作为开场引领者，并与 Style 3D 公司紧密合作，在 SS23 中国国际时装周的"时尚元宇宙"虚拟秀场（见图 8-8）上，安踏成功探索了时尚与科技的无限可能。

配套视频

百度数字人希加加
首秀

图 8-7　百度虚拟偶像希加加

图8-8 "时尚元宇宙"虚拟秀场

创新营销方式：安踏通过百度AI数字人希加加的虚拟走秀，打破了传统走秀的形式，将AI技术与时尚行业完美结合。这种创新的营销方式不仅吸引了消费者的眼球，也提升了安踏品牌的知名度和美誉度。

展示品牌特色：在虚拟走秀中，希加加等多位数字人穿着安踏的服装，出现在运动场、雪地、戈壁、太空等多个场景。这种多场景的展示方式不仅展示了安踏服装的多样性和适应性，还凸显了安踏品牌的探索、创新、先锋的理念。

强化品牌形象：通过AIGC技术，安踏成功地塑造了时尚、科技、前卫的品牌形象。希加加作为AI数字人，其独特的形象和表现力，让安踏品牌在消费者心中留下了深刻的印象。同时，希加加的参与也让安踏品牌更具科技感和未来感。

提升用户体验：在虚拟走秀中，观众可以通过各种设备观看直播或回放，与数字人进行互动和交流。这种互动式的观看体验不仅增强了观众的参与感和沉浸感，还增强了安踏品牌的用户黏性。

扩大品牌影响力：通过社交媒体等数字平台的广泛传播，安踏的AI数字人虚拟走秀迅速成为热门话题。这种病毒式的传播方式不仅提高了安踏品牌的曝光度，还扩大了安踏品牌的影响力。

通过创新营销方式、展示品牌特色、强化品牌形象、提升用户体验和扩大品牌影响力等多个维度，安踏实现了品牌的数字化转型和升级，为消费者带来了更加优质的购物体验。

案例启示：数字技术与时尚产业的融合将开启全新的营销模式和消费体验。通过AI虚拟偶像和虚拟秀场，品牌不仅能够突破传统界限，还能与年轻消费者建立更深的情感连接。这种创新模式不仅提升了品牌的科技感和时尚感，还为时尚产业带来了更广阔的发展空间和合作机会。未来，企业应积极探索数字技术在营销和产品设计中的应用，以创造更多可能性。

二、品牌海报设计

1. 品牌海报的含义

品牌海报在现代市场营销中扮演了重要的角色。通过品牌海报的宣传，企业能够迅速传递产品信息，加深观众对品牌的认知。因此，品牌海报设计的质量和效果直接影响企业品牌宣传的效益。

2. 品牌海报的设计原则

在设计品牌海报时，需要遵循的原则包括突出主题、内容简洁、视觉冲击、风格统一。

（1）突出主题

品牌海报的设计应突出传达主题或核心信息，确保观众能够在短时间内迅速理解宣传内容，从而引起他们的注意。因此，在设计海报时要抓住宣传主题或关键信息，使观众对品牌信息留下深刻印象。

（2）内容简洁

品牌海报上的文字和图像应保持清晰简洁，避免过多的文字和复杂的图像，这样有助于提高信息的清晰度，使品牌传达的信息更为直观和易于理解，从而增强宣传效果。

（3）视觉冲击

引人注目的海报视觉效果可以成为品牌宣传的有力工具。品牌海报可以运用鲜明的颜色、独特的图形或图片，以在视觉上产生冲击力，这样有助于吸引观众的注意，从而增强品牌在观众心中的印象。

（4）风格统一

确保品牌海报的设计风格与品牌形象保持一致。企业通过使用相似的颜色、字体和图标等元素，设计出风格统一的品牌海报，传递出专业的品牌形象，使观众更容易将宣传海报与品牌关联起来。

三、品牌 H5 页面设计

1. H5 页面的含义

H5 页面是一种基于 HTML5 新特性的网页设计，融合文字、图片、音频、视频、动画等多种媒介元素，实现内容的多样性展示。这种技术的应用使得网站可以展示丰富的内容，且界面美观、更易操作，为用户提供更富有创意和吸引力的在线交互体验。

2. H5 设计与制作流程

为了实现具备品牌一致性和适应性的高质量 H5 页面，H5 设计与制作流程通常分为前期策划、页面设计、制作开发、运营推广及数据分析 5 个阶段。

（1）前期策划

明确目标人群是进行 H5 页面设计前期策划的首要任务。根据目标人群确定设计目标、项目计划和内容策划，充分体现品牌形象，传播企业信息，展示企业特色。因此，在这个阶段我们可以根据以下 4 个问题来做好前期策划。

问题 1：我们企业是做什么的？

问题 2：我们企业销售的对象是哪些人？

问题 3：目标人群想看到什么？

问题 4：我们企业能提供什么？

设计人员在进行内容策划时，可以明确 H5 页面设计的内容方向和风格类型。

内容方向：内容方向是指 H5 页面设计中信息传递和呈现的核心方向。这包括品牌故事、产品或服务展示、用户互动、信息传递和活动宣传。

风格类型：风格类型是指 H5 页面的整体视觉风格和设计风格，通常根据品牌定位、目标用户和传达的信息来选择。常见的风格类型有：扁平化风格、时尚风格、卡通风格、极简主义风格、科技风格和"国潮"民族风格。

（2）页面设计

页面设计包含交互设计和视觉设计。合理的交互设计和视觉设计不仅可以使用户在使用时有高效的操作体验，还能通过视觉元素吸引用户，使得页面在整体上达到较高的质量水平。

交互设计：注重用户与页面的互动体验，旨在创建直观、高效且愉悦的用户界面，包括页面结构、导航方式、功能设计和反馈机制。

视觉设计：关注页面外观，包括整体风格、配色方案、字体选择、排版设计和图标设计等，以确保整体设计与品牌形象一致，同时吸引用户的注意力。

在确定交互设计和视觉设计效果后，需要清楚 H5 页面的常用设计尺寸、页面布局和所选用的元素，从而设计出优秀的 H5 页面作品。

① H5 页面的常用设计尺寸。H5 页面的设计尺寸根据不同工具软件显示的尺寸要求而不同。目前，主流的 H5 页面制作工具要求尺寸选用 300px×600px、640px×1008px、750px×1206px、750px×1468px 等。由于有时候会出现内容显示不全的情况，甚至一些重要的内容和按钮被遮挡，因此，H5 页面设计好之后可以用各种分辨率的移动智能手机进行检查，以保证 H5 页面作品显示的完整性。

拓展阅读

易企秀对 H5 页面
尺寸要求

② H5 页面布局。设计人员要根据前期策划方案和设计尺寸对 H5 页面进行布局设计，确保 H5 页面作品能够按方案内容展示，提供高质量的用户体验。H5 页面作品的屏数和每屏内容可以根据前期策划方案进行调整。常见的 H5 页面布局如图 8-9 所示。

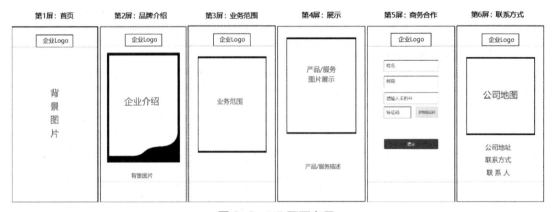

图 8-9　H5 页面布局

③ H5 页面元素。确定 H5 页面布局后，设计人员应选择合适的数字、文字、图像、音频或视频等元素，并运用适当的颜色，以创造出优秀的 H5 页面作品。在执行设计前，设计人员需要收集文字内容、图像、音频和视频等素材，其中文字内容包括企业介绍、业务范围、核心价值等，以确保页面呈现出富有吸引力的多媒体内容。

（3）制作开发

H5 页面设计需要使用制作工具，目前主要的制作手段是使用成熟的在线生成制作工具。常见的 H5 页面在线生成制作工具有易企秀、MAKA、兔展、稿定设计、人人秀和秀米等。设计人员可以根据企业需求和项目要求自行选择合适的工具，以确保设计过程更为高效和符合品牌形象。在制作过程中，点阵图的处理大部分制作人员采用 Photoshop，而矢量图的处理则选择 Adobe illustrator（简称 AI）。当然对内嵌视频进行处理可以使用视频编辑工具 Adobe Premiere（简称 Pr）、剪映等。

（4）运营推广

H5 页面制作完成后，推广人员需要制定推广策划，确保 H5 页面的影响力和可见度。首先，通过微信、微博、小红书等社交媒体平台，充分利用平台的分享和传播机制，扩大 H5 页面的曝光。其次，结合电子邮件营销方式，将 H5 页面链接直接发给特定的目标人群，引导用户点击访问。最后，考虑与行业相关企业进行合作，通过互联网广告的方式推动 H5 页面的传播，吸引更多潜在用户了解和访问。总之，灵活运用各种推广手段能够有效地提高 H5 页面的曝光度，从而推动品牌传播，提升营销效果。

（5）数据分析

当 H5 页面上线后，设计团队可以通过工具收集和分析用户行为数据。若使用在线生成制作工具，可以进入工作台查看该作品的数据，包括基础数据、用户画像和点击行为等数据，从而了解用户访问 H5 页面的效果。以易企秀制作 H5 页面为例，其后台数据如图 8-10 所示。H5 页面后台数据分析为后续优化和改进 H5 页面设计提供有力的依据，以确保持续提供优质的用户体验。

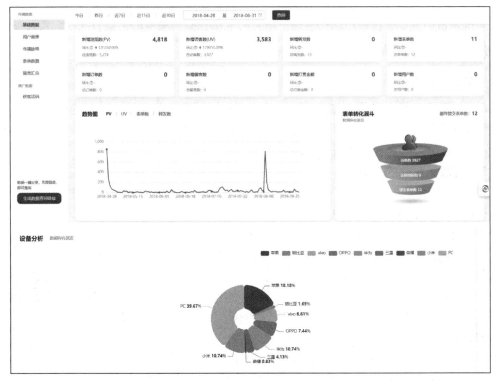

图 8-10 易企秀 H5 页面后台数据

任务三　品牌数字化运营

任务分析

品牌数字化运营是利用数字化技术，帮助企业扩大品牌影响力、提升市场竞争力和提升用户体验的一种企业战略。在数字时代，传统的品牌战略已经逐渐无法满足企业的市场需求。企业实施品牌数字化运营战略，能够通过数字化手段进行品牌营销，传播企业品牌，并针对目标人群进行精准营销，从而提升品牌知名度和提高销售额。

本任务的主要内容如下。

（1）新媒体营销：新媒体营销包括多种营销模式，如内容营销、直播营销、短视频营销、线上营销与线下体验结合等。品牌可以综合运用新媒体营销模式传递品牌信息。

（2）直播营销：直播营销常见的形式有产品推荐直播、产地直销、现场制作直播、产品代购直播、促销活动直播等方式。

（3）短视频营销：通过制作生动有趣的视频内容，吸引目标受众，有效传递品牌信息，实现营销目标。短视频营销为品牌在竞争激烈的市场中赢得关注提供了有效的途径。

知识储备

在品牌数字化运营中营销策略很重要。企业可以根据情况采用多种营销手段，如直播营销、短视频营销等，综合运用这些营销手段有助于企业吸引更多的消费者关注，传递品牌信息，从而实现更高的销售额和利润。

一、新媒体营销

随着互联网、社交媒体、移动应用等新兴技术的广泛普及，传统市场营销模式逐渐无法满足数字时代下企业与用户的互动需求。如今，新媒体营销逐渐成为企业在当今竞争激烈的市场中获取关注和推动销售的关键策略。

1. 新媒体营销的概念

相对于报纸、杂志、广播、电视四大传统媒体，新媒体被形象地称为"第五媒体"。新媒体是一种依托数字技术进行信息传播的新兴媒体形式，包括自媒体、社交媒体、数字媒体、移动媒体等。它是以互联网和数字通信技术为基础，使用电子设备，通过在网络平台向用户提供文字、图片、音频和视频等信息，实现信息的创作、传播和共享的方式。

配套视频

《苹果，你怎么卖》短视频

新媒体营销是借助各类新媒体平台进行品牌推广、提升用户体验及促进产品销售的一种营销策略。其特点包括更新速度快、实时沟通、直观呈现内容、互动性强、内容多样化、精准定位等。目前，常见的新媒体平台有抖音、快手、今日头条、微博、小红书、哔哩哔哩、知乎、微信公众号等。

自媒体营销作为新媒体营销的一个分支，同样利用数字技术进行品牌推广。尽管它归属于新媒体营销范畴，但它与新媒体营销侧重点略有不同。自媒体营销是指个人或组织通过自己拥有的媒体平台进行内容创作和推广，以实现品牌推广、粉丝积累、流量变现等目标的一种营销方式。自媒体营销更注重于个体创作者通过自身媒体平台的推广，用于建立个人品牌形象。而新媒体营销侧重企业利用各类媒体平台开展推广活动，用于塑造企业品牌形象。

因此，新媒体营销更具专业性和权威性，其影响力通常较大。而自媒体营销的影响力则相对较小，但随着个人持续创作优秀的内容，吸引更多粉丝关注，其影响力也会逐步扩大。

2. 新媒体营销模式

随着市场竞争的加剧和数字化技术的迅速更新，商业环境迎来了快速的变革。在这个背景下，新媒体已经成为人们获取信息、进行社交娱乐和消费活动的不可或缺的渠道。企业逐渐认识到，利用新媒体营销方式，企业可以更加灵活、直接地与目标人群互动，从而有效地提升品牌知名度、赢得市场份额和培养用户忠诚度。这为企业在竞争激烈的市场中取得更大的优势提供了有效途径。新媒体营销呈现以下几种模式。

（1）内容营销

新媒体营销的核心在于创造高质量的内容，以吸引并保持用户的关注。高质量、富有趣味性且引人入胜的图片和文字内容不仅能够提升品牌形象，还能够建立与用户之间的连接。因此，新媒体营销的内容创作应注重独创性、有价值和引起用户共鸣，以确保传递的信息更具吸引力，从而为企业带来更为持久的品牌传播效果。

（2）直播营销

借助人工智能和大数据技术，直播平台能够深入分析用户的兴趣和行为，实现对直播内容的个性化精准推荐。用户可以轻松接触到符合个人兴趣的直播内容，提升观看体验。对企业来说，直播营销不仅能增强用户的黏性和品牌忠诚度，还能优化用户关系管理，开拓更精准的营销渠道，确保营销信息直达目标群体，从而有效提高销售转化率。

（3）短视频营销

配套视频

祥兴集团：奥运背包

随着 5G 网络的普及，用户观看短视频的时间逐渐增加，所以短视频营销成为新媒体营销的重要趋势之一。短视频营销通过简洁生动的视频内容迅速传达信息，符合用户短时间、高效获取信息的需求，能够更加深刻地影响用户，有利于企业打造具有影响力的品牌形象。在竞争激烈的市场中，短视频营销不仅是一种趋势，更是企业在数字化时代成功营销的必要手段。

（4）线上营销与线下体验结合

新媒体营销将采用线上营销和线下体验相融合的模式，以创造全新的用户体验。这种整合的策略不仅使用户能够在新媒体平台中快速获取信息和服务，还能为用户提供更丰富的线下体验，提升品牌的影响力，增强用户黏性，实现更全面、深层次的品牌传播。

二、直播营销

拓展阅读

中国直播电商行业研究报告

近几年，直播营销迅速兴起，并成为一种新型的销售模式。它不仅能加强用户参与度，提升品牌知名度，还通过实时直播展示产品，促进销售。直播营销已经成为当今企业数字化营销战略中不可或缺的重要组成部分，为企业实现市场拓展、促销推广、用户互动等方面提供了有力支持。

1. 直播营销的定义

直播营销是电子商务和视频直播相结合的一种新的购物体验，是指以直播电商平台为载体，通过互联网实时播放视频内容的形式，商家直接向用户展示产品，建立互动联系和培养良好的用户关系，并方便用户在线订购产品的一种营销方式。直播营销具有实时性、互动性和娱乐性特点，可以增加品牌的吸引力和独特性，并吸引额外的网络流量。

直播营销的核心在于内容质量和产品质量。在互动性强的直播平台上，提高内容质量和把握产品品质将成为吸引用户、提升品牌形象的关键要素。目前，直播营销常见的形式有产品推荐直播、产地直销、现场制作直播、产品代购直播、促销活动直播等方式。

2. 直播营销活动的基本流程

企业开展直播营销的目标是提高销售额。为实现这一目标，直播团队在活动前需要清楚整个流程的规划。这样才能有助于直播时更好地与用户互动，传递产品信息，引发用户购买欲望。直播营销活动的基本流程分为以下几个阶段。

（1）策划直播营销方案

在开展直播营销活动前，直播团队必须策划完整的直播营销方案，明确目标用户、营销目标、直播主题、直播时间、人员分工、直播产品、宣传推广和预算等关键要素。直播营销方案是直播活动成功的关键，它将直接影响整个直播活动的效果和营销目标的达成。

（2）撰写直播营销脚本

直播营销脚本是确保直播活动顺利实施的关键环节，主播需要严格按照脚本进行直播。因此，撰写详尽的直播营销脚本至关重要，其中包括直播主题、产品介绍、互动环节、活动方式、人员配合等内容。这有助于保障直播过程中信息传递的清晰度和效果，提高直播活动的专业性和吸引力。

（3）搭建直播间

一个用心布置的直播间可以增强用户的购买意愿。在搭建直播间时，要对摄像头、音响、灯光等设备进行设置，还要对直播背景和直播间的界面进行优化，以确保直播画面和声音的高质量，增强直播内容的吸引力，以提升用户的观看体验，并增强其购买产品的意愿。

（4）预热直播活动

直播预热宣传是扩大直播活动覆盖面和吸引目标人群的有效途径。在正式直播前，通过社交媒体、广告等方式进行预热宣传，可以提前引起用户关注，增加直播间的用户数量，有助于营造活动期待感，使用户提前了解直播内容，从而提升活动的影响力。

（5）开展直播活动

经过前期的直播预热宣传，用户被成功地吸引到直播间。主播按照精心设计的脚本，围绕直播主题，有序开展产品直播，通过有趣的互动与内容传达，成功激发用户的兴趣，提升品牌认知度，促进销售，并达到预期的营销效果。

（6）直播二次传播

直播活动结束后，对直播内容进行精心剪辑、整理和再加工，然后在各种平台利用精彩片段进行二次传播，扩大更广泛范围内的关注，吸引新的用户关注，从而提升直播活动的持续影响力。图8-11所示为"李宁体育旗舰店"账号直播片段作品。

图 8-11 "李宁体育旗舰店"账号直播片段作品

（7）复盘直播活动

直播复盘是提高直播质量的重要手段。借助数据分析和用户反馈，深度反思直播的各个方面，包括内容表现、互动效果及用户参与度等。总结经验教训有助于全面地了解直播的优势和不足，为下一次直播活动的策划和执行提供更有针对性的指导，从而优化直播效果。

3. 常见的直播营销平台

在直播营销活动中，直播营销平台起到商家连接用户的作用。当前，国内直播营销领域的主要平台包括抖音、淘宝、快手、京东、拼多多、视频号及小红书等。下面针对抖音和淘宝直播平台进行简要介绍。

（1）抖音

2016 年 9 月，字节跳动公司推出抖音 App，最初主要是以音乐和搞笑短视频为主题，迅速受到大量年轻用户的关注。2017 年 10 月 31 日，抖音上线了直播功能。抖音官网公布的 2023 年数据显示，抖音用户突破 10 亿人。

抖音直播主要有两种，一种是才艺展示类直播，另一种是带货类直播。抖音是当前最受欢迎的直播营销平台之一，其用户群体庞大，以年轻人为主，且开通门槛较低，所以适合大众进行直播变现。目前，抖音直播有以下 3 种变现方式。

① 带货直播。带货直播是抖音平台最主要的变现手段之一。主播通过直播向观众推销商品，并提供购买链接，吸引观众购买后，就可以从中获得销售佣金和坑位费。

② 直播打赏。直播打赏是直播变现的另一种常见方式。主播通过展示才艺等方式，吸引粉丝在平台购买虚拟礼物送给主播，主播可以在后台提现，但需要与平台抽成。为了增加曝

光和收入，主播会采用连麦 PK 玩法，靠粉丝刷礼物上票。

③ 知识付费。知识付费是直播变现的一种新趋势。主播通过在线教育、知识分享等形式，传递对观众有价值的内容，吸引观众购买课程，实现知识的传递并从中收益。

（2）淘宝直播

2016 年阿里巴巴在淘宝平台推出直播功能。2019 年 1 月，淘宝直播 App 正式上线。淘宝直播与抖音的定位不一样，抖音平台以娱乐为主，注重用户互动，而淘宝直播平台以商品销售为主，注重商品质量。因此，淘宝直播的定位是"消费类直播"。淘宝直播的用户基础依托于淘宝平台的庞大购物用户群，这些用户主要以购物需求为核心，特别关注商品的质量与性价比。由于淘宝直播开通门槛较高，适合在淘宝开店的卖家及主播达人，并不适合人人参与。在淘宝直播中，主播通过展示和推荐商品来吸引用户购买。主播能从销售中提取佣金，这成为其主要的变现途径。

营销伦理

淘宝直播平台规范直播带货

淘宝直播平台致力于营造一个透明而公正的营销环境，对直播带货的主播及商品进行严格监督，确保推广的商品和服务的真实性和可信度，避免误导消费者。此外，淘宝直播还倡导主播与消费者之间建立真实的互动联系，增强直播营销活动的诚信和透明度。

近年来，多名头部主播倒台引发直播行业动荡。直播行业由于虚假宣传、假冒伪劣、偷税漏税等问题而面临信任危机，引起了公众对带货主播职业素养的广泛关注。

2020 年，人力资源和社会保障部发布互联网营销师新职业标准。随后，阿里巴巴认证成为杭州市互联网营销师社会评价组织，取得授权开展职业技能等级认定工作。2022 年 3 月，淘宝直播与阿里巴巴认证联合举办了一场针对直播销售员的互联网营销师四级/中级工认证考试，这一举措标志着直播带货行业正朝着更加专业化和规范化的方向发展，对主播进行资格认证是这一进程中的关键步骤。

案例启示：淘宝直播平台通过监督主播和商品，建立互动联系，确保真实推广，维护行业诚信。此外，对主播进行资格认证成为行业规范化的关键，有利于促进直播带货行业的健康发展。

三、短视频营销

随着信息传播方式的变化，用户更倾向于短时间内获取有趣、生动的信息。短视频由于制作简单、门槛低、互动性强和社交性强，迅速成为一种新型的媒介。

1. 短视频营销的定义

短视频营销是指以短视频为媒介对企业品牌和产品进行推广的营销模式。短视频营销通过制作生动有趣的内容，吸引目标用户，有效传递品牌信息，实现营销目标，为品牌在竞争激烈的市场中赢得关注提供了有效的途径。

目前，短视频营销主要通过抖音、快手、微信、微博、小红书等平台进行推广，以吸引更多的用户观看，从而提升品牌曝光度和影响力。

创意推广

哈尔滨冰雪大世界成为旅游顶流

　　2024 年开局，一条"我姓哈，喝啊哈，五湖四海谁都夸！"的短视频（见图 8-12）火爆全网，全国各地文旅部门争相前来学习借鉴，纷纷通过这种短视频形式介绍自己的家乡，为家乡方言"打 call"，促进旅游业的发展。

图 8-12　"我姓哈"短视频截图

　　哈尔滨市政府为迎接千年庆典神州世纪游活动，从 1999 年 12 月开始每年都举办一次哈尔滨冰雪大世界活动，截至 2023 年，已迎来第二十五届。与以往不同，这一届活动取得巨大成功。据统计，2024 年元旦假期 3 天，哈尔滨成为元旦热门旅游城市中的一匹黑马，累计接待游客 304.79 万人次，实现旅游总收入 59.14 亿元，均达历史峰值。2024 年 1 月 5 日，哈尔滨冰雪大世界被认定为世界最大冰雪主题乐园，获得吉尼斯世界纪录。如今，哈尔滨冰雪大世界已经成为一个国际知名的旅游品牌。它的火爆是有迹可循的，离不开短视频营销。

　　互联网带火哈尔滨冰雪大世界。通过抖音、快手等短视频平台展示的哈尔滨美景、美食和趣事，在网上形成了一系列热门视频。同时，通过小红书、微信公众号等图文平台发布的旅游攻略，全面呈现了哈尔滨的魅力。因此，短视频营销成为扩大哈尔滨冰雪大世界影响力，吸引大量游客，激活哈尔滨冬季旅游市场的重要营销模式。

　　案例启示： 短视频创意营销为哈尔滨旅游市场注入活力，吸引观众关注，提升哈尔滨冰雪大世界品牌认知度，从而有效助推品牌传播。

2. 短视频营销的发展趋势

　　短视频凭借其强大的视觉冲击力和表现力，已成为生活、时尚、教育、科技等各个领域的有效营销工具。其内容形式的多样性不仅吸引了广泛的用户群体，也为品牌营销开辟了更为广阔的空间。随着短视频平台的不断发展，未来短视频营销的主要趋势可分为以下 5 个方向。

　　（1）品牌曝光

　　通过将品牌故事和理念制作成优质、创新的短视频，品牌能够实现信息的迅速传播，并通过用户的点赞、评论及分享等互动方式，与用户建立深度的情感连接。这种策略不仅促进了品牌与用户之间的互动，还扩大了品牌的影响力和曝光度。

（2）挂车卖货

挂车卖货是将短视频与电商结合的一种方式，在短视频中嵌入商品链接，用户在观看产品展示和使用体验的过程中可以直接点击购买，大大简化了用户的购买流程。与传统广告相比，这种直接的购买引导方式更加高效，能够提高用户的转化率。

（3）直播引流

短视频在直播引流中发挥着至关重要的作用。品牌通过高质量的短视频内容积累粉丝，为直播活动预热并引导流量，然后通过直播与粉丝互动及展示商品，将粉丝的关注度转化为购买力。短视频引流为直播营销注入了持续的动力，实现了粉丝参与度和销售效果的双重优化。

（4）广告变现

短视频营销为品牌提供了多种广告变现方式，包括植入广告、贴片广告和品牌广告等。这些广告形式能够在不干扰用户观看短视频内容的前提下有效地传递品牌信息。

（5）平台渠道收益

短视频内容创作者可以通过参与短视频平台举办的各类有偿创作活动，例如挑战赛、主题活动等，赚取平台为创作者设定的奖励或收益，还能通过参与度高的内容增强个人或品牌在平台上的可见度和影响力。

知识考核

一、单选题

1. （   ）是企业 App 或微信小程序设计过程中的重要环节，可以提高运行响应速度。

    A．开发计划制订   B．用户界面设计

    C．性能优化   D．数据安全与隐私保护

2. （   ）是品牌故事的灵魂，让用户与品牌建立情感联系，使用户更容易产生认同感。

    A．人物   B．时间   C．特色   D．情感

3. 品牌在官网上营造独特而统一的（   ），有助于强化品牌形象，增强用户对品牌的记忆和认知。

    A．视觉认识   B．视觉风格   C．品牌认识   D．品牌战略

4. （   ）效果的好坏直接关系到用户体验和网站整体运营效果。

    A．网站结构设计   B．用户体验设计

    C．品牌形象设计   D．品牌战略设计

5. 新媒体营销的核心在于创造高质量的（   ），以吸引并保持用户的关注。

    A．网站结构   B．内容   C．视觉效果   D．服务体验

二、多选题

1. 企业品牌官网设计时应遵循（   ）。

    A．用户导向原则   B．情感共鸣原则

    C．一致性原则   D．鲜明性原则

2. 影响用户体验的因素包括（　　　）。

　　A. 加载速度　　　　　　B. 响应式设计　　　　C. 交互元素　　　　D. 信息清晰度

3. 以下属于官方公众号内容规划的是（　　　）。

　　A. 账号定位　　　　　　B. 栏目规划　　　　　C. 内容设计　　　　D. 视觉风格

4. 以下属于优质品牌故事的设计元素的是（　　　）。

　　A. 产品　　　　　　　　B. 时间　　　　　　　C. 特色　　　　　　D. 情感

5. 以下属于新媒体营销模式的是（　　　）。

　　A. 内容营销　　　　　　　　　　　　　　　B. 短视频营销

　　C. 直播营销　　　　　　　　　　　　　　　D. 线上营销与线下体验结合

三、判断题

1. 自媒体营销侧重企业利用各类媒体平台开展推广活动，用于塑造企业品牌形象。（　　　）

2. 直播复盘是提高直播质量的重要手段。（　　　）

3. 页面设计是进行 H5 页面设计前期策划的首要任务。（　　　）

4. 微信公众号的服务号适用人群为个人、媒体、企业、政府或其他组织。（　　　）

5. 用户导向原则强调将用户体验作为品牌官网设计的核心。（　　　）

四、案例分析

　　杭州娃哈哈集团有限公司（简称娃哈哈）于 1987 年创办，现已发展成为我国规模最大、效益最好的饮料企业之一。它作为我国饮料龙头企业，肩负民族品牌的使命与责任，深耕食品饮料领域，以高标准、高要求，用心做好产品研发。

　　在数字经济时代，娃哈哈积极探索数字营销赋能实体经济的方式。2021 年 7 月，娃哈哈上线了 S2B2C 模式的实体电商平台快销网，实现线上线下打通的全渠道运营。快销网整合娃哈哈销售体系内的批发商和零售商等销售终端，帮助中间商解决集采、配货、分销等一系列问题。快销网是基于娃哈哈沉淀 30 多年完善成熟的线下营销体系而搭建起来的大数据营销网络系统，其构建现代供应链配送体系，提升核心竞争力，助推品牌传播。

　　请分析快销网是如何在娃哈哈销售体系内帮助中间商解决集采、配货、分销等问题，进而提高销售终端效率和助推品牌传播的。

 **AI 辅助实操**

为褚橙品牌设计 H5 页面

实训背景

　　褚橙是云南褚氏农业有限公司旗下品牌，具有果色橙黄、皮薄味甘、汁多少核、化渣率高、维生素含量高、品质明显优于其他产区果橙的特点。褚橙先后被评为"中国驰名商标""中国十大柑橘品牌""中国果品百强品牌"。

实训目标

1. 通过搜集褚橙品牌资料，分析品牌故事创建思路。

2. 根据提炼的品牌故事开展品牌数字营销。

实训操作

　　请用常见的 AI 工具辅助实训操作完成以下要求。例如，使用"扣子+Kimi"搭建微信

公众号专属对话机器人。在"扣子"中创建 Bot，用 AI 技术生成图标，使用云雀语言模型进行编排，预设开场白问题并进行相关调试，最后将公众号的 AI 客服发布至微信公众号。

1. 开展产品调研、市场分析，了解褚橙的受众和市场竞争情况。

2. 分析褚橙品牌数字化建设设计情况，提炼褚橙品牌故事，设计褚橙品牌 H5 页面。

3. 模拟设计褚橙品牌微信公众号，在公众号发布 H5 页面。

实训成果

1. 品牌故事宣传策划案。

2. H5 页面设计图。

3. 品牌微信公众号运营。